André Brodocz, Hagen Schölzel
Demokratische Auszeit

X-Texte zu Kultur und Gesellschaft

Die freie Verfügbarkeit der E-Book-Ausgabe dieser Publikation wurde ermöglicht durch **Pollux – Informationsdienst Politikwissenschaft**

und die Open Library Community Politik 2024 – einem Netzwerk wissenschaftlicher Bibliotheken zur Förderung von Open Access in den Sozial- und Geisteswissenschaften:

Vollsponsoren: Technische Universität Braunschweig | Carl von Ossietzky-Universität Oldenburg | Eberhard-Karls Universität Tübingen | Freie Universität Berlin – Universitätsbibliothek | Niedersächsische Staats- und Universitätsbibliothek Göttingen | Goethe-Universität Frankfurt am Main | Gottfried Wilhelm Leibniz Bibliothek – Niedersächsische Landesbibliothek | TIB – Leibniz-Informationszentrum Technik und Naturwissenschaften und Universitätsbibliothek | Humboldt-Universität zu Berlin | Justus-Liebig-Universität Gießen | Universitätsbibliothek Eichstätt-Ingolstadt | Ludwig-Maximilians-Universität München | Max Planck Digital Library (MPDL) | Rheinische Friedrich-Wilhelms-Universität Bonn | Ruhr-Universität Bochum | Staats- und Universitätsbibliothek Carl von Ossietzky, Hamburg | SLUB Dresden | Staatsbibliothek zu Berlin | Bibliothek der Technischen Universität Chemnitz | Universitäts- und Landesbibliothek Darmstadt | Universitätsbibliothek „Georgius Agricola" der TU Bergakademie Freiberg | Universitätsbibliothek Kiel (CAU) | Universitätsbibliothek Leipzig | Universitäts- und Landesbibliothek Düsseldorf | Universitäts- und Landesbibliothek Münster | Universitäts- und Stadtbibliothek Köln | Universitätsbibliothek Bielefeld | Universitätsbibliothek Erfurt | Universitätsbibliothek der FernUniversität in Hagen | Universitätsbibliothek Kaiserslautern-Landau | Universitätsbibliothek Kassel | Universitätsbibliothek Osnabrück | Universität Potsdam | Universitätsbibliothek St. Gallen | Universitätsbibliothek Vechta | Zentralbibliothek Zürich

Sponsoring Light: Bundesministerium der Verteidigung | Bibliothek der Hochschule für Technik und Wirtschaft Dresden | Bibliothek der Hochschule für Technik, Wirtschaft und Kultur Leipzig | Bibliothek der Westsächsischen Hochschule Zwickau | Bibliothek der Hochschule Zittau/Görlitz, Hochschulbibliothek | Hochschulbibliothek der Hochschule Mittweida | Institut für Auslandsbeziehungen (IfA) | Landesbibliothek Oldenburg | Österreichische Parlamentsbibliothek

Mikrosponsoring: Bibliothek der Berufsakademie Sachsen | Bibliothek der Evangelische Hochschule Dresden | Bibliothek der Hochschule für Musik und Theater „Felix Mendelssohn Bartholdy" Leipzig | Bibliothek der Hochschule für Bildende Künste Dresden | Bibliothek der Hochschule für Musik „Carl Maria von Weber" Dresden | Bibliothek der Hochschule für Grafik und Buchkunst Leipzig | Bibliothek der Palucca-Hochschule für Tanz Dresden | Leibniz-Institut für Europäische Geschichte | Stiftung Wissenschaft und Politik (SWP) – Deutsches Institut für Internationale Politik und Sicherheit

André Brodocz, Hagen Schölzel

Demokratische Auszeit

Corona-Politik jenseits von Ausnahmezustand
und demokratischer Routine

[transcript]

Gefördert mit Mitteln der VolkswagenStiftung im Rahmen des Programms »Corona Crisis and Beyond – Perspectives for Science, Scholarship and Society«.

Bibliografische Information der Deutschen Nationalbibliothek
Die Deutsche Nationalbibliothek verzeichnet diese Publikation in der Deutschen Nationalbibliografie; detaillierte bibliografische Daten sind im Internet über https://dnb.dnb.de/ abrufbar.

Erschienen 2024 im transcript Verlag, Bielefeld

Umschlaggestaltung: Kordula Röckenhaus, Bielefeld
Korrektorat: Logina Mahmoud und Robert Cornwall, München
Druck: Majuskel Medienproduktion GmbH, Wetzlar
https://doi.org/10.14361/9783839468906
Print-ISBN: 978-3-8376-6890-2
PDF-ISBN: 978-3-8394-6890-6
EPUB-ISBN: 978-3-7328-6890-2
Buchreihen-ISSN: 2364-6616
Buchreihen-eISSN: 2747-3775

Gedruckt auf alterungsbeständigem Papier mit chlorfrei gebleichtem Zellstoff.

Inhalt

1 Einleitung: Von der Stunde der Exekutive zur demokratischen Auszeit ... 7

2 Elemente einer Theorie der demokratischen Auszeit ... 15
2.1 Vom Ausnahmezustand zur exzeptionellen Differenz ... 16
2.2 Bruno Latours Konzept der Demokratie im Angesicht der Covid-19-Pandemie ... 20
2.3 Zygmunt Baumans Kritik der Demokratie und die Sicherung der Freiheit in Zeiten der Covid-19-Pandemie ... 27
2.4 Die Perspektive einer Theorie der demokratischen Auszeit ... 32

3 Warum Zeit in den Debatten zum Ausnahmezustand nicht ausreichend berücksichtigt wurde ... 37
3.1 Die Konturen der bisherigen Debatten um Zeitaspekte des Ausnahmezustands und der Notfallpolitik ... 41
3.2 Politisierte Ausnahmezeiten ... 46
3.3 Topologische Muster der Ausnahmepolitik ... 53
3.4 Politische Auszeit als materiell-temporale Neusortierung ... 57

4 Zeitfragen der pandemischen Politik- und Öffentlichkeitsberatung ... 63
4.1 #HeinsbergProtokoll: Zeit für strategische Öffentlichkeits- und Politikberatung ... 67
4.2 #IchHabeBesseresZuTun: (Un-)Zeitgemäßes Wissen eines Corona-Helden ... 71
4.3 »Bremsklötze der Infektion«: Ethik, Wissen und Entscheiden in der dynamischen Pandemie ... 76

4.4 Dynamiken der Pandemie zwischen Forschung, öffentlicher Kontroverse und Infektionsgeschehen ... 82

5 Wie Ausnahmemaßnahmen eine permanente öffentliche Diskussion erzeugten ... 85
5.1 Der »Flickenteppich« und ausgedehnte Konsultationen durch asynchron verzögerte Ingeltungsetzungen ... 89
5.2 Das »Vorpreschen« und die temporäre Perplexität durch vorzeitige Ingeltungsetzungen ... 95
5.3 Der »Flickenteppich« und ausgedehnte Konsultationen durch sukzessive Ingeltungsetzungen ... 99
5.4 Das »Außerkrafttreten« und die dauerhafte Perplexität durch different befristete Geltungszeiten ... 103

6 Wie Antagonismen in agonale Konflikte transformiert wurden ... 107
6.1 Krisen-Narrative ... 110
6.2 Asymmetrische Konfliktparteien und Praktiken der Agonalisierung ... 115
6.3 Die »besonders Gefährdeten« und die Konstitution von asymmetrischen Konfliktparteien ... 116
6.4 Die »Reiserückkehrer« und die Praktiken der Agonalisierung ... 122
6.5 Die »Ungeimpften« und die Grenzen agonalisierender Praktiken ... 127

7 Nach der Auszeit ... 133

Quellen- und Literaturverzeichnis ... 141
Quellenverzeichnis ... 141
Literaturverzeichnis ... 152

Anmerkungen ... 161

1 Einleitung: Von der Stunde der Exekutive zur demokratischen Auszeit

Notstands- und Ausnahmezustandsdiskurse begleiteten die zurückliegende Corona-Pandemie von Anfang bis Ende. Häufig war und ist noch immer von der Pandemie als einer Ausnahmesituation oder als einem Notfall die Rede, auf die staatliche Autoritäten mit außergewöhnlichen Maßnahmen aus dem Repertoire des politischen Ausnahmezustands reagiert haben. Genau das scheint während der Pandemie auch der Fall gewesen zu sein, als wir alle durch die sogenannten Shutdowns oder Lockdowns in der Ausübung unserer verfassungsmäßig garantierten Freiheiten eingeschränkt wurden und wir unseren üblichen Lebensvollzügen zeitweise nicht oder nur eingeschränkt, jedenfalls nicht selbstbestimmt nachgehen konnten. Die unterschiedlichen politischen Maßnahmen zur Bekämpfung der Pandemie waren für viele ein zeitweise notwendiges Übel im Angesicht einer ernsthaften Herausforderung. Sie erschienen manchen aber auch als übertriebene politische Krisenreaktionen. Und einige behaupteten sogar, Regierungen hätten in der Pandemie einen Vorwand für das Ausrufen eines Gesundheitsnotstands gefunden, mit dem sie sich selbst weitreichende Exekutivkompetenzen zugebilligt und die Demokratie und die rechtsstaatliche Ordnung untergraben hätten.

Solche Deutungen der Pandemie als Notfall sowie die Verordnung außergewöhnlicher, grundrechtseinschränkender Maßnahmen durch Regierungen und die Kritiken daran beziehen sich allesamt auf die verbreitete Vorstellung vom klassischen Fall eines politischen Ausnahmezustands. Angesprochen sind damit im Kern das Einschränken von Grundrechten und das Ausweiten von Regierungskompetenzen, um den Notfall und seine Auswirkungen effektiv bewältigen – beziehungsweise: bekämpfen – zu können. Sie sind Ausdruck einer dann häufig beschworenen *Stunde der Exekutive*. Mit ihr verbunden sind einerseits Erwartungen an effektives Regieren und andererseits Befürchtungen vor dem Verlust bürgerlicher Freiheiten sowie demokratischer und rechtsstaatlicher Standards. Insofern verliefen während und nach der Pandemie viele Diskussionen in den bekannten Bahnen, die etablierte Theorien des politischen Ausnahmezustands oder Notstands vorzeichneten. Obwohl die Beobachtung zweifellos richtig ist, dass der Pandemie mit außergewöhnlichen Maßnahmen und mit besonderen Formen des Regierens begegnet wurde, scheint sie genau daher aus politik- und demokratietheoretischen Blickwinkeln kein sonderlich interessantes Ereignis gewesen zu sein.

Wir vertreten allerdings die These, dass die Auseinandersetzung mit der Pandemie und den politischen und gesellschaftlichen Reaktionen darauf durchaus politik- und demokratietheoretisch relevante neue Erkenntnisse liefern kann. Unser Ziel ist es, in diesem Buch eine neue Perspektive auf und damit ein neues Verständnis von Ausnahmepolitik zu entwickeln, das insbesondere die demokratietheoretisch problematischen Annahmen der klassischen Theorien in Frage stellt. Wir sagen damit nicht, die klassischen Theorien lieferten keine Erkenntnisse oder die Analyse und Kritik von Phänomenen der Pandemiepolitik auf der Grundlage der klassischen Theorien seien nicht relevant. Unser Anliegen ist ein anderes. Wir behaupten, dass es möglich und buchstäblich *an der Zeit* ist, Ausnahmepolitik *mit Hilfe der Zeit* anders zu denken. Denn ein anderes, demokratiekompatibles Verständnis kann nötig oder hilfreich sein, um in weiteren und künftigen Notfall- oder Krisensituationen auf alternative Deutungsmuster und Skripte zurückgreifen zu können, als sie die etablierten Konzepte des politischen Ausnahmezustands anbieten.

Die über den konkreten Fall der inzwischen hinter uns liegenden Pandemiepolitik hinausreichende Relevanz einer Beschäftigung mit Konzepten des Ausnahmezustands wird beispielhaft deutlich, wenn wir aktuelle Diskurse im Bereich der Umwelt- und Klimapolitik betrachten. In diesem Kontext werden Zoonosen, wie die Corona-Pandemie, neben beispielsweise der Erderwärmung und dem Artensterben als Symptome einer umfassenderen ökologischen Krise verstanden.[1] So schrieb beispielsweise der Generalsekretär der Vereinten Nationen, António Guterres, im Sommer 2022 auf Twitter, dass unser Lebensstil uns in einen planetarischen Notstand geführt habe, dem wir heute gegenüberstehen.[2] Damit einhergehende öffentliche Aufrufe zu einer dringenden Klimapolitik finden ihren Widerhall zum Beispiel in der Ausrufung von Klimanotständen durch viele Gebietskörperschaften weltweit. Nach

Angaben der Website *climateemergencydeclaration.org* haben bis April 2024 mehr als 2.300 von ihnen, die in vierzig Ländern rund eine Milliarde Menschen vertreten, einen solchen Klimanotstand ausgerufen.[3] Diese Beispiele zeigen, wie ›Notfälle‹ auch nach der Corona-Pandemie bemüht werden, um die Öffentlichkeit zu alarmieren und Druck auf Entscheidungsträger auszuüben, aber auch um außergewöhnliches Regierungshandeln zu rechtfertigen.

Ähnlich wie während der Covid-19-Pandemie finden wir auch hier die Verwendung des Ausnahmezustandsdiskurses in wissenschaftlichen Arbeiten wieder, zum Beispiel aus der Klimaforschung oder Erdsystemwissenschaft, die versuchen, die große Dringlichkeit des Problems der globalen Erwärmung und eines möglicherweise drohenden ökologischen Zusammenbruchs zum Ausdruck zu bringen. James Lovelock, einer der Begründer der Erdsystemwissenschaft, machte in einem Interview mit dem *Guardian* im Jahr 2010, kurz nachdem der Klimagipfel von Kopenhagen vollständig gescheitert war, seine Sympathie mit diesem Denken deutlich: »Even the best democracies agree that when a major war approaches, democracy must be put on hold for the time being. I have a feeling that climate change may be an issue as severe as a war. It may be necessary to put democracy on hold for a while.«[4]

Ökologische Probleme durch eine zeitweilige Suspendierung der Demokratie anzugehen, ist allerdings auch unter Klimaforschenden eine stark umstrittene Idee. Mike Hulme, Geografieprofessor an der Universität Cambridge, argumentiert beispielsweise, »climate emergency politics is dangerous«, denn sie ziehe »associated constitutional and democratic dangers of states of exception« nach sich. Die angesprochenen Gefahren für demokratisch verfasste Ordnungen haben auch eine zeitliche Komponente, denn »once a climate emergency is declared it is hard to see how it can be undeclared.«[5]

Angesichts solcher Diskurse, in denen klassische Motive aus den Theorien des politischen Ausnahmezustands implizit oder explizit aufgerufen werden, und angesichts der damit verbundenen demokratietheoretischen Probleme ist eine Auseinandersetzung mit diesen Theorien und die Suche nach möglichen konzeptionellen Alternativen weiterhin ein relevantes Anliegen. Wir gehen davon aus, dass politische Theorien des Ausnahmezustands die politische Praxis nicht nur modellhaft beschreiben, sondern sie auch präfigurieren können. Eine präfigurative Wirkung entfalten sie dann, wenn Akteure der Praxis sie als Muster für die Deutung von Situationen und als Skripte für die Planung und Umsetzung von Reaktionen heranziehen. Die Praxis ist verbunden mit einem Repertoire an Wissensbeständen und theoretischen Modellannahmen, aus denen außergewöhnliche politische Reaktionen systematisch hergeleitet, plausibel begründet und gedeutet werden können, oder ganz allgemein solche Deutungen und Handlungen als sinnhaft vorgestellt und begriffen werden. Dies gilt sowohl für Beobachter, die Problemlagen analysieren, als auch für Regierungen und weitere politische Akteure, die auf bestimmte Situationen mit Entscheidungen, Forderungen und Kritik einwirken. In diesem Sinn können theoretische Konzepte von Notfall- oder Ausnahmezustandspolitik die möglichen Verständnisse konkreter Problemlagen und ein Angebot möglicher plausibler politischer und gesellschaftlicher Reaktionen eröffnen, strukturieren und einschränken. Das Anliegen unseres Buches ist deshalb, das Repertoire an Theorien der Ausnahmepolitik um ein *demokratiekompatibles* Verständnis zu erweitern.

In unserer Untersuchung nehmen wir im Unterschied zu den klassischen Theorien des Ausnahmezustands den Fokus weg von den Handlungen der Exekutive und ihren Folgen und richten ihn stattdessen auf die öffentlichen Kontroversen und ihre Möglichkeitsbedingungen, in denen demokratische Politik in der Regel – und wie wir argumentieren werden auch in Ausnahmezeiten – Legitimation erlangt. Diese Verschiebung der Aufmerksamkeit ermöglicht uns auch begriffliche Verschiebungen: Wir bewegen uns weg von der Idee einer Ausrufung eines Ausnahmezustands und der damit verbundenen Idee einer suspendierten Demokratie und rücken stattdessen die Vorstellung einer beständigen Legitimierung von Ausnahmemaßnahmen in öffentlichen Kontroversen in den Blick. Wir bewegen uns weg von der Idee einer umfassenden Erweiterung von Exekutivkompetenzen für eine effektive Regierung und hin zu der Vorstellung einer verstärkten Reflexivierung der Beziehung zwischen der Exekutive und dem zu Öffentlichkeiten versammelten »Volk«, in der mögliche Maßnahmen ausgehandelt werden und ihre Umsetzung durch kollektives Lernen angeregt wird. Und wir bewegen uns weg von der Idee einer simplen Einschränkung oder Suspendierung von Grundrechten und ihrer Wiedereinsetzung nach dem Ausnahmezustand und hin zu der Vorstellung einer Neuaushandlung normativer Grundorientierungen im Angesicht einer Krisensituation. Weil wir dabei insbesondere auf die zeitlichen Möglichkeitsbedingungen[6] für die prozeduralen Aspekte der Aushandlung, Legitimierung und

Implementierung von Notfallmaßnahmen abstellen, nennen wir unser Konzept eine *demokratische Auszeit*.

Wie im Verlauf unserer Ausführungen sichtbar wird, beziehen wir uns immer wieder auf das Beispiel der Pandemiepolitik in Deutschland. Dennoch ist dieses Buch keine Fallstudie, und wir behaupten auch nicht, dass wir die deutsche Pandemiepolitik umfassend analysiert haben. Vielmehr nutzen wir die angeführten Beobachtungen zu illustrativen Zwecken, das heißt, sie sollen das, was wir konzeptionell vorschlagen, anhand von konkreten Beobachtungen klarer verständlich machen und plausibilisieren helfen. Unser Konzept der demokratischen Auszeit ist damit keine »grounded theory«, sondern das Ergebnis einer theoretischen Reflexion, in der wir ausgewählte konzeptionelle Bezüge und eine Reihe von Beobachtungen des empirischen Falls der Pandemiepolitik in Deutschland zusammengefügt und daraus Schlussfolgerungen gezogen haben. Es ist entstanden im spezifischen zeitlichen Kontext der Corona-Pandemie; wir formulieren damit aber den Anspruch einer über diesen konkreten Fall hinausreichenden Relevanz. Damit wollen wir im besten Fall einen Beitrag dazu leisten, inwiefern »COVID-19 has revealed alternative possibilities for democratic politics in the state of emergency«.[7] Wenigstens kann unsere Auseinandersetzung mit der Pandemiepolitik neue Anhaltspunkte dafür liefern, wie eine solche alternative, demokratische Ausnahmepolitik aussehen könnte. Wenn es möglich ist Demokratie und Ausnahme- oder Notfallpolitik miteinander zu vereinbaren, was wären die konzeptionellen Eckpfeiler eines solchen Verständnisses?

Im folgenden Kapitel 2 diskutieren wir *Elemente einer Theorie der demokratischen Auszeit*. Ausgehend von einigen Grundannahmen der klassischen Theorien des politischen Ausnahmezustands setzen wir uns von diesen Ideen mit den wesentlichen Konturen unseres Modells der demokratischen Auszeit ab. Als erstes entwickeln wir dafür den Begriff einer exzeptionellen Differenz, mit dem wir die beiden aufeinander bezogenen Vorstellungen von einer demokratischen Routine und einem nichtdemokratischen Ausnahmezustand verabschieden. Stattdessen richten wir mit einem aus den Theorien von Bruno Latour und Zygmunt Bauman weiterentwickelten Modell der demokratischen Auszeit den Fokus auf die grundlegende Konflikthaftigkeit demokratischer Ordnungen, die im Routinebetrieb von Demokratien nicht zur Debatte steht. In Ausnahmesituationen kann diese Infragestellung ihrer demokratischen Grundlagen jedoch eine Gesellschaft selbst perplex machen und einen meta-politischen Prozess genau darüber anstoßen. Diesen Prozess stellen wir als Kontroverse vor, die einerseits durch die Konfrontation mit einem exzeptionellen sachpolitischen Problem angestoßen wird, die andererseits aber in eine Auseinandersetzung um grundlegende Überzeugungen und normative Orientierungen mündet. In einer demokratischen Auszeit geht es darum, sowohl das Sachproblem in den Griff zu bekommen, als auch gemeinsam geteilte Grundüberzeugungen über die Geltung der demokratischen Ordnung neu zu etablieren.

In Kapitel 3 diskutieren wir, *warum Zeit in den Debatten zum Ausnahmezustand nicht ausreichend berücksichtigt wurde*. Dabei wird zunächst Zeit im Anschluss an ältere physikalische Modelle und entsprechend unserem Alltagsverständnis als ein theoretisches Konstrukt vorgestellt, das eine lineare, stabile Dauerhaftigkeit meint. Theorien des politischen Ausnahmezustands knüpfen daran an, indem sie die Ausnahme als zeitweise Unterbrechung dieser stabilen Dauerhaftigkeit konzipieren. Um diese Vorstellung zu überwinden, diskutieren wir neuere physikalische und politiktheoretische Zeitmodelle. Damit entwickeln wir eine Idee von politischer Zeit, in der verschiedene konstruierte Zeithorizonte und materiell-temporal strukturierte Zusammenhänge und ihre Dynamiken vorstellbar werden. Als demokratische Auszeit, wie wir sie im Fall des politischen Managements der Covid-19-Pandemie erlebt haben, bezeichnen wir ein bestimmtes Zusammenspiel von Zeitmotiven, wie sie auch in den Theorien des politischen Ausnahmezustands vorkommen: die Dringlichkeit, die Unterbrechung und die Transformation.

Das 4. Kapitel ist *Zeitfragen der pandemischen Politik- und Öffentlichkeitsberatung* gewidmet. Einige Expertinnen und Experten spielten während der Corona-Krise eine öffentlich herausgehobene und politisch einflussreiche Rolle, die in einigen Fällen zu einem Gegenstand kontroverser Auseinandersetzungen wurde. Anhand von drei prominenten Beispielen zeichnen wir das Zusammenspiel von Expertise, politischen Entscheidungsprozessen und Öffentlichkeit nach, um einige Übersetzungsprobleme greifbar werden zu lassen, die zwischen Wissenschaft, Politik und Öffentlichkeit existierten. Wir untersuchen Prozesse der Produktion und Verbreitung von Wissen sowie die mediale Verbreitung von Meinungen und Stellungnahmen zu diesem Wissen, und wir zeigen, wie politische Entscheidungen auf dieses Wissen rekurrieren konnten. Wir zeigen auch, wie das wissenschaftliche Wissen mit normativen Überzeugungen verbunden wurde und dass dadurch Konflikte eskalierten. Anhand dieser Rekonstruktionen unterscheiden wir schließlich eine epistemisch-autoritative und eine antagonistische Phase der pandemiebedingten demokratischen Auszeit in Deutschland.

Kapitel 5 zeichnet nach, *wie Ausnahmemaßnahmen eine permanente öffentliche Diskussion erzeugten*. Anhand einer Rekonstruktion der von Landesregierungen verordneten Pandemie-Maßnahmen werden die zeitlichen Horizonte dieser Regierungspolitik erkennbar, die temporär versetzte Inkraftsetzungen und eine begrenzte Geltungsdauer kennzeichnete. Unterschiedliche Muster des asynchron verzögerten, des vorzeitigen und des sukzessiven Ingeltungsetzens von Maßnahmen sowie deren different befristete Geltungszeiten resultierten in einem demokratischen Prozess, in dem permanente Konsultationen zu Sachfragen stattfanden und der ständige Re-Hierarchisierungen von Präferenzen am Laufen hielt. Sie verhinderten dadurch ein Auf-Dauer-Stellen von Entscheidungen und erzeugten im demokratischen Prozess sogar immanente Perplexitäten. Auf diese Weise eröffneten sich immer neue Zeitfenster für eine wiederkehrende Diskussion der sachpolitischen Probleme, und die meta-politischen Fragen nach den Grundlagen der Demokratie konnten in das Blickfeld der Konfliktparteien rücken.

In Kapitel 6 entwickeln wir dann eine Vorstellung davon, *wie Antagonismen in agonale Konflikte transformiert wurden* und weshalb diese Transformation dennoch mindestens zeitweise kaum gelang. Wir stellen zunächst unsere Idee von »Krisen-Narrativen« und ihren unterschiedlichen Wirkungen für die Konstitution von Kollektiven vor und diskutieren, wie asymmetrische Konfliktparteien in Praktiken der Agonalisierung entstehen können. Auf der Grundlage einer Analyse von Beschlüssen aus den Konferenzen der Ministerpräsidentinnen und -präsidenten sowie der Kanzlerin führen wir aus, welche Gruppen als asymmetrische Konfliktparteien konstituiert wurden und wie sich daraus eine systematische Unterscheidung zwischen temporalen und disponiblen Praktiken der Agonalisierung gewinnen lässt. Anhand des Beispiels der Beschlüsse zum Umgang mit der Gruppe der Ungeimpften verdeutlichen wir, dass sich ein grundlegender gesellschaftlicher Antagonismus durch Praktiken der Agonalisierung nur dann hegen lässt, wenn die Temporalität und die Disponibilität der kollektiven Subjektivierungen nicht selbst zum Gegenstand des Konflikts werden.

In unserem Schlusskapitel 7 fassen wir die in diesem Buch entwickelten Ideen zusammen und diskutieren die Perspektiven, die sich *nach der Auszeit* unseres Erachtens ergeben. Eine demokratische Auszeit ist einerseits verbunden mit den Risiken einer Kontroverse um die Grundlagen der demokratischen Ordnung, die angesichts einer exzeptionellen Politik und vor dem Hintergrund einer ernsthaften sachpolitischen Herausforderung möglicherweise in Frage gestellt werden. Sie ist aber auch verbunden mit den Möglichkeiten einer demokratischen Erneuerung und einer weiteren Demokratisierung, wenn die Ausnahmezeit als Chance begriffen wird, trotz aller Differenzen ein neues, kollektiv anerkanntes demokratisches Selbstverständnis zu entwickeln.

Möglich wurde dieses Buch durch die freundliche Förderung der VolkswagenStiftung im Rahmen ihres Programms »Corona Crisis and Beyond – Perspectives for Science, Scholarship and Society«, wofür wir uns hier sehr gern noch einmal bedanken. Weiterer Dank gilt unseren studentischen Assistentinnen und Assistenten Michel Siebert, Sonja Lutz, Lukas Kieran Kluck, Falko Höfner und Luise Hoppe, die uns bei Recherche und Auswertung des Materials unterstützt haben, sowie Logina Mahmoud und Robert Cornwall, die bei der Endredaktion des Manuskripts geholfen haben. Auf verschiedenen Konferenzen, Tagungen und Workshops konnten wir pandemiebedingt zumeist in Form von Videokonferenzen Vorstudien zu unseren Kapiteln mit vielen Kolleginnen und Kollegen diskutieren – auch Ihnen sei dafür gedankt. Erinnern wollen wir an dieser Stelle aber auch an jene Menschen, die noch immer unter den Folgen einer Infektion, den Nebenfolgen von Impfungen oder den Nebenfolgen anderer politischer Maßnahmen leiden sowie an die, deren Leben durch die Pandemie viel zu früh endete und deren Angehörige und Freunde diese Verluste noch immer betrauern.

2 Elemente einer Theorie der demokratischen Auszeit

Am 26. Februar 2020 verkündete Bundesgesundheitsminister Jens Spahn in einer Pressekonferenz den »Beginn der Corona-Epidemie in Deutschland«.[1] Am selben Tag startete das Radioprogramm *NDR Info* einen neuen Podcast unter dem Titel »Coronavirus Update«, in dem der Berliner Virologe Christian Drosten täglich ausführliche Interviews zu aktuellen Erkenntnissen über das neue Virus und die jüngsten Entwicklungen in der Pandemie gab.[2] Und ebenfalls am 26. Februar 2020 veröffentlichte der italienische Philosoph und Theoretiker des politischen Ausnahmezustands Giorgio Agamben in der Tageszeitung *Il manifesto* eine Kritik an der Corona-Politik der italienischen Regierung, der er »[d]ie Erfindung einer Epidemie« mit Hilfe von »Medien und Institutionen« und die Schaffung eines »veritablen Ausnahmezustand[s]« vorwarf.[3] Die zeitliche Koinzidenz der drei Ereignisse dürfte dem Zufall geschuldet sein. Aber in ihrem Zusammenfallen an diesem Datum zeichnen sich bereits einerseits die verdichteten und durchaus kontroversen Beziehungen zwischen Regierungspolitik in der Pandemie und öffentlicher Expertise ab sowie andererseits die Versuche, diese Beziehungen mit Hilfe von Theorien des politischen Ausnahmezustands zu begreifen.

Diese konzeptuelle Routine reicht aber unseres Erachtens nicht aus, um die demokratischen Implikationen dieser außergewöhnlichen Zeit zu erkennen. Denn ein klassischer politischer Ausnahmezustand geht stets von außergewöhnlichen Formen der Problembehandlung und Entscheidungsfindung jenseits des regulären Modus der (parlamentarischen) Demokratie aus. Aber wie lassen sich damit Prozesse rekonstruieren, die trotz ihrer Exzeptionalität inhärent demokratisch sind? Wir entwickeln in diesem Kapitel genau dafür zunächst unser Verständnis einer *exzeptionellen Differenz* in Abgrenzung sowohl zur demokratischen Routine als auch zu klassischen Vorstellungen des politischen Ausnahmezustands (2.1). Dabei diskutieren wir auch ausgewählte Interpretationen der Pandemiepolitik, die im Rahmen der klassischen Vorstellung von politischen Ausnahmezuständen argumentieren. Anschließend entwickeln wir in Anlehnung an die politische Theorie Bruno Latours das Modell eines exzeptionellen demokratischen Prozesses, der sich um den kollektiven Umgang mit einer politisch bisher nicht verarbeiteten, problematischen Entität entwickelt – in Fall der Pandemie das neue SARS-CoV-2-Virus (2.2). Ein politischer Ausnahmezustand meint aber nicht nur das Aussetzen demokratischer Verfahren, sondern in der klassischen Vorstellung untergräbt er die etablierten Grund- und bürgerliche Freiheitsrechte, die im Ausnahmezustand zeitweise suspendiert und bestenfalls danach wiederhergestellt werden. Demgegenüber entwickeln wir eine Vorstellung von einem Prozess der demokratischen Aushandlung von normativen Grundorientierungen jenseits der einfachen Dichotomie aus Aussetzung und Wiedereinsetzung bestehender Rechte. Dafür erweitern wir unser Modell exzeptioneller demokratischer Prozesse mit konzeptionellen Elementen aus Zygmunt Baumans Theorie öffentlicher Kontroversen um die Grenzziehung zwischen dem Privaten und dem Öffentlichen (2.3). In einer kurzen Zusammenfassung dieser Elemente diskutieren wir schließlich unser Modell der demokratischen Auszeit (2.4).

2.1 Vom Ausnahmezustand zur exzeptionellen Differenz

Ein politischer *Ausnahmezustand* wird üblicherweise als etwas von der Demokratie Entferntes oder als »das Andere der Demokratie« verstanden.[4] Am prominentesten wird er entweder mit Carl Schmitt als »Grenzbegriff«[5] verstanden, der die Aufhebung einer legitimierten demokratischen und rechtlichen Ordnung und eine zeitweise kommissarische Diktatur umfasst, oder mit Giorgio Agamben als Regierungsparadigma und »als eine Schwelle der Unbestimmtheit zwischen Demokratie und Absolutismus«[6]. Obwohl nach Schmitt der Ausnahmezustand dazu dient, eine zuvor bestehende Ordnung wiederherzustellen, ist dies kein automatisches oder notwendiges Ergebnis. Aus demokratietheoretischer Sicht rufen Politiken des Ausnahmezustands immer politisches Misstrauen hervor, da »two paradigmatic results of the political temptations introduced by S[tates] o[f] E[xception are]: the normalization of the exception, or even the complete repeal of a once democratic system«.[7]

Demokratien sind scheinbar nur in einem »Zustand der Normalität« denkbar und praktikabel, und jede von dieser Normalität abweichende Politik erscheint sofort als Gefährdung der Institutionen, das heißt die Demokratie gerät in »Krisen«.[8] In Zeiten wechselnder Krisen oder einer Polykrise sehen einige Beobachterinnen und Beobachter daher Demokratien bereits in einem permanenten Krisenmodus,[9] auf dem Weg in eine Postdemokratie,[10] in einem permanenten »Ausnahmezustand«[11] oder in einem Modus der ubiquitären Ausbreitung von Notfällen.[12] Obwohl der Ausnahmezustand nicht eindeutig jenseits der demokratischen Politik angesiedelt ist, wird er dennoch als die andere Seite der Demokratie konzeptualisiert, einschließlich ihrer vorübergehenden Aussetzung oder ihrer vollständigen Negation.

In Abgrenzung dazu und in Anlehnung an das radikaldemokratische Konzept der »politischen Differenz«[13] schlagen wir den Begriff der *exzeptionellen Differenz* vor, um das Konzept der Ausnahme in eine demokratische Politikvorstellung aufzunehmen. Das Konzept der politischen Differenz weist auf die Notwendigkeit hin, eine jede politische Ordnung begründen zu müssen, ohne dabei einen nicht weiter hinterfragbaren, letzten Grund festschreiben zu können. Mit dem Begriff der exzeptionellen Differenz betonen wir den ungewöhnlichen und anlassbezogenen, also ausnahmsweisen Charakter eines solchen Prozesses der Neubegründung einer politischen Ordnung sowie das damit verbundene Risiko, dass wesentliche Merkmale einer gegebenen politischen Ordnung bei einer solchen Neubegründung verloren gehen könnten. Wir gehen dabei nicht so weit, die Idee des Exzeptionalismus vollständig zu verabschieden,[14] und sehen auch die Chancen einer die Demokratie erweiternden und vertiefenden transformativen Neubegründung.[15] Was uns besonders interessiert, ist die Frage, ob und in welcher Weise wir einen solchen Prozess als inhärent demokratisch begreifen können. Ist ein demokratisches Verständnis von politischen Ausnahmen denkbar, in dem die demokratische Politik nicht vorübergehend suspendiert, sondern unmittelbar neu begründet wird?

Die Prämisse einer exzeptionellen Differenz prägte auch die politischen, öffentlichen und sozialwissenschaftlichen Debatten über die Vorkehrungen und Maßnahmen, die demokratische Regierungen weltweit zur Bewältigung der Covid-19-Pandemie beschlossen hatten. Umstritten ist unter dieser Prämisse, ab welcher Schwelle im konkreten Fall die

Ausnahmepolitik ein Ausmaß bzw. eine Qualität erreicht hat, dass eine politische Ordnung noch oder nicht mehr als demokratisch gelten kann. Und umstritten ist auch, mit welchen Bewertungsmaßstäben der Moment bestimmt werden kann, in dem die Demokratie in eine neue, dauerhafte nicht-demokratische Ordnung zu kippen droht. War die Pandemiepolitik bereits ein Regime nicht-demokratischer exekutiver Ausnahmepolitik? Oder wurden hauptsächlich demokratische und rechtsstaatliche Routinen aufrechterhalten?

Rechtstheoretisch wird der Ausnahmezustand oder Notstand klassischerweise als »Suspendierung der Rechtsordnung selbst« verstanden, indem ein »Außen ins Recht«, das heißt eine souveräne Entscheidung in die Rechtsordnung eingeschrieben wird.[16] Mit anderen Worten: Die Verrechtlichung der Ausnahme erfolgt durch Notstandsartikel oder -paragraphen, und der Ausnahmezustand »ist ein Feld rechtlicher Spannungen, in dem ein Minimum an formaler Geltung einem Maximum an wirklicher Anwendung entspricht und umgekehrt«.[17] In Deutschland wird üblicherweise zwischen einem inneren Notstand bei Naturkatastrophen oder Unglücksfällen und einem äußeren Notstand bei einem bewaffneten Angriff von außen oder der Vorstufe dazu, dem sogenannten Spannungsfall, unterschieden. Mit der Covid-19-Pandemie und »[n]eben den Inneren und Äußeren Notstand«, den das deutsche Grundgesetz kennt, »tritt nunmehr noch der seuchenrechtliche Gesundheitsnotstand. Und im Gegensatz zum Inneren und Äußeren Notstand wurde [...] er angewendet.«[18] Formal fand der wichtigste Gesetzgebungsprozess zu diesem neuen Ausnahmezustand im Deutschen Bundestag statt, der am 25. März 2020 eine Novelle des Infektionsschutzgesetzes verabschiedete. Darin wurde das Rechtskonstrukt der »epidemischen Lage von nationaler Tragweite« entwickelt und anschließend in Kraft gesetzt, welches der Bundesregierung und den Landesregierungen weitreichende Entscheidungsbefugnisse und Möglichkeiten zur Einschränkung der Grundrechte einräumte. So ordnete etwa Matthias Lemke den Prozess und sein Ergebnis als eine neue rechtliche Ausprägung des Ausnahmezustands ein, die Spielräume für hoheitliche Entscheidungen eröffnet; er erkannte darin ein »autoritäres Element« oder ein »autoritäres Gelegenheitsfenster« in der deutschen Pandemiepolitik[19]:

> »Die Schaffung der rechtlichen Möglichkeit zur Ausrufung einer epidemischen Lage nationaler Tragweite war die verfassungsrechtlich

> prominenteste Antwort des Gesetzgebers auf Corona. Geschaffen wurde diese Möglichkeit in einem ordentlichen parlamentarischen Prozess, der von durchdringender parlamentarischer Einigkeit und Entschlusswilligkeit geprägt war, wie sie häufig in Zeiten akuter Krisen zu beobachten sind. Das Politische wird durch die Angst vor der Krise derart diszipliniert, dass ich hier von einem autoritären Moment im Verlauf des coronabedingten Ausnahmezustandes sprechen möchte. Dieser autoritäre Moment aber beruht nicht bloß, wie allzu viele Kommentatoren [sic!] immer noch betonen, auf der sprichwörtlichen ›Stunde der Exekutive‹. Er beruht in entscheidendem Maße auch auf der Bereitschaft der Legislative, das Kontroverse auszublenden – für ein paar Tage, für ein paar Wochen, vielleicht gar für immer.«[20]

Agamben hat die Corona-Krise genutzt, um sein Konzept des Ausnahmezustands wieder aufzugreifen, das die Etablierung eines permanenten Ausnahmezustands als Regierungsparadigma begreift. In Bezug auf die Pandemiepolitik kritisierte er Anfang 2020 und danach wiederholt die Notfallmaßnahmen der italienischen Regierung als »völlig unbegründet« und »unverhältnismäßig« für eine Viruspandemie, die nur einen kleinen Prozentsatz der italienischen Bevölkerung direkt betroffen habe.[21] Diese Einschätzung formulierte er zunächst mit Verweis auf die wissenschaftliche Autorität des italienischen Nationalen Forschungsrates, der im Februar 2020 erklärt hatte: »In Italien besteht keine Epidemie durch den Erreger SARS-CoV2«[22]. Später kritisierte Agamben, »[d]ie Virologen geben heute zu, nicht genau zu wissen, was ein Virus ist, aber in seinem Namen erheben sie den Anspruch zu entscheiden, wie die Menschen leben sollen.«[23] Im Rückgriff auf Debords Verständnis der zeitgenössischen Politik als »Spektakel«, das sich auf ein problematisches Zusammenspiel von Medien, Politik und Experten bezieht, die Ängste heraufbeschwören, um staatliches Handeln zu legitimieren und damit postdemokratische Verhältnisse zu schaffen bzw. den Ausnahmezustand zu normalisieren, kommt er zu dem Schluss, dass wir es mit einer »vermeintlichen Epidemie« zu tun hatten und mit »hektischen, irrationalen und völlig unbegründeten Notfallmaßnahmen [...], die einen veritablen Ausnahmezustand [...] schaffen«.[24]

Wir wollen hier nicht die Stichhaltigkeit dieser Kritiken an staatlichen Maßnahmen und an den wissenschaftlichen Begründungen diskutieren. Aber wir nehmen diese Kritik als ein Beispiel für einen Diskurs, der Demokratien als gefährdet und in einem Modus der permanenten Krise betrachtet. Solche Konjunkturen von Krisensemantiken geben aber auch einen Hinweis darauf, dass die vorhandenen Konzepte womöglich nicht mehr ausreichen, um sozialen Wandel zu verstehen.[25] Unsere These ist deshalb, dass das Konzept des Ausnahmezustands selbst in der Krise ist. Außergewöhnliche Phasen von Demokratien – wie das Corona-Management demokratischer Staaten – können damit nicht adäquat verstanden werden, da das Konzept auf der Prämisse aufbaut, dass die Ausnahmepolitik inhärent undemokratisch ist. Das von uns vorgeschlagene Konzept der exzeptionellen Differenz kann dagegen dazu beitragen, dieses konzeptionelle Defizit zu überwinden.

2.2 Bruno Latours Konzept der Demokratie im Angesicht der Covid-19-Pandemie

Auch eine Theorie der demokratischen Auszeit benötigt ein Verständnis davon, was einen Normalzustand der Demokratie ausmacht, vor dessen Hintergrund dann Elemente der Ausnahmepolitik identifiziert werden können. Um dabei mit unserem Beispiel der Covid-19-Pandemie umgehen zu können, beziehen wir uns zunächst auf das Demokratiemodell von Bruno Latour. Dieses hat er unter anderem am Beispiel der Ausbreitung der damals noch unbekannten Prionen entwickelt, die Ende der 1990er Jahre zahlreiche Fälle von Rinderwahnsinn in landwirtschaftlichen Betrieben und der Creutzfeldt-Jakob-Krankheit beim Menschen verursachten. Latour unterteilt den demokratischen Prozess in vier verschiedene Phasen oder Teilaspekte, nämlich (1) die Perplexität, wenn eine Gesellschaft mit einer unerwarteten Anforderung konfrontiert wird, (2) die Konsultation, in der alle möglichen Informationen aus den unterschiedlichsten Quellen gesammelt werden, um sich ein Bild von der Situation zu machen, (3) die Hierarchisierung, in der eine neu auftretende Entität, wie z.B. die Prionen oder das SARS-CoV-2-Virus, in ein Kollektiv eingeordnet wird, so dass alle damit leben können, und (4) schließlich die Institution der neuen Hierarchie, durch die der neue Zustand dauerhaft festgelegt wird.[26] Teil von Latours Konzept der Politik ist die Beobachtung, dass sich die Politik um ein kollektiv problematisches »Ding« dreht oder drehen sollte (d.h. um eine bestimmte politisch relevante Entität, z.B. ein Prion oder ein Virus), die aus irgendeinem Grund in einem bestimmten politischen Kollektiv (noch) nicht gut etabliert ist und daher kontroverse Debatten und politische Entscheidungen auslöst.[27]

Die Funktion der Politik besteht in dieser Perspektive darin, mit solchen problematischen, unsicheren und daher kontroversen Gebilden umzugehen. Ein demokratischer Umgang mit solchen Themen besteht für Latour im langsamen Aufbau einer gemeinsamen Welt,[28] d.h. aus einem kollektiven Lern- und Entscheidungsprozess (einschließlich der vier erwähnten Schritte der Perplexität, Konsultation, Hierarchisierung und Institution). Der Prozess kann zu einer akzeptierten Koexistenz innerhalb einer gegebenen Gesellschaft oder alternativ zum Ausschluss einer Entität führen, wenn diese als »Feind« identifiziert wird, weil das Kollektiv nicht bereit ist, mit ihr zu leben.[29] Dieser Prozess vollzieht sich sowohl durch sprachliche oder zeichenhafte Operationen als auch durch materielle Veränderungen, d.h. als Artikulationsprozess, in dem Dinge und Diskurse gleichermaßen (neu) sortiert werden.

Im Fall der Corona-Krise war das problematische »Ding« in erster Linie das neu aufgetretene SARS-Coronavirus-2 (SARS-CoV-2). Es zog eine Reihe an Unsicherheiten nach sich, die von Wissenschaftlerinnen und Wissenschaftlern artikuliert wurden, sowie Gesundheitsprobleme, die durch Medienberichte aus China und Italien bekannt wurden, und veranlasste die politischen Entscheidungsträger, sich mit dieser Angelegenheit zu befassen. Die Analogie zum Auftauchen der Prionen in den 1990er Jahren als neuer Krankheitserreger scheint offensichtlich, aber es steht auch außer Frage, dass das SARS-CoV-2-Virus eine ganz andere politische Reichweite entwickelte als die Prionen in den 1990er Jahren oder als jede andere, mehr oder weniger alltägliche politische Sachfrage. Im Falle Deutschlands vermied Bundeskanzlerin Merkel anlässlich ihrer Fernsehansprache an die deutsche Bevölkerung am 18. März 2020 offenkundig die Terminologie des »Kampfes gegen das Virus«, wie es einige andere demokratische Führer anfänglich taten, und plädierte stattdessen für eine wissenschaftsgeleitete und kreative Problemlösung durch die Gesellschaft als Ganzes.[30] Sie warb dafür rhetorisch nicht für die Option der Ausgrenzung (anders als es bei der Ausgrenzungspolitik gegen die Prionen in den 1990er Jahren gemacht wurde), sondern suchte von Anfang an nach Möglichkeiten, das Virus in die Gesellschaft zu integrieren, das heißt mit ihm leben zu lernen. Die genauen Wege der Integration waren jedoch unklar, und der Prozess sollte nicht ohne jegliche Kontrolle ablaufen. Dies wurde deutlich, als Gesundheitsminister Jens Spahn am 26. Februar 2020 öffentlich den »Beginn einer Corona-Epidemie in Deutschland« damit begründete, dass, nachdem zuvor nur vereinzelte Corona-Infektionen festgestellt wurden, deren Ursprung zurückverfolgt werden konnte, nun die ersten unkontrollierten lokalen Infektionsketten vorlägen.[31] Neben vielen spezifischen Fragen zum Virus und seiner gesellschaftlichen Relevanz, die sich im Verlauf der Pandemie stellten, waren es immer wieder der Verlust der Kontrolle über die Infektionsketten und die befürchtete Überforderung der Krankenhäuser in Folge dieses Kontrollverlustes, die den Anstoß für die Verschärfung der Ausnahmemaßnahmen gaben.

Auch Latour hat bereits eine Idee des Ausnahmezustands. Er bezieht sich dafür u.a. auf Carl Schmitt, wobei er deutlich macht, dass der »toxische und gleichwohl unentbehrliche [...] Nazi-Jurist« wie ein »Gift [zu handhaben ist], das man im Labor verwahrt für den Fall, dass man ein aktives Prinzip braucht, das stark genug ist, anderen, noch gefährlicheren Giften entgegenzuwirken: Alles eine Frage der Dosierung«.[32] Was den Begriff des Ausnahmezustands betrifft, so integriert Latour ihn auf zweierlei Weise in seine Theorie: Erstens bezeichnet er den Ausnahmezustand als ein Konzept unter anderen, das »den Bruch, den Schritt, ja die Transzendenz des Politischen«[33] zu erfassen sucht. Für Latour heißt das, dass die unvermeidlichen Lücken, die überbrückt werden müssen, wenn Politik darauf abzielt, Myriaden heterogener menschlicher und nicht-menschlicher Entitäten, die zunächst inkommensurabel sind und dann kommensurabel gemacht werden, miteinander zu verknüpfen, um sie in einen kollektiven (politischen oder sozialen) Körper zu integrieren. Zweitens bezeichnet er als einen Ausnahmezustand den Moment der demokratischen Entscheidungsfindung, für den die Öffentlichkeit als *ad hoc* versammeltes, nicht professionelles und nicht fachkundiges politisches Publikum einer Kontroverse eine entscheidende Rolle spielt.

> »Während Schmitt die Machtübernahme durch den Souverän zum Moment extremer Stärke macht, der sich per definitionem jeder Rechtfertigung entziehen soll, ist er für Lippmann [an den Latour hier anschließt, AB/HS] ein Moment extremer Schwäche, der für alle das Erfordernis der Rechtfertigung *erhöhen* soll.«[34]

Wenn eine Öffentlichkeit als souverän betrachtet wird, dann ist der Moment, in dem die *de facto* beanspruchte Gesamtheit eines demokratischen Gemeinwesens in einer öffentlichen Kontroverse über die eigene zukünftige Lebensweise entscheidet, »buchstäblich der Moment der Ausnahme«.[35] Allerdings tendieren beide Bezüge auch dazu, die Ausnahme in den regulären Modus von Politik und Demokratie zu integrieren und zu entproblematisieren. Wir sind skeptisch gegenüber dieser Strategie der Normalisierung, da sie eine wirklich außergewöhnliche Politik unsichtbar und sogar undenkbar macht.

Für die entlang ihren Routinen sich vollziehenden Prozesse in einer Demokratie geht Latour unter Bezugnahme auf Walter Lippmanns und John Deweys Theorien der Öffentlichkeit davon aus, dass ein entstehendes Sachproblem zunächst nur eine überschaubare Gruppe von Menschen direkt betrifft und andere nur indirekt als Öffentlichkeit einbezieht, das heißt als beobachtendes Publikum, das gleichwohl eine wesentliche Rolle im demokratischen Prozess spielt. Im Hinblick auf unser Beispiel der Covid-19-Pandemie in Deutschland sind demgegenüber zwei Dinge bemerkenswert:

Erstens war es in der frühen Phase der Pandemiepolitik möglich, buchstäblich alle Mitglieder der Gesellschaft zu potenziell direkt Betroffenen zu machen, womit die Unterscheidung zwischen den direkt Betroffenen und der nur indirekt beteiligten Öffentlichkeit für eine begrenzte Zeit aufgehoben wurde. Beides ging nahezu ununterscheidbar ineinander über. Auffallend ist, dass das Problem der Covid-19-Pandemie sehr schnell eine herausragende Priorität in der öffentlichen Debatte und für demokratische Regierungen wurde. Die neue Pandemie rückte an die Spitze der Hierarchie der Sachprobleme, hatte einen ganz ungewöhnlichen Einfluss auf die Behandlung anderer persönlicher und politischer Themen und konnte gleichzeitig scheinbar fest etablierte gesellschaftliche Prioritäten und Routinen erschüttern. Die gemeinsame Wahrnehmung, nicht nur in den Sozialwissenschaften, war, dass die Kontingenz gesellschaftlicher Normalität plötzlich für alle sichtbar und greifbar wurde, wodurch tiefgreifende Alternativen zum Status quo denkbar und dann zeitweise auch umgesetzt wurden.[36]

Und zweitens kann man argumentieren, dass Öffentlichkeiten zumindest in Teilen die wirklichen Entscheidungsträgerinnen waren und nicht nur symbolische Unterstützerinnen der professionellen Politik. So war immer wieder zu beobachten, dass Mobilitätseinschränkungen und soziale Distanzierungen als typische Maßnahmen der Pandemiepolitik mehrere Tage vor offiziellen politischen Entscheidungen selbstständig in der Gesellschaft stattfanden und damit einer Dynamik der öffentlichen Debatte zu folgen schienen. Frank Nullmeier argumentiert daher, dass die Umsetzung von Restriktionen teilweise in Form einer »gesellschaftlichen Selbststeuerung« sowie über einen »staatlich-apellativen Weg« erfolgten, der »Gebots- und Verbotspolitiken mit dem Aufruf an individuelle Disziplinierung« verbunden hat, wobei die »Normsetzung [...] seitens des Staates (des Gesetzgebers und der Administration) [erfolgt], aber die Einhaltung der staatlich gesetzten Normen [...] weitgehend an die Bürger*innen delegiert« wird.[37]

Latour veranschaulicht sein Verständnis von öffentlicher Entscheidungsfindung, indem er darauf hinweist, dass wirklich politische Entscheidungen immer mit fundamentaler Unsicherheit zu tun haben. Mit einem (stark reduzierten) Verweis auf Schmitts Theorie der politischen Feindschaft beschreibt Latour diese Ungewissheit als die Möglichkeit von Konfliktsituationen, die »weder durch eine im voraus getroffene generelle Normierung, noch durch den Spruch eines ›unbeteiligten‹ und daher ›unparteiischen‹ Dritten entschieden werden können«.[38] Für Latour bedeutet dies, dass weder Berufspolitikerinnen und -politiker noch besonders qualifizierte Expertinnen und Experten genau wissen können, was in solchen kontroversen Situationen zu tun ist. Im Gegensatz dazu waren die ersten Wochen der deutschen Pandemiepolitik weitgehend von wissenschaftlicher Expertise und dem öffentlichen Eindruck geprägt, dass die Expertise eines einzelnen Forschers, des Berliner Virologen Christian Drosten, eine herausragende Rolle zu spielen schien.

Dies scheint darauf hinzudeuten, dass das Pandemiemanagement in Deutschland einem expertokratischen Weg folgte. Allerdings waren die Entscheidungsprozesse selbst in der Frühphase der Pandemie nie expertokratisch, und die Rolle Drostens in der deutschen Pandemiepolitik war vor allem die eines öffentlichen Experten, weshalb wir vorschlagen, diese Zeit als *epistemisch-autoritative Phase* zu verstehen.[39] Die sicherlich richtige Wahrnehmung einer besonderen Relevanz dieses und weiterer Expertinnen und Experten veranschaulicht daher, dass die Politik sich damit auseinandersetzen musste, das Virus selbst zu begreifen (Perplexität), dass verschiedene für die Bewältigung der Krise relevante Informationen zu integrieren waren (Konsultation), dass mögliche Positionen des Virus in der Gesellschaft definiert werden mussten (Hierarchie) und dass das Ziel darin bestand, eine kollektiv akzeptierte Lösung dauerhaft festzuschreiben (Institution).

Ebenfalls in einem Gegensatz zu Latours Theorie waren diese ersten Wochen der Pandemiepolitik in Deutschland nicht durch eine langsame Zusammensetzung des Kollektivs gekennzeichnet, sondern durch eine extreme Beschleunigung des demokratischen Prozesses, wobei mindestens drei der vier Phasen, nämlich Perplexität, Konsultation und Hierarchie, abgekürzt wurden, während die vierte Stufe in der begrenzten Form von nur vorübergehend implementierten Ausnahmemaßnahmen (jedoch nicht einer dauerhaften Institution) auftrat.[40] Für Latour bedeutet Institution, dass ein zunächst ungewisses Gebilde »natürlich geworden«[41] ist, das heißt seinen endgültigen Platz in der Gesellschaft beziehungsweise außerhalb der Gesellschaft gefunden hat und nicht mehr öffentlich umstritten ist. Obwohl es in der ersten Welle der Pandemie in Deutschland möglich war, eine weitgehend kohärente und akzeptierte Politik zu entwickeln und auch umzusetzen, zeigte sich, dass diese Übergangslösung nicht dauerhaft institutionalisiert werden konnte. Stattdessen begann sie selbst, kontrovers zu werden. Artikuliert wurde die Kontroverse zum Beispiel als Expertise des Bonner Virologen Hendrik Streeck, der ab April 2020 in der Öffentlichkeit als eine Art Gegenexperte zu Drosten auftrat. Nach und nach sammelten sich weitere Expertinnen und Experten anderer Fachrichtungen, zum Beispiel der Pädiatrie, zum Teil mit Unterstützung von politischen Akteuren, die andere Themen in die Hierarchie der politischen Fragen einbrachten und die Relevanz des Pandemieproblems für bestimmte Gruppen relativierten.[42]

Im Zuge der einsetzenden öffentlichen Kontroverse wurden das Sars-Cov-2-Virus und seine Erkrankungen mit zahlreichen weiteren Problemlagen konfrontiert, die sich auch aus den politischen Reaktionen (Perplexität) und zahlreichen Äußerungen mit widersprüchlicher Expertise (Konsultation) ergaben. Was auf Dauer nicht gelang, war eine akzeptierte Hierarchisierung der umstrittenen Entitäten oder gar die Einführung einer endgültigen Lösung der Probleme im Sinne einer Institutionalisierung. Interessanterweise war dies jedoch nicht nur auf die Uneinigkeit der Menschen zurückzuführen, sondern folgte einer Dynamik der sich verändernden Beziehungen zwischen dem Virus selbst und den Menschen, das heißt den Zyklen der Infektionsaktivität sowie dem Auftreten neuer Mutationen. Mit anderen Worten: Das Virus selbst konnte weder angemessen kontrolliert werden (gescheiterte Fixierung des außerordentlichen Problems), noch konnte die Pandemie kurzfristig beendet werden (gescheiterte zeitliche Begrenzung der außerordentlichen Politik). Dies führte dazu, dass die Maßnahmen zur politischen Bekämpfung der Pandemie in kurzen Zeiträumen angepasst, ergänzt und wieder verworfen wurden. Viele Maßnahmen wurden in den einzelnen Bundesländern zudem unterschiedlich ausgestaltet, was in der Öffentlichkeit als ›Flickenteppich‹ beklagt wurde.

Darüber hinaus traten die Maßnahmen häufig nicht gleichzeitig in Kraft und wurden auch unterschiedlich befristet. Der demokratische Prozess wurde dadurch in einem rasanten Tempo beschleunigt und wurde so immer wieder neu angestoßen.[43]

Während die Wiederaufnahme eines demokratischen Prozesses nicht ungewöhnlich ist, war das, was sich in der Folge zu entfalten begann, keine gewöhnliche politische Kontroverse, sondern ein tiefgreifender Streit über die Geltung und Reichweite wesentlicher Grundrechte, wie das Recht auf Leben und Gesundheit oder verschiedene Freiheitsrechte, sowie ihre Beziehungen untereinander. Auch hier mag der Grund darin gelegen haben, dass sich praktisch alle unmittelbar betroffen fühlten, sei es von einer Bedrohung durch das Virus oder von den Auswirkungen der Pandemiepolitik. In dieser zweiten Phase der Pandemiepolitik, die nur wenige Wochen nach dem Ausbruch mit einer Verringerung der epistemischen Unsicherheit und einer Intensivierung der Kontroversen einherging, gelang die weitgehende Integration in ein Kollektiv der gleichermaßen Betroffenen nicht mehr. Es formierte sich zunehmend Kritik und sogar Widerstand, der sich vor allem daran entzündete, dass die zur Eindämmung der Infektionsdynamik notwendigen Maßnahmen zu weitreichenden Einschränkungen in anderen Bereichen des gesellschaftlichen Lebens führten, die für viele ab einem bestimmten Zeitpunkt nicht (mehr) akzeptabel oder angemessen erschienen. Die Pandemiepolitik in Deutschland ging so im Laufe des April 2020 von der epistemisch-autoritativen Phase in die *antagonistische Phase* über.[44]

Was hier sichtbar wurde, ist ein Konflikt um die Hierarchisierung von Problemlagen. Es war offensichtlich nicht oder nicht vollständig möglich, die Pandemie dauerhaft an der Spitze der Hierarchie der Problemlagen zu fixieren und dort zu institutionalisieren. Obwohl die Pandemie für die Bundes- und Landesregierungen weiterhin sehr hohe Priorität hatte, gelang eine dauerhafte Institutionalisierung nicht, weil Entscheidungen in Form von zeitlich befristeten Verordnungen oder befristeten Gesetzen, wie etwa im Fall der so genannten »Bundesnotbremse«, von vornherein nur begrenzte Geltung beanspruchten. Dies lag einerseits an den Unwägbarkeiten der Pandemiesituation, das heißt das Regieren durch zeitlich befristete Verordnungen sollte schnelle Reaktionen im Fall einer sich ändernden Lage ermöglichen. Andererseits sollte aber durch die zeitliche Begrenzung der angeordneten Maßnahmen die Gefahr einer dauerhaften Beeinträchtigung von

Grundrechten abgewendet werden. Diese zweite Phase der Pandemiepolitik kann also nicht als normaler demokratischer Interessenkonflikt verstanden werden, denn dazu waren die Konflikte zu tiefgreifend und der Regierungsmodus zu ungewöhnlich.

2.3 Zygmunt Baumans Kritik der Demokratie und die Sicherung der Freiheit in Zeiten der Covid-19-Pandemie

Während es in der ersten Phase der Pandemiepolitik in Deutschland zu einer temporären Top-Priorisierung einer einzelnen Problemlage kam, zeichnet sich die zweite Phase der demokratischen Auszeit dadurch aus, dass sehr tiefgreifende Konflikte aufbrachen, die die Hierarchie der Grundrechte in Frage stellten, die nicht dauerhaft fixiert und institutionalisiert werden konnten. Tiefgreifend waren diese Konflikte, weil sie eine zentrale Funktion von Demokratien berührten, die Zygmunt Bauman als die *kollektive Sicherung individueller Freiheit* beschrieben hat.[45] Die Sicherung der individuellen Freiheit ist demnach also eine politische Aufgabe. Damit sind bereits zwei Spannungen aufgezeigt, die Demokratien konstitutiv innewohnen: die Spannung zwischen Individuum und Gesellschaft (das heißt zwischen individueller und kollektiver Autonomie) und die Spannung zwischen Freiheit und Sicherheit. Denn wie kann eine Gesellschaft die individuelle Freiheit sichern? Steht die individuelle Freiheit nicht immer im Gegensatz zur Gesellschaft? Gegen die von anderen Individuen gesetzten Grenzen? Gegen die Grenzen, die das individuelle Handeln begrenzen? Für Bauman ist es nicht grundsätzlich ausgeschlossen, individuelle Freiheit durch Grenzziehungen zu sichern. Entscheidend ist dabei, dass dies kollektiv geschieht, indem die zu einer politischen Gemeinschaft versammelten Individuen die Grenzen für ihr individuelles Handeln selbst ziehen. Die Spannungen zwischen individueller und kollektiver Autonomie können also ausgehalten werden, solange die Individuen die kollektiven Einschränkungen ihrer individuellen Freiheit als *Selbstbeschränkungen* verstehen.

Diese normative Spannung lässt jedoch die Frage offen, ob eine Gesellschaft in der Praxis vorgeben soll, was genau individuelle Freiheit ausmacht. Es ist daher eine große Herausforderung für jede demokratische Gesellschaft, nicht in die Falle einer Tyrannei der Mehrheit zu tappen. Nach Bauman kann jedoch nicht jede Gesellschaft dieser Herausforderung gerecht werden.[46] Dazu muss eine Gesellschaft bereit sein, ihre eigenen Grundprinzipien immer wieder zu hinterfragen. Denn nur eine Gesellschaft, die sich auch in der Praxis selbst in Frage stellt, hinterfragt auch immer wieder die Grenzen, die sie den Individuen setzt. Das ist notwendig, weil die Setzung dieser Grenzen nur dann das Ergebnis einer kollektiven Anstrengung aller Individuen bleiben kann, und nur dann erscheinen diese Grenzen dem einzelnen Individuum als vorübergehend gut begründet. Die entscheidende Frage für eine demokratische Gesellschaft lautet daher: Welche Probleme schränken die individuelle Freiheit so stark ein, dass kollektive Grenzen gezogen werden müssen, um diese Freiheit zu sichern? Mit anderen Worten, welche individuellen Probleme sind von öffentlichem Interesse? Und welche individuellen Probleme sollten Privatsache bleiben?

Spätestens im März 2020, also ca. 6 Wochen nach der ersten bekannten Covid-19-Infektion in Bayern, war sich eine große Mehrheit in Deutschland einig, dass die große Gefahr, die von dem neuen Virus vor allem für Patientinnen und Patienten in Krankenhäusern sowie Bewohnerinnen und Bewohner von betreuten Wohn- und Pflegeeinrichtungen ausgeht, keine private, sondern eine öffentliche Angelegenheit sei. Deshalb verbot die Bundesregierung zum Beispiel Familienangehörigen für mehrere Wochen den Zutritt zu Krankenhäusern und Pflegeeinrichtungen. Dies hatte jedoch einige unbeabsichtigte Folgen. Viele Menschen starben während dieser Zeit, ohne dass ihre Familienangehörigen und Freunde bei ihnen sein konnten. Andere litten, weil niemand sie besuchen durfte. Deshalb begannen öffentliche Diskussionen darüber, ob diese Einschränkungen die richtigen Maßnahmen waren. Allerdings zeichnete sich im Verlauf der Zeit ab, dass es nicht mehr möglich war, sich in der öffentlichen Debatte darüber zu einigen. So war es in Deutschland dann sehr umstritten, wie weit die individuelle Freiheit aller eingeschränkt werden darf, um die besonders verletzlichen Gruppen kollektiv zu schützen.

Nach Bauman braucht es in der Demokratie einen besonderen Ort oder Raum, in dem eine solche Kontroverse kollektiv beraten wird.[47] Dieser Raum soll für Einzelpersonen offen sein, damit sie ihre privaten Probleme und ihr Leid vortragen können. In diesem öffentlichen Raum werden die verschiedenen privaten Probleme zusammengeführt; aber dieser Raum darf sich nicht darauf beschränken, nur das private Leid öffentlich auszustellen. Es soll auch geprüft werden, inwieweit die privaten Leiden als öffentliche Angelegenheit zu verstehen sind und inwieweit kollektive Anstrengungen notwendig sind, um die privaten

Leiden zu beenden. Bauman nennt diesen Raum »die *agora* – [der] Raum, der weder privat noch öffentlich, sondern vielmehr privat und öffentlich zugleich ist«.[48]

Vor dem Hintergrund dieser Idealvorstellung kritisierte Bauman bereits vor mehr als zwanzig Jahren, dass diese Agora in den westlichen Demokratien nicht mehr existiert. Zumindest funktioniert sie nicht mehr so, wie sie sollte, denn es gelingt ihr nicht mehr, private Anliegen in öffentliche Probleme zu verwandeln. Und ebenso wenig gelingt es ihr, öffentliche Probleme in privaten Angelegenheiten zu erkennen. Für Bauman hat diese »Krise« vor allem drei Ursachen:[49] erstens, eine wachsende Abneigung gegen Selbstbeschränkungen, weil jede Form der Einschränkung als freiheitswidrig angesehen wird; zweitens, die zunehmenden individuellen Erfahrungen von Unsicherheit, Ungewissheit und Schutzlosigkeit, so dass den Einzelnen der Mut und die Zeit fehlen, über alternative Formen des Zusammenlebens nachzudenken; und drittens, die zunehmende Folgenlosigkeit politischer Entscheidungen, weil der Nationalstaat für die wichtigsten politischen Entscheidungen kaum noch allein verantwortlich ist. Infolge dieser Entwicklungen verlieren die demokratischen Gesellschaften sukzessive die Fähigkeit, sich ein Bild von sich selbst zu machen. Mit anderen Worten: Es fehlt ihnen die Vorstellung vom kollektiven Zweck des gesellschaftlichen Ganzen. Es gibt keinen Glauben an ein gemeinsames Schicksal. Stattdessen muss jeder Einzelne seiner eigenen Biografie einen Sinn geben. Was bedeutet es, wenn unter diesen Bedingungen die Covid-19-Pandemie zu einer dringenden politischen Aufgabe wird?

Auf den ersten Blick sieht es so aus, als ob damit die große Gefahr einhergeht, die Bauman als *totalitäre Tendenz* bezeichnet hat, die »auf die totale Vernichtung der privaten Sphäre, des Bereichs individueller Selbstkonstituierung und Selbstbestimmung [zielt] – auf die letzte, irreversible Auflösung des Privaten im Öffentlichen«.[50] Die wahrgenommene Dringlichkeit und Schwere der Herausforderung sowie der Mangel an alternativen Politiken verstärkten die politischen Forderungen, dass weder Individuen noch ein öffentlicher Dialog notwendig seien, um die Pandemie kollektiv zu bewältigen. Ein Notfall wie die Pandemie würde dann den Tod der geschwächten Agora beschleunigen.

Eine solche dystopische Diagnose setzt jedoch voraus, dass die demokratischen Gesellschaften tatsächlich nach Baumans Idealmodell der Demokratie funktionieren, was wir jedoch bezweifeln. Bauman geht davon aus, dass Individuen im Idealfall permanent darüber nachdenken, welche privaten Probleme von öffentlichem Interesse sind. Demokratische Gesellschaften wären sich ihrer Autonomie also nur dann bewusst, wenn ihre Individuen die Grenzen zwischen dem Öffentlichen und dem Privaten täglich neu aushandeln. Für die meisten Individuen besteht der politische Alltag allerdings nicht darin, mit anderen über diese Grenzziehungen zu diskutieren. Stattdessen besteht, wie Jeffrey Edward Green gezeigt hat, ihre alltägliche Beteiligung am politischen Prozess vor allem darin, die politischen Eliten und ihre Kämpfe zu beobachten. »In any case, the key point is that the vast majority of our political experience, whether voter or nonvoter, is not spend engaged in such action and decision-making, but rather watching and listening to *others*, who are themselves actively engaged.«[51]

Außerdem ist die Erfahrung, ein Volk, ein Kollektiv, ein soziales Ganzes zu sein, etwas, das die meisten Menschen nur am Wahltag erleben. Aber selbst dann beruht diese Erfahrung laut Pierre Rosanvallon weniger auf kollektiven Überlegungen als auf der Summe aller Einzelstimmen in einem Wahlergebnis.[52] Wenn Individuen mit anderen über die öffentliche Relevanz ihres privaten Leidens kommunizieren, tun sie dies in kleinen Gruppen, die sich bereits über ihr gemeinsames Leid einig sind. Das »Volk« erscheint dadurch nur in Form vieler Minderheiten und dies jeweils auf eigene Weise. »Die Minderheit«, so die Beobachtung von Rosanvallon, »ist nicht mehr der ›kleinere Teil‹ (der sich dem ›größeren Teil‹ fügt); sie wird zu einer der vielfältig gebrochenen Widerspiegelungen gesellschaftlicher Totalität. Mittlerweile stellt die Gesellschaft sich in Form einer ungeheuren Vielfalt von Minderheitssituationen dar. ›Volk‹ wird damit auch zum Plural von ›Minderheit‹.«[53]

Akzeptiert man die Einwände von Green und Rosanvallon, dann erscheint in den gefestigten Demokratien des Westens die permanente gemeinsame öffentliche Debatte aller Individuen darüber, mit welchen Grenzen sie ihre individuelle Freiheit sichern wollen, als sehr unwahrscheinlich. Zum einen nehmen die Individuen im Alltag meist als Zuschauer an der Politik teil. Und zum anderen diskutieren sie die öffentliche Relevanz ihrer privaten Leiden nicht in einem größeren Kollektiv, sondern nur in minoritären Gruppen, die sich in ihren Anliegen und Gefühlen bereits einig sind. Dennoch ist Baumans Ideal der *agora* nicht unrealistisch. Wir verstehen es vielmehr als eine demokratische Auszeit von der *demokratischen* Routine, also eine vorübergehende und anlassbezogene intensive demokratische Selbstverständigung unter Individuen, die die Grenzen ihrer individuellen Freiheiten kollektiv neu aushandeln, während der Staat auf der Grundlage von Gesetzen und Verfassung durchaus weiter routiniert »arbeitet«.[54]

Damit eine demokratische Gesellschaft in eine solche demokratische Auszeit eintreten kann, bedarf es besonderer Umstände wie der Corona-Krise – einer Konstellation, in der individuelle Freiheiten in der Gegenwart durch kollektiv verbindliche Beschränkungen für die Zukunft gesichert werden sollen, wodurch gleichzeitig die Grenzen der exekutiven Macht ausgedehnt werden. Gerade diese Konstellation bietet die Chance, öffentliche Debatten über die kollektiven Grenzen der individuellen Freiheit neu anzufachen. In ihnen kann sich zeigen, ob, in welcher Form und auf welche Weise eine demokratische Gesellschaft noch fähig ist, sich ihrer kollektiven Autonomie bewusst zu sein.

Solche Konstellationen entstehen vor allem dann, wenn nicht klar ist, ob es sich bei den zu behandelnden Problemen überhaupt um öffentliche (das heißt kollektive oder politische) Probleme handelt, oder ob sie stattdessen dem Bereich des Privaten (das heißt des Nicht-Politischen oder Persönlichen) zuzuordnen sind. Es geht also nicht nur oder vielleicht nicht in erster Linie um eine – wie Latour es genannt hat – »Hierarchie« politischer Problemlagen und möglicher Lösungen, sondern darum, *wann und wo* die Grenzen zwischen dem Öffentlichen (dem Politischen) und dem Privaten (dem Nicht-Politischen, dem Nicht-mehr-Politischen oder dem Noch-nicht-Politischen) neu gezogen werden müssen. Während manche eine Re-Hierarchisierung der Grundrechte und eine Suspendierung individueller Freiheiten im Sinne einer dauerhaften Einschränkung und nachhaltigen Beschädigung der demokratischen Grundordnung befürchteten,[55] plädierten manch andere angesichts der existenziellen Ansteckungsgefahr für eine temporäre Re-Hierarchisierung oder zeitweise Suspendierung der Grundrechte, um die individuelle Freiheit kollektiv langfristig zu sichern.[56] Was sie alle verband, ist die Behauptung, individuell existenziell betroffen zu sein und zugleich ethische und grundrechtliche Werte zu verteidigen. Diese Konfliktkonstellation prägte eine stark polarisierte und zum Teil unversöhnlich wirkende Kontroverse, wie wir sie in der Zeit der Covid-19-Pandemie in privaten und öffentlichen Kontexten erlebt haben.

2.4 Die Perspektive einer Theorie der demokratischen Auszeit

Angesichts der exzeptionellen Differenz haben wir zunächst einen außergewöhnlichen demokratischen Prozess mit Hilfe des Latour'schen Demokratiebegriffs herausgearbeitet, um damit vom klassischen Verständnis des Ausnahmezustands Abstand zu nehmen, das eine Umverteilung von Macht an einen souveränen Entscheidungsträger und den Entzug von Bürgerrechten der regierten Subjekte beinhaltet. Damit konnten wir eine demokratische Auszeit konzipieren, die stattdessen durch eine Verwischung des Unterschieds zwischen politischen Entscheidungsträgerinnen oder Entscheidungsträgern und regierten Subjekten in den kollektiven Körpern einer mehr oder weniger fragmentierten Öffentlichkeit sowie durch die erfolglose Institutionalisierung eines kontroversen »Dings« im demokratischen Prozess angesichts von wiederholten oder anhaltenden Phänomenen der Perplexität, der Konsultation und der (Re-)Hierarchisierung gekennzeichnet ist.

Wie wir am Beispiel der öffentlichen Corona-Diskussionen in Deutschland illustriert haben, scheitert eine dauerhafte Institutionalisierung, entweder wenn der an sich langsame demokratische Prozess so beschleunigt wird, dass alles Institutionalisierte sofort wieder in die Phase der Perplexität eintritt – etwa durch sich rasch verändernde wissenschaftliche Erkenntnisse. Oder dieser Prozess scheitert, wenn eine Hierarchisierung – zum Beispiel durch widersprüchliche Expertisen verschiedener Wissenschaftlerinnen und Wissenschaftler – nicht etabliert werden kann und der demokratische Prozess die Phase der Konsultation nicht verlässt. Die Kontroversen umfassen sowohl die unmittelbar beteiligten Repräsentantinnen und Repräsentanten eines Sachproblems, die in einer mehr oder weniger reglementierten öffentlichen Arena Diskussionen austragen, als auch das beobachtende Publikum der interessierten Bevölkerung, das solche Kontroversen in der Regel routiniert nur aus der Distanz betrachtet. Um als außergewöhnlich zu gelten, müsste als *notwendige Bedingung* das zugrunde liegende Sachproblem eine Tragweite besitzen, die den überwiegenden Anteil einer Bevölkerung zu unmittelbar Betroffenen entweder des Sachproblems selbst oder aber der zur Bewältigung der Krise eingeleiteten Maßnahmen macht. In einer öffentlichen Kontroverse werden dann Entscheidungen ausgearbeitet und zugleich implementiert (das heißt auch: kollektiv gelernt), so dass in der Öffentlichkeit die entscheidende Instanz zu finden ist, die *faktisch* über eine Ausnahme entscheidet.

In einem zweiten Schritt haben wir Zygmunt Baumans Modell einer idealen demokratischen Debatte diskutiert. Ihm zufolge werden sich demokratische Gesellschaften im Idealfall ihrer Autonomie bewusst, wenn ihre Individuen kollektiv über die Grenze zwischen dem Öffentlichen und dem Privaten beraten. Mit anderen Worten: Der demokratische Prozess der öffentlichen Debatte über die Grenze zwischen dem Privaten und dem Öffentlichen muss selbst zu einem kontroversen »Ding« werden. Genau das ist die *hinreichende Bedingung* für eine demokratische Auszeit. In dieser scheint die Unterscheidung zwischen den direkt involvierten Repräsentantinnen und Repräsentanten eines Sachproblems und den nur indirekt beteiligten Beobachterinnen und Beobachtern wegzufallen oder jedenfalls stark verwischt zu werden, da das Ausmaß des Problems, das außergewöhnliche politische Maßnahmen notwendig und legitim erscheinen lässt, die Grenzen des Politischen selbst in Frage zu stellen scheint.

Wie das Beispiel der Pandemie zeigt, kann buchstäblich alles politisch werden. Von unseren (ersten) Atemzügen als wesentlichen Grundlagen des bloßen Lebens bis zu unserem (letzten) Wunsch, in Würde zu sterben, werden zahllose Aspekte der konkreten Lebensvollzüge auf unterschiedliche Weisen erfasst. Die Politik richtet sich damit nicht auf die Regierung des nackten Lebens im Sinne Agambens, sondern auf das Alltagsleben einer jeden Bürgerin und eines jeden Bürgers. Weil sich die außergewöhnliche Entität, die zur Diskussion steht, ihrer Fixierung (vorläufig) entzieht, stellt sich die Frage, ob es überhaupt ein kollektives Problem gibt. Das heißt, die Kontroverse dreht sich nicht nur um die Frage, wie ein Problem politisch gerahmt und bearbeitet werden soll, sondern auch darum, ob das Problem überhaupt als ein politisches Problem gelten kann, das kollektiv behandelt werden soll. Dies bezieht sich auf Baumans Idee einer intensiven Debatte über die Grenze zwischen dem Privaten und dem Öffentlichen, allerdings als ein außergewöhnlicher demokratischer Prozess.

In Anlehnung an Green und Rosanvallon haben wir argumentiert, dass sich demokratische Gesellschaften nur sehr selten in einer Konstellation befinden, in der alle Individuen tatsächlich gemeinsam in eine solche öffentliche Deliberation eintreten können. Die öffentliche Debatte über die kollektive Reichweite und die Grenzen von Grundrechten, wie individuelle Freiheiten oder soziale Sicherheiten, kennzeichnet daher eine demokratische Auszeit.

Öffentlichkeiten sind schwer fassbare oder prekäre politische Kollektive, das heißt notorisch unscharfe und kaum dauerhaft identifizierbare Gebilde. Aus der Perspektive einer Theorie der demokratischen Auszeit wird ein Grund für diesen schwer fassbaren Charakter deutlich, denn Öffentlichkeiten operieren in Ausnahmesituationen an den Grenzen regulärer demokratischer Entscheidungsprozesse, wo eine demokratische Ordnung durch eine neu auftretende Entität herausgefordert und daran anschließend neu konstituiert oder neu begründet wird. Wenn eine politisch nicht verarbeitete Entität, wie beispielsweise das damals neuartige SARS-CoV-2-Virus, in Erscheinung tritt, dann wird sie zunächst in Form einer äußeren Gefährdung erscheinen, das heißt als feindliches »Außen des Kollektivs«.[57] Wenn die politische Verarbeitung oder Integration eines solchen »Feindes« (in Latours abgeschwächten Sinn) in ein bereits bestehendes Kollektiv nicht auf dem Wege der demokratischen Routinen gelingt, dann stellt sie das Selbstverständnis der demokratischen Ordnung zur Diskussion – die Auseinandersetzung dreht sich nun darum, »das eigene Maß, die eigene Grenze, die eigene Gestalt [neu] zu gewinnen«.[58]

Die Unsicherheit im Umgang mit einem derart besonders herausfordernden Sachproblem, für das keine Lösung institutionalisiert werden kann, impliziert eine zeitweise Unklarheit darüber, was genau die demokratische Ordnung kennzeichnet, die damit zu tun hat. Diese Unklarheit zieht eine öffentliche Debatte darüber nach sich, wie die Grenze zwischen dem Öffentlichen und dem Privaten neu gezogen werden sollen. Diese Selbstreflexion findet ihrerseits in Form von öffentlichen Kontroversen statt, wenn verschiedene Teilkollektive einer Gesellschaft in der Auseinandersetzung mit den bestehenden Ungewissheiten und Unklarheiten jeweils eigene, mehr oder weniger gut begründete und maßgeblich an verschiedenen Grundwerten orientierte Selbstverständnisse entwickeln. Diese miteinander in Einklang zu bringen, ist neben der Fixierung des umstrittenen Sachproblems die zweite Herausforderung, die bewältigt werden muss, um zu einer neuen Normalität zu gelangen. Die demokratische Auszeit ist somit nicht deckungsgleich mit dem staatsrechtlichen Ausnahmezustand, weil sie den demokratischen Prozess nicht suspendiert, sondern eher die Arenen der Kontroversen und Entscheidungsfindung multipliziert. Sie ist aber auch nicht identisch mit dem normalen demokratischen Prozess, weil sie die Konflikte intensiviert, indem die eigenen Grundüberzeugungen einer Gesellschaft selbstreflexiv bearbeitet und bestenfalls kollektiv neu bestimmt werden.

Während das klassische Verständnis des Ausnahmezustands spezifische Zeitpunkte setzt, die eine vorübergehende Aussetzung oder einen dauerhaften Umsturz der demokratischen Ordnung markieren, ist die demokratische Auszeit vielmehr durch eine spezifische Dynamik gekennzeichnet – die Zirkularität und die Wellen öffentlicher Kontroversen, die durch die Entwicklung einer kontroversen Sache selbst und durch die Suche nach Wegen zu ihrer Verarbeitung ausgelöst werden. Um das Problem zu bearbeiten, scheint es notwendig zu sein, den gesamten demokratischen Kreislauf mehrmals zu durchlaufen. Dabei können verschiedene Lösungsmöglichkeiten ausprobiert werden. Sie müssen möglicherweise auch wiederholt umgesetzt werden. Dabei können zahlreiche andere Dinge in Bewegung geraten und neue Probleme entstehen, die die Kontroverse auf die Ebene eines Meta-Kreislaufs heben, in dem es nicht mehr nur um dem Umgang mit einer umstrittenen Entität geht, sondern um grundlegende normative Orientierungen wie die Grenzen der Freiheit des Einzelnen und den kollektiven Zusammenhalt des Gemeinwesens.[59]

Demokratische Auszeiten haben das Potenzial, einerseits die Demokratien beziehungsweise »our democratic imagination«[60] zu beleben. Dies gilt insbesondere dann, wenn viele Bürgerinnen und Bürger den Eindruck haben, dass der demokratische Prozess in seinen Routinen nur noch formal funktioniert, aber nicht mehr selbst zur Reflexion gebracht wird. Kritiker wie Colin Crouch sprechen daher bekanntlich davon, dass sich die westlichen Demokratien auf dem Weg zur »Postdemokratie« befinden.[61] Demokratische Auszeiten könnten einen Weg aus dieser vermeintlichen Einbahnstraße aufzeigen. Andererseits helfen sie nicht notwendigerweise gegen die wachsende Unzufriedenheit mit der liberalen repräsentativen Demokratie. Vielmehr ist es auch möglich, dass Individuen öffentlich über die Grenzen zwischen dem Öffentlichen und dem Privaten streiten und dabei die Erfahrung antagonistischer Konflikte machen. Die agonale Hegung dieser antagonistischen Konflikte[62] und die erneute Begründung einer anerkannten demokratischer Ordnung stellen eine besonders große Herausforderung dafür dar, dass eine Gesellschaft auch gestärkt aus ihrer demokratischen Auszeit herauskommt.

3 Warum Zeit in den Debatten zum Ausnahmezustand nicht ausreichend berücksichtigt wurde

»Zeit zu gewinnen« sei »Richtschnur all unseres Handelns«.[1] So bereitete Bundeskanzlerin Angela Merkel die Bevölkerung am 18. März 2020 in ihrer Fernsehansprache auf die bevorstehenden politischen Maßnahmen vor. Dieses Gewinnen von Zeit lässt sich als das politische Erzeugen von drei spezifischen Dynamiken präzisieren, die den Zeitgewinn in ein Erzeugen von Handlungsoptionen zur kontrollierten Bearbeitung der in der Pandemie hervortretenden Sachprobleme transformieren sollten. Erstens wurde das Ziel formuliert, »die Ausbreitung des Virus zu verlangsamen, sie über Monate zu strecken«.[2] Damit verbunden wurden zwei Zwecke definiert, wie die gewonnene Zeit ausgefüllt werden sollte. Es sollte, zweitens, Zeit gewonnen werden, »damit die Forschung ein Medikament und einen Impfstoff entwickeln kann«, und drittens, »damit diejenigen, die erkranken, bestmöglich versorgt werden können«.[3] Das Verlangsamen der Infektionsdynamik erzeugte die Perspektive, eine Immunisierung der Bevölkerung durch Impfungen zu erreichen, wenn es gelingen würde, wirksame Präparate schnell zu entwickeln, zu produzieren und zu verteilen. Dafür beschloss und implementierte die Regierung Maßnahmen zur Beschleunigung von Forschung, Fertigung und Verteilung der Impfstoffe, etwa in Form von Forschungsförderungen, durch das Anbahnen von Industriekooperationen und indem der Aufbau von Impfzentren unterstützt wurde. Das Verlangsamen der Infektionsdynamik sollte daneben das Gesundheitssystem weitgehend in einer normalen Dynamik – in einer Normalzeit – halten, das heißt, es vor Überlastung schützen, so dass jede und jeder Erkrankte jederzeit entsprechend einer guten medizinischen Praxis versorgt werden könnte.

Das pandemische Zeitmanagement erzeugte allerdings mindestens drei Quellen der Unsicherheit, in denen sich zeitliche mit sachlichen Aspekten verbanden. Die erste Quelle der Unsicherheit bestand darin, dass das Bremsen der Infektionsdynamik und die Beschleunigung der Innovationsdynamik direkt miteinander verkoppelt waren, wodurch unklare zeitliche Perspektiven entstanden. Denn zunächst konnte nicht vorausgesehen werden, wie lange die Entwicklung, die Produktion und die Verteilung von Impfstoffen dauern würden, weshalb auch unsicher war, wie lange die Maßnahmen zur Verlangsamung des Infektionsgeschehens in Kraft bleiben würden. In der Fernsehansprache blieb Kanzlerin Merkel dazu entsprechend vage: »Halten Sie sich an die Regeln, die nun für die nächste Zeit gelten. Wir werden als Regierung stets neu prüfen, was sich wieder korrigieren lässt, aber auch: was womöglich noch nötig ist.«[4] Die Dauer der so eröffneten doppelten Zeitperspektive war also unklar und konnte damit zum Anlass kontroverser Auseinandersetzungen werden. Waren Infektionen bremsende Maßnahme noch notwendig, als Impfstoffe zur Verfügung standen und die sogenannten vulnerablen Gruppen eine erste Impfung erhalten hatten? Oder sollten alle ein Impfangebot (oder zwei oder drei) erhalten haben, bevor die bremsenden Maßnahmen beendet werden könnten? Oder sollte die Immunisierung durch Impfungen sogar verpflichtend durchgeführt werden?

Die zweite Quelle der Unsicherheit bestand darin, dass für das Erreichen der unterschiedlichen Zwecke einer gebremsten Infektionsdynamik, das heißt für das Eröffnen einer Perspektive der Immunisierung durch Impfungen und für den Schutz des Gesundheitssystems und des Lebens und der Gesundheit der Einzelnen, unterschiedliche Infektionsdynamiken zugelassen werden konnten. Die Perspektive einer Immunisierung durch Impfung erzeugte erst die Möglichkeit oder die Herausforderung, politisch entscheiden zu können oder zu müssen, wie stark das Infektionsgeschehen gebremst werden sollte. Denn ohne die Perspektive der Impfung wäre die Infektion aller oder der meisten Bürgerinnen und Bürger der einzige Weg zum Erreichen einer Immunisierung gewesen, und die Belastungsgrenze des Gesundheitssystems hätte den einzigen Bezugspunkt möglicher politischer Entscheidungen über bremsende Maßnahmen markiert. Entschieden worden wäre nämlich allein darüber, ob eine kontrollierte oder eine unkontrollierte Durchseuchung stattfinden würde. Mit der Impfperspektive entstand jedoch die Möglichkeit abzuwägen, ob und inwiefern Infektionen *oder*

Impfungen ein gangbarerer Weg zur Immunisierung der Bevölkerung waren, womit ein zentrales Konfliktfeld der Pandemiepolitik erst eröffnet wurde. Sollte eine Infektionsdynamik und damit Krankheits- und auch Todesfälle bis zur Belastungsgrenze des Gesundheitswesens zugelassen werden? Oder sollte das Infektionsgeschehen bereits viel früher abgebremst werden, um möglichst viele Erkrankungen und Todesfälle zu verhindern? Kanzlerin Merkel stellte in ihrer Fernsehansprache beide mögliche Perspektiven in Aussicht. Als Motive des politischen Handelns nannte sie sowohl, dass »unsere Krankenhäuser [...] völlig überfordert [wären], wenn in kürzester Zeit zu viele Patienten eingeliefert würden, die einen schweren Verlauf der Coronainfektion erleiden« als auch, dass »wir [...] eine Gemeinschaft [sind], in der jedes Leben und jeder Mensch zählt«.[5] Das Abwägen zwischen beiden Optionen stellte unterschiedliche Grundrechtsgüter – das Recht auf Leben und Gesundheit gegenüber Freiheitsrechten – auf verschiedene Weise zur Debatte, die als Kontroverse um tiefgreifende, sogar existenzielle Konflikte ausgetragen wurde.

Die dritte Quelle der Unsicherheit entstand daraus, dass die einschränkenden Maßnahmen dysfunktional in Bezug auf die vitalen (Reproduktions-)Funktionen der Gesellschaft waren, die nicht vollständig suspendiert werden konnten.[6] Das gesellschaftliche Leben, das heißt die Zirkulation von Menschen und Gütern und damit auch des Virus, konnte nicht vollständig gestoppt werden, sondern musste wenigstens selektiv aufrechterhalten werden. Daraus folgte notwendig eine ungleiche Behandlung unterschiedlicher gesellschaftlicher Teilbereiche, von denen manche ihre Funktionen teilweise oder vollständig aufrechterhalten konnten, während andere weitgehend eingeschränkt bzw. gleichsam abgeschaltet wurden. Die Fragen des Umfangs der bremsenden Maßnahmen und der Grenzziehung zwischen weitgehend eingebremsten und weitgehend ungebremsten oder sogar beschleunigten gesellschaftlichen Teilsystemen (siehe etwa die Impfstoffforschung) waren einerseits kritisch im Hinblick auf die nützlichen und schädlichen Wirkungen der bremsenden Maßnahmen. Was war wie lange nötig, um die Ausbreitung des Virus zu bremsen? Worauf sollte nicht, auch nicht zeitweise, verzichtet werden? Und andererseits knüpften sich daran Konflikte um die damit verbundenen Freiheiten und Risiken, die bestimmte gesellschaftliche Teilbereiche genießen konnten (etwa die Fußballbundesliga der Männer oder Industriebetriebe) bzw. denen sie ausgesetzt waren (etwa medizinisches und Pflegepersonal oder Kindergartenkinder, Schülerinnen, Schüler und Betreuungs- und Lehrpersonal), sowie um Einschränkungen, die bestimmte gesellschaftliche Teilbereiche besonders stark trafen (ebenfalls Kitas und Schulen oder Kultur- und Gastronomiebetriebe). Kanzlerin Merkel brachte diese Unsicherheit in ihrer Fernsehansprache so zum Ausdruck:

> »[Wir müssen] das öffentliche Leben soweit es geht herunterzufahren. Natürlich mit Vernunft und Augenmaß, denn der Staat wird weiter funktionieren, die Versorgung wird selbstverständlich weiter gesichert sein und wir wollen so viel wirtschaftliche Tätigkeit wie möglich bewahren. Aber alles, was Menschen gefährden könnte, alles, was dem Einzelnen, aber auch der Gemeinschaft schaden könnte, das müssen wir jetzt reduzieren. Wir müssen das Risiko, dass der eine den anderen ansteckt, so begrenzen, wie wir nur können.«[7]

In der Kombination der drei Quellen der Unsicherheit blieben die zeitliche Dauer der Regierungsinterventionen als auch ihre sachlichen Anwendungsbereiche und ihr Ausmaß unterbestimmt und damit über den gesamten Zeitraum der Pandemiepolitik umstritten. Das Regieren in der Corona-Krise glich so von Anfang an einem Management von sich widerstreitenden Zeitaspekten.

Zeit bildet nicht nur ein wesentliches Element zu einem Verständnis der Pandemiepolitik,[8] sondern sie ist auch ein wichtiges Element in den Theorien der Ausnahmepolitik. Im folgenden Unterkapitel wollen wir zunächst die Konturen der bisherigen Diskussionen um die Zeit der Ausnahme oder des Notfalls nachzeichnen[9] und die These begründen, warum Zeit in den bisherigen Debatten zum politischen Ausnahmezustand und zur Notfallpolitik nicht ausreichend berücksichtigt wurde (3.1). Wir unternehmen dann einen Exkurs in ausgewählte Theorien der Zeit, um zu zeigen, wie politische Zeittheorien durch das überholte Newton'sche Zeitverständnis einer linear ablaufenden (absoluten) Zeit geprägt sind, welches auch unser Alltagsverständnis von Zeit bestimmt. Und wir diskutieren neuere Vorstellungen, die die Dimension der Zeit in Beziehung zur Dimension des Raums setzen. Sie helfen uns, alternative politiktheoretisch relevante Zeitverständnisse um den Aspekt zeitlich *und* räumlich verteilter Entitäten und ihrer Dynamiken, wie zum Beispiel der Ausbreitung eines Virus, zu erweitern (3.2 und 3.3). Daran anschließend erläutern wir unser Verständnis einer *demokratischen Auszeit*, das die Zeitmotive der Dringlichkeit, der Unterbrechung und der Transformation zu einander in Beziehung setzt (3.4). Wir plädieren damit für ein zeitsensibles und demokratiekompatibles Verständnis von Notfall- oder Ausnahmepolitik.

3.1 Die Konturen der bisherigen Debatten um Zeitaspekte des Ausnahmezustands und der Notfallpolitik

In den theoretischen Diskussionen um den politischen Ausnahmezustand und *Emergency Politics* lassen sich drei Motive unterscheiden, wie Zeit für die verschiedenen Konzeptionen relevant wird. Erstens geht es häufig um die *Dringlichkeit*, die das Regieren im Angesicht einer Krisensituation kennzeichnet. Der Not- oder Ausnahmefall wird in der Regel als ein akutes Problem vorgestellt, das eine unmittelbare, das heißt schnelle und effektive Krisenreaktion zu erfordern scheint. Zweitens existiert das Motiv der zeitweisen *Unterbrechung* eines regulären Gangs der Dinge, der für eine gewisse Phase der Krisenbearbeitung ausgesetzt wird, um nach ihrem Überwinden wieder aufgenommen zu werden. Das schnelle und effiziente Handeln (einer Regierung) erscheint hier als Gegensatz zu den eher langsamen und dadurch anscheinend ineffizienten Willensbildungs- und Entscheidungsprozessen, wie sie häufig die regulären demokratischen Verfahren charakterisieren. Schnelligkeit und Effizienz des Regierungshandelns werden hier verkoppelt mit der Aussicht auf effektive Krisenreaktionen, da im Angesicht der dringlichen Gefahr jedes Zögern effektives Handeln verunmöglichte.[10] Und das dritte zeitliche Motiv ist die *Transformation* einer politischen und gesellschaftlichen Ordnung, die in den Theorien als ein Prozess in Erscheinung tritt, in dem anstatt einer Rückkehr zum *Status quo ante* etwas Neues entsteht. Hier lassen sich in politischer Hinsicht zwei konträre Perspektiven unterscheiden, nämlich die Vorstellung einer dystopischen Zukunft, in der Demokratie und Rechtsstaat dauerhaft suspendiert werden, das heißt der Ausnahmezustand in eine neue, nicht-demokratische Ordnung verstetigt wird. Und es gibt die Perspektive einer utopischen Zukunft, in der sich im Zuge einer Problembearbeitung im Angesicht einer Krise eine neue, emanzipiertere und demokratischere politische und Gesellschaftsordnung herausbildet.

Diese temporalen Muster lassen sich in ihren Grundzügen bereits in der antiken römischen Institution der *Diktatur* ausmachen, die eine in ihrer Form unbeschränkte Herrschaft begründete und sie zugleich zeitlich auf sechs Monate beschränkte.[11] Mit Julius Caesar, der sich zum Diktator auf Lebenszeit ernennen ließ, wurde auch bereits ein Fall der Transformation hin zu einer dystopischen Zukunft der dauerhaften Alleinherrschaft prominent. Die Republikaner Roms veranlasste die Aussicht auf eine Neuordnung der römischen Verfassung im Zuge einer dauerhaften Alleinherrschaft Caesars dazu, die zeitliche Beschränkung der Diktatur in dem Sinne durchzusetzen, dass sie an den Iden des März 44 v. Chr. dem Leben des Diktators gewaltsam ein Ende setzten. In der Frühen Neuzeit konzipierten dann Niccolò Machiavelli und John Locke Varianten der politisch-institutionellen Ausnahmeherrschaft für Notzeiten. Machiavelli referierte explizit auf das Beispiel der römischen Diktatur, an der sich um Stabilität bemühende Republiken ein Vorbild nehmen sollten. Weil »der gewöhnliche Gang der Geschäfte in den Freistaaten [...] langsam« ablaufe, entstehe »die größte Gefahr, wenn man einer Sache abhelfen soll, die keinen Zeitverlust erlaubt«.[12] Machiavelli stützte seine Begründung von Ausnahmebefugnissen für solche Fälle auf das Konzept der *necessità*, mit dem die historische Notwendigkeit von Ereignissen, aber auch die Notwendigkeit für Herrscher, angesichts solcher Geschehnisse zu handeln, erfasst wurden.[13] John Locke erdachte als liberaler Vertragstheoretiker dann die sogenannte *Prärogative* als eine Institution der souveränen Gewalt, die die zeitlichen Konturen der Dringlichkeit und der Unterbrechung klar hervortreten ließ. Da das Parlament in Lockes Vorstellung (und in der damaligen englischen Realität) nur selten zusammentreten konnte und auch in seinen Verfahren »für die nötige Schnelligkeit des Vollzugs zu langsam sei«[14], konzipierte er die Prärogative als Befugnis des Herrschers, ohne Gesetz und notfalls auch gegen das Gesetz im Sinne einer guten Regierung zu handeln. Er ersann »eine Gewalt in den Händen des Fürsten, für das öffentliche Wohl zu sorgen, und zwar in solchen Fällen, die von unvorhergesehenen und ungewissen Ereignissen abhängen und deshalb nicht nach bestimmten und unabänderlichen Gesetzen sicher geregelt werden können«.[15] Solche Entscheidungen sollten jedoch nur unter Vorbehalt gelten, »bis die Legislative in angemessener Form versammelt werden kann, um dafür Sorge zu tragen«.[16]

In der ersten Hälfte des 20. Jahrhunderts formulierte Carl Schmitt, der nach wie vor zu den am häufigsten rezipierten Theoretikern des Ausnahmezustands gehört, dass die Geltungskraft einer Rechtsordnung an das Vorhandensein »faktische[r] Normalität« geknüpft sei, aber im Ausnahmefall ein Rechtsbruch der Rechtsverwirklichung dienen könne, um ebendiese »Normalität« wiederherzustellen. Seine Theorie verbindet die Perspektive einer zeitweisen Unterbrechung zur Wiederherstellung ›normaler‹ Verhältnisse mit einer auf die Gegenwart fokussierten Entscheidungskonzeption, in der »Situationsrecht« geschaffen wird.[17] Nach Schmitt obliegt es dem Souverän über die Ausrufung des Ausnahmezustands zu entscheiden, das heißt festzustellen, ob in einer Situation normale Bedingungen herrschen oder ob ein Ausnahmefall vorliegt. Der Ausnahmezustand in Schmitts Sinne ist daher auch weniger eine Krisenreaktion, die an eine unbestreitbar vorliegende sachliche Problemlage anschließt, als vielmehr ein rechtspolitisches Problem der politischen Entscheidung, durch die ordnungsgemäße, »normale« Verhältnisse erst erzeugt werden, für deren Garantie dann gesetzliche Regeln gelten sollen. Ein so verstandener Ausnahmezustand ist für plurale demokratische Gesellschaften deswegen gefährlich, weil Schmitts Souverän mit seiner Entscheidung über das Ob des Vorliegens einer Ausnahme auch darüber entscheidet, was als Normalität und was als notfalls mit Gewalt zu bekämpfende Abweichung gilt.

Giorgio Agamben, der neben Schmitt die gegenwärtig einflussreichste Konzeption des Ausnahmezustands entwickelt hat, hebt dagegen die Zeitperspektive einer dauerhaften Umgestaltung im und durch den Ausnahmezustand hervor. Etwa seit dem 2. Weltkrieg sei in westlichen Demokratien die Ausnahmepolitik als ein Paradigma des Regierens etabliert worden, das jenseits der Regierung in akuten Krisensituationen auch für die vorausschauende Problembearbeitung von Risiken genutzt wird.[18] Diese Form des Regierens richte sich auf künftige mögliche Notfälle, die im Vorgriff auf ihr reales Eintreten bereits bearbeitet werden. Nach Agambens Ansicht lässt sich der Ausnahmefall damit gar nicht mehr systematisch von einem normalen politischen Problem unterscheiden, für dessen Bearbeitung reguläre demokratische und rechtsstaatliche Verfahren greifen. Stattdessen, so Agambens zeitdiagnostische Einschätzung, haben wir es mittlerweile mit einer Tendenz hin zu einem »permanenten Ausnahmezustand« zu tun, der zwar keine dauerhafte Diktatur ist, aber ein Regieren im Modus der dauerhaften Krisenintervention, das auf einer »Schwelle der Unbestimmtheit zwischen Demokratie und Absolutismus« operiert, wobei es sich auf die umstrittene Grundlage vermeintlich bloß antizipierter und nur diskursiv erzeugter Notlagen stützt.[19] In den Jahren 2020 und 2021 hat Agamben in einer Reihe hoch umstrittener Wortmeldungen seine Theorie auch auf die Corona-Maßnahmen in Italien projiziert.

Nach seiner Ansicht handelte es sich um eine »vermeintliche Epidemie« und um durch »Medien und Institutionen« verbreitete »Panik«, ihre Notfallmaßnahmen habe die italienische Regierung »hektisch, irrational und völlig unbegründet« erlassen, wodurch sie einen »veritablen Ausnahmezustand« hervorgerufen habe.[20]

Während Agambens Analysen exemplarisch für die Idee eines schleichenden Übergangs in neue autoritäre und nicht-demokratische Formen der Regierung stehen, wird Risikopolitik auch als demokratiekompatible Form der *emergency politics* in Betracht gezogen.[21] Als typische Modi der Bearbeitung von Zukünften lassen sich hierbei Vorbereitungs- (*preparing*) und Vorbeugepolitiken (*preventing*) unterscheiden. Die eine Variante operiert mit der Zukunftserwartung, dass ein antizipierter Notfall unvermeidlich eintreten wird und daher die Maßnahmen zu seiner Bearbeitung vorbereitet werden können. Die Institutionen des Katastrophenschutzes, der Feuerwehr oder der Notfallmedizin stehen hierfür exemplarisch, aber auch das Erarbeiten von Szenarien und Handlungsleitfäden, die im Notfall ein planvolles Vorgehen ermöglichen sollen. Im Fall der Covid-19-Pandemie lag beispielsweise ein 2016 und 2017 erarbeiteter Pandemieplan beim Robert Koch-Institut vor, in dem im Vorgriff auf eine Pandemie Handlungsmaximen für den Umgang mit ihr aufgestellt worden waren.[22]

Bei der zweiten Variante der Risikopolitik, der Vorbeugung, erfolgt der Vorgriff auf die Zukunft dagegen unter der Prämisse, dass das Eintreten eines Notfalls durch präventive Maßnahmen verhindert oder zumindest in seinen Auswirkungen abgemildert werden kann. Ein Großteil der kontaktbeschränkenden Maßnahmen während der Covid-19-Pandemie in Deutschland lässt sich in diesem Sinne verstehen, da sie häufig nicht der direkten Bearbeitung eines (medizinischen) Notfalls dienten – etwa aufgrund einer akuten Überlastung des Gesundheitswesen, wie sie in Wuhan oder in Bergamo eingetreten war. Sondern sie dienten vor allem der Kontrolle der Ausbreitungsgeschwindigkeit des Virus und damit dem vorbeugenden Zweck, das Eintreten des Notfalls im Sinne einer Überlastung des Gesundheitssystems zu verhindern oder zu verzögern, um Zeit zu gewinnen für den Ausbau von Krankenhauskapazitäten, das Besorgen von Materialien und Impfstoffen oder die Vorbereitung und Durchführung einer Impfkampagne. Diese Überlegungen rechnen mit einer mindestens teilweisen Vorhersehbarkeit von künftigen Notfällen und stehen damit im Gegensatz zu Schmitts Überlegungen, die sich auf eine »absolute Ausnahme« als einen nicht vorhersehbaren Ausnahmefall beziehen.

In der Covid-19-Pandemie waren in Deutschland insbesondere die mit der Perspektive der Vorbeugung verbundenen wissenschaftlichen Techniken und politischen Wertorientierungen Gegenstände einer zeitweise harten Kontroverse. Christian Drostens bereits früh verbreitetes Bonmot *There is no Glory in Prevention* bewahrheitete sich in den paradoxen Schlussfolgerungen, das Virus und die Krankheit seien gar nicht gefährlich oder existieren nicht einmal, die manche aus der glimpflich verlaufenen ersten Infektionswelle im März und April 2020 zogen, sowie in Anfeindungen gegenüber seiner Person und weiteren Wissenschaftlerinnen und Wissenschaftlern sowie Politikerinnen und Politikern. Die wissenschaftliche Disziplin der sogenannten ›Modellierer‹, die mögliche Szenarien zukünftiger Entwicklungen des Infektionsgeschehens erarbeiteten und damit vorbeugendes Handeln gegen möglicherweise vermeidbare Auswirkungen ermöglichten, geriet zeitweise besonders stark in die öffentliche Kritik.[23]

Mit Bonnie Honig lassen sich neben den Risikopolitiken auch noch zwei weitere demokratiekompatible und eine emanzipiertere Zukunft gewinnende Formen der Ausnahme- oder Notfall-Politik identifizieren.[24] Dabei handelt es sich einmal um eine emanzipatorische Rechtspolitik, die gerade eine Krise zum Anlass für die Suche nach Wegen zu einer Ausweitung und zu einer Vertiefung der Geltung von Grundrechten nimmt. In einem im Kontext der Covid-19-Pandemie veröffentlichten Artikel führt sie diesen Gedanken in Hinblick auf das Recht Obdachloser auf Wohnraum in den USA aus, das gerade in einer Pandemie und angesichts der damit verbundenen Quarantäne-Verordnungen neu bedacht werden müsse.[25] Und als zweite Variante plädiert sie für das Aufrechterhalten von deliberativen Verfahren auch in Krisenzeiten, damit Möglichkeiten einer vielstimmigen Suche nach kreativen Problemlösungen geschaffen und die notwendige Zustimmung der Bevölkerung zu Krisenreaktionsmaßnahmen erlangt werden können.

Als Teil einer partizipativen, kreativen und innovativen Pandemiepolitik wurden dezentrale Prozesse der Problembearbeitung politisch bewusst unterstützt, wie zum Beispiel in Angela Merkels Fernsehansprache vom 18. März 2020 sichtbar wurde. Dort sagte die Kanzlerin: »Wir sind eine Demokratie. Wir leben nicht von Zwang, sondern von geteiltem Wissen und Mitwirkung.« Und sie erkenne in der Gesellschaft »viele kreative Formen, die dem Virus und seinen sozialen Folgen trotzen,« und »wunderbare Beispiele von Nachbarschaftshilfe«, und sie suggerierte, »dass wir diese Aufgabe bestehen, wenn wirklich alle Bürgerinnen und Bürger sie als IHRE Aufgabe begreifen«.[26] Die angesprochenen Prozesse lassen sich als Formen des kollektiven Lernens und der Meinungsbildung verstehen, die nicht notwendig in den klassischen Foren des Parlaments, sondern auch in den dezentralen Kommunikationsnetzwerken der Zivilgesellschaft ablaufen können.

Die demokratieaffinen und emanzipatorischen Vorstellungen der Notfallpolitik lassen sich ideengeschichtlich zum Beispiel an Walter Benjamins utopische Überlegungen zu einem »wirklichen Ausnahmezustand« anschließen, die dieser ganz explizit gegen Schmitts reaktionäres Konzept entwickelt hatte.[27] Wo Benjamin eine schockartige Unterbrechung der Normalität und ihre revolutionäre Umgestaltung im Sinn hatte, formulieren die zeitgenössischen Theorien eher reformistische Transformationsperspektiven. Beide eröffnen alternative Zukunftsbezüge, mit denen die Vorstellung einer nur temporär unterbrochenen Normalzeit beiseitegelegt werden kann. In Form von Risikopolitik rufen sie solche Zukünfte aber nicht nur als utopische Perspektiven auf, die sich in der Überwindung eines Notfalls entfalten könnten, sondern auch als kalkulierte Erwartungen, durch die Notfälle nicht länger als unvorhersehbare Ausnahmefälle erscheinen, sondern vorausschauend bearbeitet werden können. Solche Perspektiven können im Rahmen einer auf Dauerhaftigkeit und Kontinuität ausgerichteten, höchstens ausnahmsweise unterbrochenen Zeitordnung, deren erfolgreiche Unterstellung im alltäglichen Handeln ausreichend ist, demokratietheoretisch nicht ausreichend begriffen werden.

3.2 Politisierte Ausnahmezeiten

Unser Alltagsverständnis von Zeit entspricht zumeist dem einer scheinbar objektiv ablaufenden Uhrenzeit und ist mit der Idee einer absoluten, physikalischen oder naturalisierten Zeit verbunden, die Isaac Newton vor etwa dreihundert Jahren entwickelt hat. Dieses Newton'sche Zeitverständnis liegt vielen sozial- und politikwissenschaftlichen Diskussionen von sozialer oder politischer Zeit zugrunde, da es »erlaubt [...], die Anzahl an Ereignissen, die Häufigkeit der Veränderung von Phänomenen oder die Dauer und Geschwindigkeit von Prozessen zu bestimmen«.[28] Es bildet auch den Hintergrund für die Vorstellung einer gleichmäßig ablaufenden oder dahinfließenden Zeit als temporales Supplement einer stabilen Normalität, die beide im Ausnahmezustand unterbrochen werden. In Abgrenzung zur objektiven oder natürlichen Normalzeit kann der Ausnahmezustand als beispielhaftes »Muster eines politisierten Zeitbegriffs« verstanden werden.[29] Die Idee, dass Zeit politisiert sein kann, scheint erklärungsbedürftig, und die Diskussion führt dabei mitten hinein in die Problematik wahrgenommener unsicherer Zeiten sowie der dystopischen oder utopischen Perspektiven, die mit dem klassischen Verständnis des Ausnahmezustands und der Suche nach demokratiekompatiblem Verständnissen von Notfallpolitik verbunden werden.

Zunächst kann hier ein kurzer Exkurs in die Physik zu einem klareren Verständnis beitragen. Denn Newtons Vorstellung von »einer absoluten, natürlich gegebenen und objektiv messbaren Zeit«[30], das unser Alltagsverständnis und viele sozialwissenschaftliche Auseinandersetzungen mit Zeit bis heute prägt, gilt in der Physik längst als überholt. Newton hatte folgende Definition vorgelegt: »Die absolute, wahre und mathematische Zeit verfliesst an sich und vermöge ihrer Natur gleichförmig, und ohne Beziehung auf irgendeinen äusseren Gegenstand. Sie wird so auch mit dem Namen: Dauer belegt.«[31] Newtons Zeitverständnis ist dabei komplementär zu seinem Verständnis des »absolute[n] Raum[s]«, der »vermöge seiner Natur und ohne Beziehung auf einen äußeren Gegenstand, stets gleich und unbeweglich [bleibt]«.[32] Die moderne Physik hat seit Albert Einstein Anfang des 20. Jahrhunderts Zeit und Raum allerdings als relative oder relationale Phänomene in Beziehung zueinander gesetzt und ihre genaue Bestimmung als abhängig von den Positionen und der Bewegung unterschiedlicher Beobachter beschrieben. Zeit und Raum sind nicht nur relativ zueinander, sondern ihre Bestimmung findet in Relation zu unterschiedlichen Positionen von Gegenständen und Beobachtern statt. Die vierdimensionale sogenannte »Raumzeit« existiert in systemisch miteinander verkoppelten Entitäten und entwickelt sich nicht beliebig, sondern in eine bestimmte Richtung, die in der Physik mit dem Begriff des »Zeitpfeils« gefasst wird. Dass Raumzeit gerichtet verläuft, bedeutet zum Beispiel, dass Wirkungen nicht vor Ursachen auftreten können oder dass spontan ablaufende Prozesse nicht umkehrbar sind. Der Physiker Stephen Hawking hat in seinem Buch »Eine kurze Geschichte der Zeit«[33] drei verschiedene dieser sogenannten »Zeitpfeile« unterschieden.

Erstens gibt es den sogenannten thermodynamischen Zeitpfeil, wobei Thermodynamik für die energetischen Zusammenhänge steht, die an sämtlichen (Natur-)Prozessen mitwirken. Dieser Pfeil zeigt in Richtung einer mit der Zeit zunehmenden Unordnung in einem betrachteten System, das heißt in Richtung Entropie. Ein Beispiel für diesen thermodynamischen Zeitpfeil ist die Beobachtung, dass intakte Gläser im Laufe der Zeit fast immer zerbrechen, also in Unordnung geraten, aber zerbrochene Gläser sich nie zu ganzen Gläsern zusammenfügen. Zwar ist der zweite Prozess, das spontane Zusammenfügen von Bruchstücken zu einem Ganzen, in der Perspektive der theoretischen Physik für mögliche Einzelfälle nicht völlig ausgeschlossen, jedoch ist er extrem unwahrscheinlich, so dass der thermodynamische Zeitpfeil in der Gesamtbetrachtung stets in Richtung wachsender Unordnung oder Entropie weist. Der zweite Zeitpfeil, den Hawking beschreibt, ist der so genannte psychologische Zeitpfeil, der mit dem ersten, thermodynamischen Pfeil zusammenhängt. Er deutet darauf hin, dass sich unsere Erinnerungen oder psychologischen Repräsentationen im Verhältnis zu raum-zeitlichen Phänomenen in der gleichen Richtung einer wachsenden Unordnung ausbilden. Unser Gehirn erzeugt angesichts ungewisser Zukunftsperspektiven Ordnung durch das Herausbilden von Erinnerungen, doch wird diese Ordnung durch die Wärme, die während dieses Prozesses an die Umgebung des Universums abgegeben wird, in physikalischer Hinsicht wieder aufgehoben. Da Wärme eine ungeordnete Form von Energie ist, bedeutet dies, dass der Versuch, im Gehirn Ordnung herzustellen, zusammen mit der dabei abgegebenen Wärmeenergie in der Summe zu wachsender Unordnung oder Entropie führt. Für Hawking weisen beide Zeitpfeile, der thermodynamische und der psychologische, also immer in dieselbe Richtung einer zunehmenden Unordnung oder, systemtheoretisch gesprochen: Entropie.[34]

Daneben hat Hawking auch noch einen dritten, den sogenannten kosmologischen Zeitpfeil beschrieben, der sich auf die Entwicklung des gesamten Universums bezieht. Für die Physiker scheint es nicht ganz klar zu sein, ob sich das Universum immer weiter ausdehnt, wie die derzeitigen Beobachtungen nahelegen, oder ob es sich auch irgendwann in der Zukunft zusammenziehen könnte. Da Zeit und Raum miteinander verbunden sind, zeigt der kosmologische Zeitpfeil im Fall eines sich zusammenziehenden Universums nicht mehr in die gleiche Richtung, wie im Fall seiner Ausdehnung: Ein expandierendes Universum bewegt sich in Richtung wachsender Entropie, d.h. die Raumzeit schreitet voran, während sich in einem schrumpfenden oder kontrahierenden Universum die Raumzeit entgegengesetzt entwickeln müsste.

Abb. 1: Newtons physikalische Zeit als Dauer und Hawkings thermodynamischer und psychologischer Zeitpfeil (eigene Darstellung).

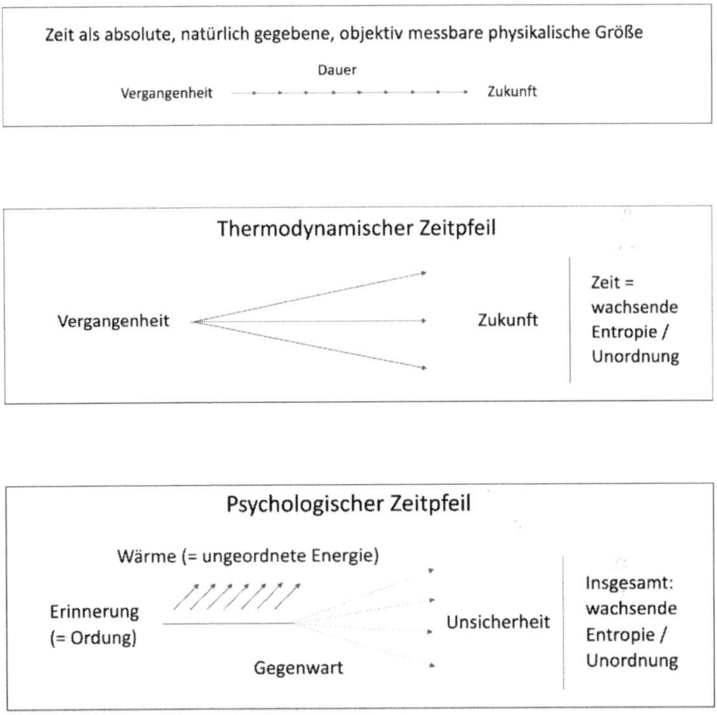

Aus der Perspektive der Politischen Theorie kann man in Analogie zu den Zeitkonzepten der Physik verschiedene Überlegungen anschließen, die über ein quasi-Newton'sches Verständnis hinausweisen. Zunächst erscheint eine soziale oder politische Ordnung vor dem Hintergrund der physikalischen Diskussion um eine zunehmende Entropie nicht länger als normal, sondern sie wird in solch einer kosmischen Perspektive selbst zum »Ausnahmefall«.[35] Soziale Zeit erscheint dann nicht mehr als geordnet ablaufende Dauer, stattdessen können die raum-zeitlichen Dynamiken der politischen Ordnungsbildung und damit verbundene Effekte der Unordnung (das heißt: Entropie) untersucht werden. Genauer noch ließe sich sagen, dass dauerhafte soziale Ordnung höchst unwahrscheinlich ist, da ein (soziales) System mit zunehmender Zeitdauer sich mit (quasi-naturgesetzlicher) Sicherheit in Richtung zunehmender Unordnung entwickelt. Vor diesem Hintergrund ist Politik als ordnendes Entscheiden, als erneutes Begründen einer sozialen Ordnung nicht nur in Ausnahmefällen erforderlich, sondern immer wieder möglich oder nötig, wenn eine Gesellschaft nicht zerfallen beziehungsweise sich selbst immer wieder neu (be-)gründen will. Auf diesen Umstand hat beispielsweise die Radikale Demokratietheorie vielfach hingewiesen.

Ordnungsleistungen der Politik, die systemtheoretisch als kollektiv verbindliche Entscheidungen beschrieben werden, lassen sich in Relation zu Zeit betrachten. Marlon Barbehön hat einen in dieser Hinsicht relevanten »operative[n] Zeitbegriff« der Politik entwickelt, der Demokratie als einen politischen Operationsmodus begreift, der »mit einem spezifischen Weltverhältnis [verbunden ist], das soziale Wirklichkeit, und mit ihr Zeit, in spezifischer Art und Weise sinnhaft werden lässt«.[36] Das demokratische Weltverhältnis sei dadurch gekennzeichnet, dass es

> »[e]inerseits [...] eine ungewisse Zukunft [braucht], damit eine kollektive Gestaltung des Kommenden und eine Hervorbringung von Neuem möglich werden, und andererseits muss [demokratische Politik] qua politischer Festlegungen die Differenz zwischen Gewesenem und Kommendem zielgerichtet überbrücken und damit die Offenheit der Zukunft temporär einschränken.«[37]

Demokratische Politik agiert also in einem »Wechselspiel aus Öffnung und Schließung«, das heißt sie verknüpft Vergangenheiten, Gegenwarten und Zukünfte, zum Beispiel wenn sie Veränderungsprozesse wie Innovationen und Kreativität fördert oder wenn sie Kontinuität oder Stabilität erzeugt. Zugleich können wir davon ausgehen, dass jede politische Entscheidung, ob sie nun auf das Erzeugen von Stabilität oder auf Veränderung ausgerichtet ist, auch nicht-intendierte Nebenwirkungen im Sinne einer allgemeinen Tendenz hin zu wachsender Entropie nach sich zieht. Man könnte hier zum Beispiel an psychische Belastungen denken, die in der Pandemie als Nebenfolgen von Maßnahmen zur Einschränkung des Infektionsgeschehens beschrieben wurden, oder an ökonomische Effekte – Krisengewinne oder Krisenverluste –, die im Zuge der Pandemiebearbeitung entstanden. Im Wechselspiel von öffnenden und schließenden Vergangenheits- und Zukunftsbezügen gegenwärtiger Entscheidungen zeigt sich die Kontingenz demokratischer Politik und es entsteht, so Barbehön, eine »eigentümliche Erscheinungsform von Zeit, an deren Reproduktion demokratische Praxis selbst beteiligt ist«.[38] Erst angesichts der Erwartung, dass Zukünfte anders sein können als Vergangenheiten oder als gegenwärtig Existierendes, ergibt sich die Möglichkeit für bzw. die Erwartung an politische Entscheidungen in der Gegenwart, eine bestimmte Zukunft aus einer Anzahl möglicher Perspektiven zu selektieren und eine bestimmte Vergangenheit aus einer Vielzahl disparater Erinnerungen festzuschreiben. Dabei werden, so Barbehön, solche Selektionen als grundsätzlich revidierbare Auswahloperationen vorgestellt.[39]

Abb. 2: Barbehöns politische Zeit als operativer Prozess (eigene Darstellung).

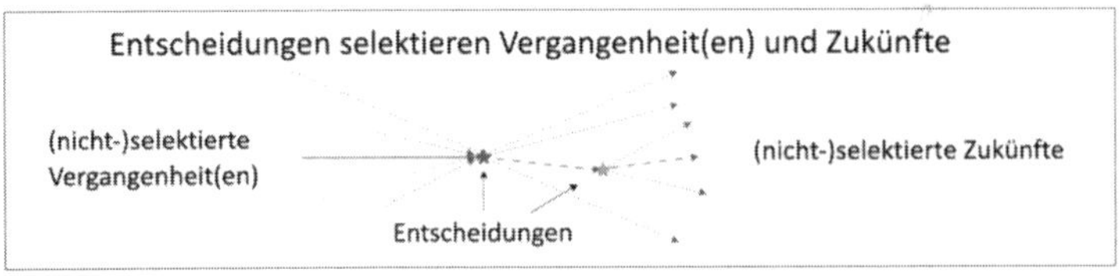

Barbehön hat basierend auf diesem Konzept demokratischer Zeit auch ein Verständnis von Ausnahmepolitik entwickelt, in dem er das wechselseitige Konstitutionsverhältnis von Normalzeit und Ausnahmezeit hervorhebt.[40] Mit diesem Zugang hinterfragt er das Verständnis eines politischen Ausnahmezustands als bloße Unterbrechung und Wiedereinsetzung eines dauernden Zeitflusses der Normalität. Normalität und Ausnahme werden stattdessen als Einheit einer kommunikativen Unterscheidung verstehbar, mit der verschiedene Bezugnahmen auf Vergangenheit und Zukunft realisiert und jeweils andere Gegenwarten, Erinnerungen und Perspektiven erzeugt werden. Die Vorstellung von einer Rückkehr in einen vermeintlich normalen *Status quo ante* wird damit obsolet, doch bedeutet das nicht, »dass nach einer [politischen] Ausnahme nie wieder in Recht und Ordnung gelebt werden kann, wohl aber, dass es sich bei einer solchen ›Rückkehr‹ [in die demokratische Normalität] um eine neue Gegenwart handelt, der veränderte Erinnerungs- und Antizipationsmöglichkeiten inhärent sind«.[41] Die Zeit der Ausnahme ruft eine temporale Paradoxie hervor, die darin besteht, dass im politischen Ausnahmezustand etwas – die Normalität – durch seine zeitweise Suspendierung wieder hergestellt werden soll, was allerdings genau dadurch und im selben Moment verloren geht.

Theorien des politischen Ausnahmezustands, die ein temporäres Aussetzen einer Normalzeit unterstellen, können dazu beitragen, eine Illusion von Stabilität, ihrer Unterbrechung im Notfall und ihrer Wiedereinsetzung im Sinne einer Rückkehr zum vorher Dagewesenen zu erzeugen, wie sie einem konservativen Weltverständnis entgegenkommt. In der Perspektive eines operativen Zeitbegriffs wird eine Politik der Ausnahme dagegen nicht als Unterbrechen und Wiedereinsetzen von Normalität, sondern als ein zeitweise exzeptioneller Operationsmodus der Politik fokussiert, der genau dann greift, wenn ein dringender Bedarf an (Neu-)Ordnung beziehungsweise an (Neu-)Begründung des Sozialen artikuliert wird.

Diese Verschiebung der Zeit- und Ordnungsperspektiven korrespondiert mit einem Verständnis von Politik, das nicht mehr die souveräne Entscheidung in das Zentrum ihrer Betrachtung rückt, sondern das Ensemble von Techniken und Praktiken des Regierens. Das heißt sie entspricht dem, was Michel Foucault als einen Wandel des grundlegenden politischen Operationsmodus von frühmoderner *Souveränität* hin zu moderner *Gouvernementalität* beschrieben hat. Dieser Wandel ist verbunden mit der Herausbildung der sogenannten »Biopolitik«, das heißt der modernen gouvernementalen Sorge um die Vitalität von Bevölkerungen und um die gesellschaftlichen Reproduktionsprozesse, wie sie auch im Rahmen der Pandemiepolitik deutlich hervortrat.[42] Zwar wurde argumentiert, das Konzept der Biopolitik sei zu grob für ein Verständnis der Pandemiepolitik und Foucault habe mit seinen drei anhand des Umgangs mit Infektionskrankheiten entwickelten Machtmodellen der gesellschaftlichen Ächtung und des Ausschlusses oder der Einsperrung (Lepra-Modell), der Einsperrung in Verbindung mit einer Disziplinierung und Kontrolle von Lebensabläufen (Pest-Modell) sowie des statistisch angeleiteten Risikomanagements von Freiheitsgraden und Einschränkungen (Pocken-Modell) nützlichere Konzepte entwickelt.[43] Doch gerade hinsichtlich der Zeitperspektiven des Regierens ist das Konzept der Biopolitik anschlussfähig an die hier diskutierten Vorstellungen von risikopolitischen *emergency politics* und politischer Auszeit:

> »Insofern Biomacht auf die Optimierung und Steigerung des (kollektiven) Lebens gerichtet ist, folgt daraus eine spezifische Relevanz-

ordnung und Konfiguration von Zeithorizonten. Konkret ist Regieren nicht so sehr, wie im Falle der souveränen Macht, auf den punktuellen Moment der Gegenwart fokussiert, sondern auf eine Zukunft, die es mittels gegenwärtiger Techniken [des Regierens, unsere Ergänzung] zu bearbeiten gilt.«[44]

Die Ideen eines operativen Zeitverständnisses von demokratischer und Ausnahmepolitik sowie einer Biopolitik, die vitale Prozesse zum Gegenstand der Regierung erhebt, verweisen neben den zukunftsgerichteten zeitlichen Dimensionen der Politik auch auf die Prozesse der Entscheidung, der Ab- und Eingrenzung sowie auf die damit verbundene Umstrittenheit konkreter Regierungstechniken, wie sie zum Beispiel in politischen Ausnahmezeiten zur Anwendung kommen können.[45] Sie rufen zudem die Verbindung von zeitlichen mit räumlichen Dimensionen der Politik in Erinnerung, die für eine Betrachtung der systemischen Neuordnung einer Gesellschaft in Krisenzeiten relevant sind.

3.3 Topologische Muster der Ausnahmepolitik

Die klassischen Theorien des politischen Ausnahmezustands operieren eher mit einem räumlich als mit einem zeitlich konnotierten Vokabular. Dabei werden verschiedene topologische Muster aufgerufen, in denen der Ausnahmezustand vor allem in Relation zu einem als gefährlich vorgestellten Naturzustand modelliert wird.[46] Die damit ebenfalls aufgeworfenen Zeitfragen bleiben dagegen sekundär, was mit der unzureichenden Vorstellung einer dauernden Normalzeit zusammenhängen mag.

Carl Schmitt definiert Souveränität als »Grenzbegriff« oder als »Begriff der äußeren Sphäre«, für dessen Verständnis man »nicht anknüpfen kann an den Normalfall, sondern an einen Grenzfall«.[47] Damit entwickelt er ein Verständnis des Ausnahmezustands als Reaktion auf äußere Gefahren, die man mit dem Begriff des Naturzustands zusammenfassen kann. Er knüpft für sein Politikverständnis an die Hobbes'sche Vorstellung eines *Leviathan* an, dessen wesentliche Leistung darin besteht, einen vorpolitischen Naturzustand zugunsten eines gesellschaftlichen Normalzustands zu überwinden und letzteren (rechts-)staatlich abzusichern.[48] Im Ausnahmefall kann allerdings die staatliche Ordnung durch ein erneutes Hereinbrechen der Natur gefährdet werden, wobei der genaue Charakter der Gefahr, ob sie von der wölfischen Natur der Menschen im Krieg oder von nicht-menschlichen Naturkatastrophen ausgeht, zunächst wenig erheblich ist. Souveränität im Schmitt'schen Ausnahmezustand operiert demnach auf der Grenze zwischen Naturzustand und Normalzustand. In dieser Vorstellung soll der Naturzustand aus der Gesellschaft ausgeschlossen bleiben bzw. erneut ausgeschlossen werden. Er wird als ein gefährlicher Bereich jenseits einer (gut) geordneten Gesellschaft verstanden, dessen Hereinbrechen in die Gesellschaft außergewöhnliche politische Gegenmaßnahmen rechtfertige. Daraus begründet sich die zeitweise Suspendierung einer Verfassung, deren Bezugsobjekt – der Normalzustand – abhandengekommen ist. Der Schmitt'sche Ausnahmezustand dient dem Ziel, die normalen gesellschaftlichen Bedingungen wieder herzustellen, bezogen auf die eine Rechtsordnung erst Geltung erlangen kann und die sie garantieren soll. Mit dem als Normalzustand abgesicherten Raum der staatlichen Ordnung korrespondiert hierbei das gesicherte Zeitverständnis einer dauerhaften politischen Stabilität.

Giorgio Agamben modelliert in seiner Theorie des politischen Ausnahmezustands die räumlichen oder topologischen Muster der Beziehungen zwischen Naturzustand, Normalität und Ausnahme anders als Schmitt. Danach bilden »Naturzustand und Ausnahmezustand [...] lediglich die zwei Seiten des einen topologischen Prozesses, wo das, was als Außen vorausgesetzt worden ist (der Naturzustand), nun im Innern (als Ausnahmezustand) wiedererscheint«.[49] Konzeptionell wird der Ausnahmezustand damit nicht mehr als Mittel verstanden, um den Naturzustand auf Distanz zu bringen, sondern der Ausnahmezustand ist der innerhalb eines Gesellschaftskörpers auftretende Naturzustand. Dieser erscheint nach Agambens Vorstellung in zwei prominenten Weisen: Erstens tritt er in der Gesellschaft in Form einer »souveränen Macht« in Erscheinung, die nicht vollständig im Rahmen einer rechtlich verfassten Ordnung normiert werden kann, und zweitens existiert er in Form des »nackte[n] Leben[s]«, das heißt der elementaren vitalen Funktionen individueller Körper und des Gesellschaftskörpers, die von rechtlichen und kulturellen Bestimmungen gleichsam entkleidet werden, wenn sie im Ausnahmezustand einer souveränen Regierung unterliegen.[50] Für Agamben dient der Ausnahmezustands demnach nicht einem Ausschluss des Naturzustands aus der Gesellschaft, sondern er ist gleichbedeutend mit einer in den *Body Politic* der Gesellschaft inkorporierten gefährlichen Natur; er beziehungsweise sie müssen deshalb umso dringlicher auf Distanz gehalten werden. Seine Philosophie richtet sich somit gegen eine Politik des Ausnahmezustands, die der Natur (im Sinne von souveräner Gewalt und nacktem Leben) erst Raum in der Gesellschaft verschafft. Mit der »Einverleibung des Naturzustands« in eine Gesellschaft werde eine »Ununterschiedenheit zwischen Natur und Kultur, zwischen Gewalt und Gesetz« erzeugt.[51] Damit verbunden lokalisiert Agamben den Ausnahmezustand als »herrschende[s] Paradigma des Regierens [auf der] Schwelle der Unbestimmtheit zwischen Demokratie und Absolutismus«.[52] Und er versteht die mit diesem Paradigma verbundenen Techniken des Regierens als »die Einsetzung eines legalen Bürgerkriegs« und dessen »unaufhaltsame Steigerung«, da der Bürgerkrieg im Modus eines »permanenten Notstand[s]« auf Dauer gestellt werde.[53] Der Ausnahmezustand unterbricht damit nicht die unbegrenzt gültige reguläre Ordnung, sondern er transformiert die dauerhafte Ordnung in eine dauerhafte Irregularität.

An Agambens Ausführungen zur Corona-Politik wird deutlich, dass er auch die (Natur-)Wissenschaft bzw. ihren politischen Einfluss als Varianten eines in die Gesellschaft inkorporierten Naturzustands, das heißt als Ausnahmezustand begreift, zumal dann, wenn sich die Politikberatung um Fragen der Gesundheit dreht. Der Ansatzpunkt seiner Kritik an den Corona-Maßnahmen in Italien war daher das Zusammenspiel der Virologie als Naturwissenschaft und Verkünderin eines vermeintlich »nicht näher zu bestimmenden *Risikos*« der Erkrankung und des Todes[54] mit den Medien, die an der vermeintlichen »Erfindung einer Epidemie« mitgewirkt hätten,[55] sowie mit der Regierung als Grundrechte einschränkende Exekutivgewalt im Ausnahmezustand. In der Summe laufen Agambens Ausführungen auf den Versuch hinaus, die Pandemie vor allem als diskursiv-mediales Spektakel zu beschreiben, womit er die realen Gesundheitsgefahren tendenziell ausblendet. Und die Pandemiepolitik gilt ihm als gefährlicher Verlust einer demokratischen Normalität, gegen den man sich deutlich wehren müsse. Es überrascht daher nicht, dass sich dieses Denken als zum Teil kompatibel mit den Ansichten der sogenannten Coronaleugner-Szene erwiesen hat. Das auch von anderen Autoren diskutierte Motiv, wonach der diskursiven Legitimation eines Notstands gerade in Demokratien eine zentrale Relevanz zukommt,[56] wird hier ausschließlich in negativer Weise als vermeintlich manipulative und die Demokratie gefährdende Praxis vorgestellt, ohne die demokratische Qualität öffentlicher Diskussionen und ihre realen Bezugsprobleme zu würdigen.

Während Schmitt also zwischen chaotischem Naturzustand und gut geordnetem Normalzustand unterscheidet, und der Ausnahmezustand als zeitweise Unterbrechung der Normalität sowie als Grenzarbeit gegen das Hereinbrechen des Naturzustands und für die Wiederherstellung der inneren Ordnung konzipiert, zeichnet Agamben ein inverses Muster der topologischen und temporalen Konstellation. Nach seiner Ansicht dient ein Ausnahmezustand nicht dazu, die gefährliche Natur auf Distanz zu halten, sondern er verwirklicht ihre Anwesenheit und Verbreitung in der Gesellschaft. Der Ausnahmezustand entspricht darum keiner zeitweisen Unterbrechung der Normalität, sondern steht für ihre dauerhafte Suspendierung in einem permanenten Ausnahmezustand. Agamben stellt Politik nicht als gesellschaftliche Autorität gegen eine als gefährlich vorgestellte Natur vor, sondern er erkennt in der Ausnahmepolitik eine mit ›Natur‹ gefährlich aufgeladene Autorität, die in Form von Gewaltsamkeit, Recht- und Kulturlosigkeit und auch in Form von wissenschaftlicher Expertise eine demokratische und rechtsstaatliche Ordnung zerstört.

Die Natur ausschließlich als gefährlichen Naturzustand zu denken, der auf Distanz gehalten oder dessen Ausbreitung in der Gesellschaft verhindert werden müsse, ist allerdings nicht ohne Alternative, wie beispielsweise romantische Naturphilosophien oder manche politische Theorie, etwa die Rousseaus, verdeutlichen. Und bei aller Unklarheit darüber, wie die Beziehung von (Natur-)Wissenschaft und Politik demokratisch legitim zu gestalten ist, wirkt die Idee, sie als expertokratischen Ausnahmezustand zu konzipieren, wenig überzeugend. Daher benötigen wir eine gegensätzliche Perspektive zu den Theorien des Ausnahmezustands von Schmitt und Agamben, wie sie beispielsweise Bonnie Honig anlegt. Ihre Vorstellung von *emergency politics* richtet den Fokus nicht exklusiv auf das reine Überleben eines Staatswesens, dem zur Not auch die nackten Leben seiner Bewohner geopfert werden könnten. Stattdessen verbindet sie ihre Überlegungen zu demokratiekompatiblen Formen von Notfallpolitik mit dem Anspruch, dass das Überleben einer Notsituation auch die Suche nach einem anderen, besseren Leben implizieren sollte. Zu diesem Zweck gehe es darum, »to mobilize democratic theory on behalf of the doubled meaning of survival as mere life *and* more life«.[57] Solche utopische Perspektiven stellen eine zukünftige Ordnung vor, die in Vergangenheit und Gegenwart noch keinen Ort gefunden hat.

3.4 Politische Auszeit als materiell-temporale Neusortierung

Um besser zu verstehen, wie wissenschaftliches Wissen als Repräsentation der Natur in Beziehung zur Politik als Repräsentation der menschlichen Gesellschaft verstanden werden kann, ohne bereits eine negative oder positive Bewertung der Natur vorauszusetzen, können wir auf Latours Arbeiten am Schnittpunkt von Wissenschaftssoziologie und Demokratietheorie zurückgreifen. In deren Zusammenhang hat er auch Überlegungen über Zeit angestellt, das heißt Konzepte zweier unterschiedlicher Zeitpfeile entwickelt, die er mit seiner Interpretation eines etablierten modernen Weltverständnisses sowie mit seinem Entwurf einer nicht-modernen politischen Ökologie verband.[58] Das Ende der Plausibilität des modernen Zeitverständnisses und die Notwendigkeit für eine nicht-moderne Neukonzeption knüpft Latour an die Beobachtung der »Vermehrung von Ausnahmen, für die niemand mehr einen Platz im regelmäßigen Fluss der Zeit« sehe.[59] Was bedeutet das?

Zunächst schreibt Latour,

> »dass die Richtung dessen, was ›Zeitpfeil‹ genannt wird, vom Verhältnis zwischen Wissenschaft und Gesellschaft abhängt. Die Modernen,[60] heißt es, ›schreiten vorwärts‹. Doch an welchem Kriterium lässt sich erkennen, dass es vorwärts geht und nicht zurück oder stillsteht? [...] Den Anhaltspunkt, der ihnen als Kontrollinstrument dienen wird, entnehmen die Modernen den klassischen Beziehungen zwischen Objekt und Subjekt: die Vergangenheit vermengte, was die Zukunft auseinanderhalten wird. In der Vergangenheit verwechselten unsere Vorfahren die Tatsachen mit den Werten, das Wesen der Dinge mit ihren Vorstellungen oder Repräsentationen davon, die harte objektive Realität mit den auf sie projizierten Phantasmen, die primären mit den sekundären Qualitäten.«[61]

Doch lassen sich viele zeitgenössische Phänomene nicht (mehr) in die etablierte moderne Dichotomie aus Natur *versus* Kultur oder Gesellschaft einordnen, die als Kompass für den Fortschritt diente. Das gilt nicht zuletzt für die Pandemie, deren hybrider Charakter aus natürlichen Anteilen (das Virus mit seinen Prozessen der Reproduktion) und sozialen Anteilen (die Gesellschaft mit ihren Prozessen der Reproduktion) vielfach betont wurde. Die Pandemie lässt sich besser als Zusammenhang von Zirkulationen begreifen, die aus beiden, voneinander nicht trennbaren Aspekten der ›Natur‹ und der ›Kultur‹ zusammengesetzt sind. Eine solche Verbindung kann für das moderne Weltverständnis zwar nur als Ausnahme existieren. Doch gerade durch das Wirken der Modernisierung wird sie immer häufiger – zum Beispiel, wenn durch das Vordringen in abgelegene Regionen Krankheitserreger leichter aus dem Tierreich auf Menschen überspringen und sich dank moderner Verkehrsinfrastrukturen schneller über den gesamten Planeten ausbreiten können.

Im modernen Denken wird man sich nach Latours Ansicht gewiss darüber, dass »[m]orgen [...] die Unterscheidung klarer vollzogen werden [wird und] die erwiesenen Tatsachen noch deutlicher ihre Verpackung aus menschlichen Wünschen und Phantasien abgestreift haben« werden.[62] Die Vergangenheit ist mit anderen Worten eine Zeit des Chaos, ähnlich der Vorstellung eines »Naturzustands«, an dessen Überwindung die moderne Politik arbeitet. Und die Zukunft ist in der modernen Weltanschauung durch eine zunehmende Ordnung gekennzeichnet, die sich aus der Einbeziehung von Naturgesetzen ergibt, die als Skripte für das Erschaffen eines gut geordneten sozialen Bereichs dienen. Latour zufolge lokalisiert das moderne Zeitverständnis die Unordnung in der Vergangenheit und eine vollständig geordnete Welt in der Zukunft, während der Weg von der Vergangenheit in die Zukunft als Fortschritt oder als Modernisierung bezeichnet wird. Als Reservoir für die geordnete modernistische Zukunft dient die Natur, das heißt die Objektivität der Naturgesetze, die außerhalb der Gesellschaft bereits als gut geordnetes Drittes existiert. Die Modernisierung entspricht demnach einem »Mechanismus [...], der die Differenz zwischen Vergangenheit und Zukunft erzeugt«,[63] und gleichzeitig ist sie ein Mechanismus der Einbeziehung dessen, was Latour als moderne Vorstellung einer »unbestreitbare[n] soziale[n] Welt« der objektive Tatsachen bezeichnet, und der Ausschließung dessen, was in dieser Vorstellung mit »Archaismen und Irrationalitäten« benannt werden kann.[64] Die Modernisierung erzeugt also einen raum-zeitlichen Pfeil, sie verbindet also zeitliche und räumliche Dimensionen, da der Unterschied zwischen Vergangenheit und Zukunft anhand der gegenläufigen Dynamiken von Entitäten, die integriert werden, und anderen Entitäten, die ausgeschlossen werden, erkannt werden kann. Diese raum-zeitlich bestimmte, dynamische Verschiebung der Grenze zwischen Innen und Außen einer Gesellschaft entspricht der sogenannten »Front der Modernisierung«.

Abb. 3: Latours modernistischer Zeitpfeil (eigene Darstellung).

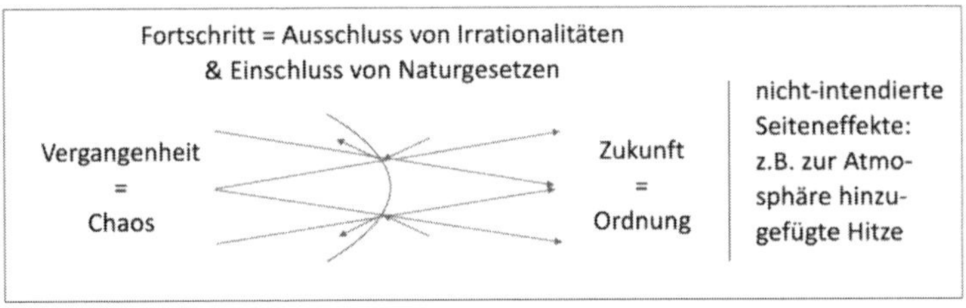

Das Konzept des modernistischen Zeitpfeils kehrt die Perspektive der thermodynamischen oder psychologischen Zeitpfeile um, da mit einem Fortschreiten der Zeit mehr Ordnung erzeugt wird, und variiert das Newton'sche Verständnis einer absoluten und natürlich gegebenen Zeit, indem es eine dauerhafte Ordnung behauptet, die außerhalb der Gesellschaft, wo die Naturgesetze herrschen, schon immer existiert hat und ewig bestehen bleibt.[65] Dieses Verständnis von Modernisierung als raumzeitlicher Prozess ist auch politisch, da die Differenz, die es zwischen Vergangenheit und Zukunft herstellt, zur Unterscheidung von politischen Reaktionären und politischen Progressiven dient. Wie Latour betont, ist das mit diesem Verständnis verbundene Denkschema einer dichotomen Aufteilung der Welt in Natur und Kultur jedoch unzulänglich oder sogar gefährlich, da es die Vermehrung hybrider Misch-Entitäten im Zuge des wissenschaftlich-technischen Fortschritts, wie beispielsweise die Gentechnik, und die nicht-intendierten, ebenfalls hybriden Seiteneffekte der Modernisierung, also beispielsweise ökologische Zerstörungen wie das Aufheizen der Atmosphäre, verdeckt. Daher sieht Latour hinter den Modernen (in ihrer Vergangenheit) das Projekt der Modernisierung als Kombination aus (gewolltem) Fortschritt und (nicht-intendierter) Zerstörung. Und vor den Modernen (in ihrer Zukunft) sieht er ökologische Katastrophen als Rückkopplungsprozesse der hybriden Modernisierung, in die sie ignorant hineinrennen, weil sie sie nicht begreifen können.

Vor diesem Hintergrund entwickelt Latour sein Konzept politischer Ökologie und ein damit verbundenes, nicht-mehr-modernistisches Verständnis von Zeitlichkeit, das »den Mechanismus verändern [soll], der die Differenz zwischen Vergangenheit und Zukunft erzeugt, [und] das Tick-Tack [anhält], das den Takt zur Zeitlichkeit der Modernen schlug«.[66] Sein Gegenvorschlag umfasst wiederum sowohl temporale als auch topologische Aspekte. In Bezug auf Zeit sucht Latour nach einer Alternative zur modernistischen Unterscheidung zwischen einem beschleunigten Voranschreiten in eine geordnete Zukunft und einem Stillstand oder gar einer reaktionären Rückwärtsbewegung. Das heißt, er versucht auf »die Unterscheidung von Tatsachen und Werten [zu verzichten], dem einzigen Uhrwerk, das bisher in der Lage war, einen wirklich dauerhaften, irreversiblen, progressiven Unterschied zwischen Gestern und Morgen hervorzubringen«.[67] Anstatt den Blick auf eine fortschrittlichere Zukunft zu lenken, eröffnen sich damit multiple Perspektiven, das heißt prekäre oder unsichere Perspektiven der (ökologischen) Instabilität, aber auch offene und chancenreiche Möglichkeiten, die gewonnen werden müssen, ohne dass der Weg bereits ganz gewiss wäre. Es geht mit anderen Worten um ein Bewusstwerden der jeder Art von Voranschreiten innewohnenden Risiken.

Den unterschiedlichen Perspektiven sind verschiedene Zeiten oder Zeitbezüge inhärent, da »Zeit [...] kein allgemeiner Rahmen [mehr ist], sondern das provisorische Resultat der Verbindung der verschiedenen Wesen«,[68] die in hybriden Ensembles verknüpft sind. Denn diese verschiedenen Wesen verbinden buchstäblich verschiedene Zeiten miteinander: Unser über Millionen Jahre herausgebildetes Immunsystem wird mit einem erst wenige Wochen unter uns zirkulierenden Virus konfrontiert; eine über Jahrhunderte gewachsene Markttradition in Wuhan mit Flugzeugtechnik der Gegenwart kombiniert; die seit der antiken römischen Republik entwickelten Regierungstechniken des Ausnahmezustands mit mobiler digitaler Datenverarbeitung aufgeladen, die wenig älter als zehn Jahre ist; die Reproduktionsdynamik eines Virus überlagert lange geplante Ferien- und Festtagstermine usw. – um nur einige Bespiele für die Vermengung unterschiedlicher Zeitperspektiven im Zuge der Pandemie zu nennen.

Abb. 4: Latours ökopolitischer Zeitpfeil (eigene Darstellung).

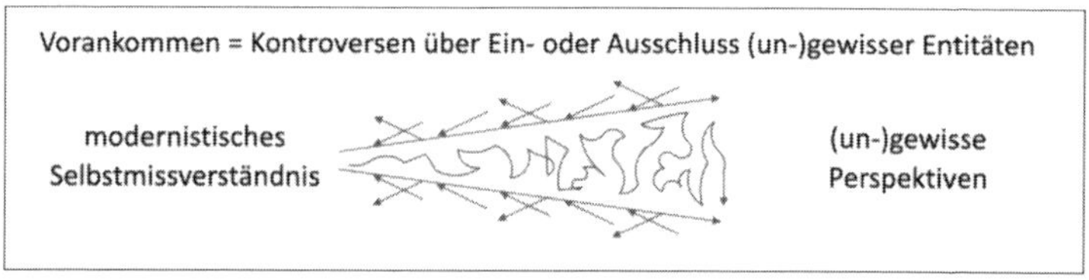

Diese Zeitperspektiven sind verbunden mit einem Verständnis eines räumlichen Außen des Sozialen, das allerdings nicht mehr ein gefährlicher Naturzustand und eine Deponie für unerwünschte Irrationalitäten und Gefahren oder ein Reservoir für den Einbezug unbestreitbarer Naturgesetzlichkeiten ist. Vielmehr sollte es sich um ein explizit erzeugtes Außen der Gesellschaft handeln, das durch öffentliche Kontroversen hervorgebracht wird, deren Ausschlüsse reversibel sein sollen. Es handele sich um »eine durch ein ausgebildetes Verfahren erzeugte Exteriorität, die provisorisch Ausgeschlossene und Anwärter hervorbringt«.[69] Das Verfahren, das Latour nicht-moderne Politik oder Parlament der Dinge oder öffentliche Kontroversen über ungewisse Entitäten nennt, sei

> »sehr wohl in der Lage, eine Differenz zwischen Vergangenheit und Zukunft zu setzen [...]. Während die Modernen immer vom Unklaren zum Klaren gingen, vom Vermischten zum Einfachen, vom Archaischen zum Objektiven, und also immer die Treppe des Fortschritts hinaufstiegen, werden [die politischen Ökologen] fortschreiten, indem [sie] über einen Weg hinabsteigen [...]: vom Vermischten [...] zum noch Vermischteren [...], vom Komplizierten zum noch Komplizierteren, vom Expliziten zum Impliziten.«[70]

Die Untersuchung der temporalen und topologischen Logiken von Notfallpolitik verdeutlichen, dass ihr Verständnis als zeitlich klar begrenzter Ausnahme*zustand* unzureichend ist. Stattdessen kann ein über den Moment der Unterbrechung des ›normalen‹ Zeitverlaufs hinausreichendes, operatives Zeitverständnis dabei helfen, die Komplexität von Ausnahmezeiten zu erfassen. Dabei geraten nicht nur die Dringlichkeit der Notsituation, die Reaktionszeit bis zur ›Ausnahme‹ und ihre Geltungsdauer in den Blick. So können darüber hinaus die Verunsicherung institutioneller Routinen und die kreative Suche nach neuen Wegen der Problembearbeitung, die retrospektive und prospektive Verarbeitung von Krisenerzählungen und Krisenwissen, die Wandlungsprozesse einer Gesellschaft in ihrem Inneren und in Beziehung zu ihrem externalisierten Außen sowie die Möglichkeiten für die Genese von etwas Neuem begriffen werden. Bezüge auf umstrittene Zukünfte und Vergangenheiten können dabei genauso neu sortiert werden, wie die Beziehungen zu umstrittenen Entitäten, etwa einem Virus oder einem Impfstoff, und die Abläufe gesellschaftlicher Routinen können hinterfragt und gegebenenfalls neu ausgerichtet werden.

Der kollektive Umgang mit Notfällen, wie sie eine Pandemie sein kann, folgt keineswegs vorher feststehenden Notwendigkeiten, weder Naturgesetzen noch einem Situationsrecht des Ausnahmezustands oder der Gewaltsamkeit eines Souveräns. Anstatt auf der Grenze zwischen Normalität und Naturzustand oder zwischen Demokratie und Absolutismus operiert die demokratische Auszeit in einem unsicheren sozialen Gefüge, das durch etwas Neues in Bewegung geraten ist. Die Wege der politischen und gesellschaftlichen Bearbeitung von Notfällen müssen gefunden und erfunden, ausgehandelt und implementiert werden, und sie können zielführend sein oder in Sackgassen oder gar Abgründen enden. Die Grenzen des wissenschaftlich-technisch Mach- oder Kontrollierbaren und die Grenzen des ethisch-politisch Vertretbaren müssen in Kontroversen bestimmt werden. Dabei Umwege oder Sackgassen zu beschreiten, ist nicht notwendig als Fehler zu verstehen, sondern es ist immanenter Teil der Herausbildung einer kollektiven »Lernkurve«.[71] Eine reflexiv gewordene (nicht-mehr-)moderne Politik sollte sich der Risiken bewusst sein, die in jeder Entscheidung liegen, und daher möglichst umsichtig vorgehen. Doch die Kriterien für Erfolg und Misserfolg und die demokratische Legitimation dieses Vorankommens werden sich erst im Zusammenspiel unterschiedlichster Akteure und Sachbezüge sowie Konflikt- und Kooperationsprozesse mit herausbilden.[72] Um solche Unterbrechungen der Routinen zum Zweck einer Neuorientierung demokratietheoretisch zu verstehen, braucht es eine Theorie der *demokratischen Auszeit*, die gerade keine Notwendigkeit für ein Zurück zum *Status quo ante* vorsieht, sondern eine materiell-temporale Neusortierung in Betracht zieht.

4 Zeitfragen der pandemischen Politik- und Öffentlichkeitsberatung

»Deutung kommt zur Not ohne Fakten aus, vor allem wenn das Gedeutete in der Zukunft liegt.«[1] Diese Einschätzung des Verhältnisses von wissenschaftlichem Wissen und öffentlicher Pandemie-Kommunikation sowie zu den mit den zeitlichen Perspektiven verbundenen Unsicherheiten verbreitete der Kölner Soziologe Wolfgang Streeck im Januar 2021, mitten im ersten Winter der Pandemie, in einem viel beachteten Beitrag in der *Frankfurter Allgemeinen Zeitung*. Unter der Überschrift »Wissenschaftlern folgen? Ja doch, aber welchen?«[2] diskutierte er darin unterschiedliche Beiträge verschiedener Wissenschaften zur pandemischen Politik- und Öffentlichkeitsberatung. Dabei kritisierte er den ungleichen Einfluss verschiedener wissenschaftlicher Disziplinen auf die Beratungsprozesse von Regierungen und Zivilgesellschaft. Er diagnostizierte eine vermeintlich dominante Rolle von Virologen, trotz ihrer unterschiedlichen Expertisen (»die vom Kollegen Drosten oder vom Kollegen Streeck«?), und von »regierenden Physiker[n]«, die mit Faktenwissen und mit für »wissenschaftlich ungebildete Menschen [...] unplausiblen Modellannahmen« nicht nur die öffentlichen Debatten, sondern auch die Entscheidungen der Exekutive maßgeblich prägen würden. Dem stellte er das Fehlen von empirischen Forschungen über sozialstrukturelle Faktoren des Pandemiegeschehens sowie die Existenz von eher auf Alltagswahrnehmungen basierenden Deutungen des pandemischen Sozialen durch prominente Feuilleton-Soziologen und -Philosophen gegenüber. Vor diesem Hintergrund entwickelte Streeck einige Ideen für mögliche empirisch-soziologische bzw. epidemiologische Forschungsgegenstände und Untersuchungsdesigns, an denen »Herden von Forschern [...] doch eigentlich [...] arbeiten [müssten]«, sowie eine quasi-technokratische Kritik an dem »verschlafenen Sommer« 2020, während dem »man« notwendige Maßnahmen verpasst habe,

»Alten- und Pflegeheime virenfest auf[zu]rüsten«, um das pandemische Geschehen »ins umso Beherrschbarere« zu transformieren. Als ein offensichtlich gesundheitsethisches und -politisches Fazit formulierte Streeck schließlich: »Wenn eine Gesellschaft mit Lungenkrebs leben kann, kann sie, wenn sie muss, wohl auch mit Covid-19 leben« – das heißt ohne »die mit ewiger Wiederkehr drohenden Lockdowns«.[3]

Streecks Beitrag ist nur ein prominentes Beispiel für zahlreiche Wortmeldungen von Wissenschaftlerinnen und Wissenschaftlern, mit denen sie zum kollektiven Wissen über die Pandemie und den Umgang mit ihren Herausforderungen beitrugen. Einige von Streecks Einwänden und Bedenken stehen beispielhaft für Kontroversen über die Rolle der Wissenschaften, die während der Covid-19-Pandemie mit wechselnder Intensität geführt wurden. Sie drehten sich darum, welche wissenschaftlichen Disziplinen und welche Expertinnen und Experten gehört wurden und Einfluss ausüben konnten bzw. welche (vermeintlich) weniger oder gar keine Aufmerksamkeit fanden. Umstritten war auch die Qualität einzelner Expertisen und Einschätzungen, die von anderen Akteuren aus Wissenschaft, Journalismus und Politik in Frage gestellt oder hervorgehoben wurden. Problematisiert wurde auch die Nähe zwischen Wissenschaft und Politik oder ihre Vermischung, nicht nur am Beispiel des Bundestagsabgeordneten und promovierten Epidemiologen Karl Lauterbach, den Streeck als »Politvirologen«[4] bezeichnete, sondern auch anhand des wahrgenommenen oder tatsächlichen Einflusses prominenter Wissenschaftlerinnen und Wissenschaftler auf politische Entscheidungsprozesse. Ebenfalls Themen öffentlicher Diskussionen waren die mangelhafte Umsetzung möglicher Maßnahmen zur Pandemiebewältigung, die von Expertinnen und Experten vorgeschlagen worden waren, und die Kritik an (vermeintlich) technokratischen Vorstellungen zur Bekämpfung der Pandemie. Im Extremfall wurde zudem der Realitätsgehalt der wissenschaftlichen Sachaussagen angezweifelt, und in Verschwörungstheorien wurden manche Wissenschaftlerinnen und Wissenschaftler sowie Politikerinnen und Politiker persönlich angefeindet. In vielen Fällen wurden die Diskussionsbeiträge und Kritiken dabei – wie etwa von Wolfgang Streeck – auf der Basis eines eigenen (vermeintlich besseren) Wissens entwickelt und geschlussfolgert, was »man« hätte anders machen sollen oder zukünftig anders machen sollte.

Manche öffentlichen Expertinnen und Experten wurden sogar zu prominenten Galionsfiguren politischer Sammlungsprozesse, und ihr unterschiedlich »situiertes Wissen«[5] diente als Bezugspunkt für themenzentrierte politische Kollektive. Dies führte so weit, dass sich in der Pandemie die Gesellschaft in Deutschland weniger entlang etablierter (parteipolitischer) Konfliktlinien sortierte. Stattdessen wurden die Differenzen in der Pandemiepolitik mit verschiedenen »Teams« markiert, die nach prominenten Virologen benannt waren. Das sogenannte »Team Drosten«, das nach dem Berliner Virologen Christian Drosten benannt wurde, stand hier für einen auf umfassenden Gesundheitsschutz rekurrierenden Politikansatz, der die gesundheitlichen Gefährdungen der Pandemie ›umfassend ernst‹ nahm und für die Suche nach vielfältigen Lösungen für eine möglichst weitgehende Eindämmung des Infektionsgeschehens argumentierte. Dem gegenüber stand das sogenannte »Team Streeck«, benannt nach dem Bonner Virologen Hendrik Streeck (nicht nach dem o.g. Kölner Soziologen Wolfgang Streeck), für einen mehr auf Freiheitskalkülen rekurrierenden Politikansatz, der die Gefährdungslagen ›differenziert‹ betrachtete und für die Suche nach Wegen zur Konzentration des Infektionsschutzes auf sogenannte vulnerable Gruppen und für ein ansonsten weitgehend auf Freiheit und Eigenverantwortung setzendes Vorgehen plädierte. Mit den zugleich wissenschaftlich und politisch repräsentierten »Teams« waren allerdings nicht nur unterschiedliche Wissensbestände verbunden, sondern vielmehr zwei ethisch-politische Haltungen in der Deutung des Wissens und seiner Grenzen, für die die beiden Virologen in der Öffentlichkeit prominent standen.

Wissenschaftliches Wissen zirkulierte in der Öffentlichkeit und wurde durch Wissenschaftlerinnen und Wissenschaftler in politikberatende Gremien eingebracht. Es bot zahllosen individuellen, kollektiven und kollektiv-verbindlichen (politischen) Entscheidungen sachliche und normative Orientierung und eröffnete damit mögliche Wege für den Umgang mit der Pandemie. Die Wege, die »Team Drosten« bevorzugte, waren normativ eher in Richtung »Vorsicht« orientiert, während die Wege des »Teams Streeck« sich eher in Richtung »Freiheit« orientierten. Beide zusammen stehen für eine grundlegende Problematik der Ausnahmepolitik, die Sicherheit vor den Gefahren einer Ausnahmesituation schaffen soll, wobei aber Freiheit häufig das erste Opfer klassischer, die Grundrechte einschränkender Ausnahmezustandspolitik wird. Die Intensität der öffentlichen Kontroversen über die Pandemieforschung und über die an ihr orientierten politischen Entscheidungen dürfte damit zusammenhängen, dass sowohl Sicherheit als auch Freiheit mit existenziellen Fragen des (Über-)Lebens und mit verfassungsmäßig garantierten Grundrechten verbunden sind und dass es in der Pandemie schwierig oder unmöglich war, beides *gleichzeitig* umfassend zu gewährleisten.

Ab dem Frühjahr 2020 wurde die deutsche Öffentlichkeit viele Monate lang jeden Tag mit einer Vielzahl neuer Nachrichten, neuer Zahlen und neuer Grafiken zur laufenden Covid-19-Pandemie versorgt, die häufig das Ergebnis wissenschaftlicher Arbeit waren.[6] Viele wurden für Argumente in den kontroversen öffentlichen Debatten um angemessene und effiziente Maßnahmen zur Bekämpfung der Pandemie genutzt. Einige wissenschaftliche Studien lösten sogar selbst Kontroversen aus. Zwei Kontroversen um die wissenschaftliche Arbeit der beiden prominenten Figuren Drosten und Streeck brachten es dabei sogar zu eigenen Hashtags: Unter dem Hashtag *#HeinsbergProtokoll* wurde die Feldforschung eines Teams der Universität Bonn um Hendrik Streeck im März und April 2020 in den sozialen Medien verbreitet, und der Hashtag *#IchHabeBesseresZuTun* begleitete Christian Drostens Auseinandersetzung mit der Bild-Zeitung im Mai 2020 über eine Studie, die an der Berliner Charité durchgeführt worden war. Mindestens ebenso interessant wie diese beiden Episoden war aber auch die öffentliche Politikberatung rund um eine Coronastudie der TU Dresden. Doch obwohl sie breit in Massenmedien präsentiert wurde und einigen Einfluss in Debatten zur Corona-Politik insbesondere in Sachsen hatte, scheint sie in der kollektiven Erinnerung keine große Rolle zu spielen. Interessant sind alle drei Fälle, weil sie das Zusammenspiel von wissenschaftlichem Wissen, normativen Orientierungen und politischen Entscheidungen oder Kalkülen anhand von Zeitfragen der Politik- und Öffentlichkeitsberatung in der Pandemie greifbar werden lassen.[7] Die Beispiele machen auf verschiedene Übersetzungsschwierigkeiten im Zusammenspiel von Wissenschaft und Politik aufmerksam, für die auch temporale Aspekte von besonderer Bedeutung waren.

Im Folgenden werden wir deshalb ausgewählten Prozessen der Produktion und der Verbreitung von Wissen, der Artikulation von Meinungen und Stellungnahmen zu diesem Wissen und den politischen Entscheidungen, die auf dieses Wissen rekurrieren, anhand dieser drei Fälle exemplarisch nachgehen. An der Kontroverse #HeinsbergProtokoll wird zuerst gezeigt, wie mit dem Virologen Hendrik Streeck ein erster Gegen-Experte zum bis dahin dominierenden Christian Drosten bundesweit öffentlichkeitswirksam von der nordrhein-westfälischen

Landesregierung positioniert wurde, wodurch wissenschaftliche Expertisen selbst zu einem Gegenstand öffentlicher Kontroversen wurden (4.1). Danach wird an der Kontroverse #IchHabeBesseresZuTun dargelegt, wie die epistemische Autorität, die Christian Drosten in der ersten Phase der Pandemie im öffentlichen Diskurs erlangt hatte, in den öffentlichen Kontroversen durch eine Kampagne der Bild-Zeitung in Frage gestellt wurde und wie dies zur Dynamik in der darauf folgenden antagonistischen Phase der öffentlichen Debatte beigetragen hat (4.2). Wie die spezifische Beziehung zwischen Landesregierungen und eigens beauftragten wissenschaftlichen Expertinnen und Experten sich auf die Gestaltung politischer Maßnahmen ausgewirkt hat, zeigen wir anschließend am Beispiel der sächsischen Landesregierung und ihres Sonderwegs zur frühzeitigen Wiederöffnung von Schulen und Kindertagesstätten (4.3), bevor wir anschließend kurz resümierend zwischen einer epistemisch-autoritativen und einer antagonistischen Phase der pandemiebedingten demokratischen Auszeit in Deutschland unterscheiden (4.4).

4.1 #HeinsbergProtokoll: Zeit für strategische Öffentlichkeits- und Politikberatung

Im April 2020 war #HeinsbergProtokoll der Slogan einer Kampagne der PR-Agentur *Storymachine*, mit dem sie eine wissenschaftliche Untersuchung der Universität Bonn in der Gemeinde Gangelt im besonders von Covid-19 betroffenen Landkreis Heinsberg öffentlichkeitswirksam unterstützte.[8] Das Land Nordrhein-Westfalen hatte diese Studie in Auftrag gegeben. Nach einem sogenannten *superspreading event* im Zusammenhang mit Karnevalsfeierlichkeiten in dem Landkreis sollten die lokale Dynamik des Infektionsgeschehens und die gesundheitlichen Folgen beispielhaft untersucht und verstanden werden. Geforscht wurde durch eine Gruppe der Universität Bonn unter der Leitung des Virologen Hendrik Streeck. Die kommunikativen Dienstleistungen der PR-Agentur erfolgten ohne eine öffentliche Finanzierung, wie Michael Mrontz, einer der Mitinhaber von Storymachine und ein persönlicher Bekannter des Studienleiters Streeck betonte.[9] In der Selbstdarstellung des Kampagnen-Twitter-Accounts *@hbergprotokoll*[10] zielte die Kampagne darauf ab, dass die Öffentlichkeit über die wissenschaftliche Arbeit aufgeklärt werden sollte. Doch vor allem konzentrierte sich die PR-Arbeit auf die

Vor- und Nachbereitung einer Pressekonferenz, die die nordrhein-westfälische Landesregierung am 9. April 2020 mit ihrem Ministerpräsidenten Armin Laschet, mit dem Studienleiter Hendrik Streeck und mit weiteren Studienbeteiligten veranstaltete. Auf dieser Pressekonferenz wurden erste Zwischenergebnisse der Untersuchung präsentiert und mögliche politische Schlussfolgerungen gezogen.

Laschet formulierte in seiner Begrüßungsrede zu Beginn der Pressekonferenz ein unmittelbar sachpolitisches Interesse an den Ergebnissen. Dieses sah er darin, »Begründungen« für die weitere Pandemiepolitik zu erarbeiten, um »Lösungen [zu] finden, die Freiheit und Gesundheit der Menschen besser als bisher miteinander in Einklang bringen«.[11] Die Untersuchung stand in einem weiteren Zusammenhang von Bemühungen der nordrhein-westfälischen Landesregierung, mit Unterstützung eines interdisziplinären Expertenrats, dem auch Streeck angehörte, »zu einer Abwägung [zu] kommen«, für die auch mögliche »Schäden durch den Lockdown [...] in Rechnung [ge]stell[t]« werden sollten.[12] In seiner Ansprache richtete Laschet den inhaltliche Fokus also auf problematische (Neben-)Folgen der bis dahin geltenden, relativ strikten Infektionsschutzmaßnahmen sowie auf die Frage der sachlichen Begründung und der Verhältnismäßigkeit der »pauschalen Einschränkungen« des öffentlichen Lebens und damit einhergehend von Grundrechten. Über den zeitlichen Kontext der Pressekonferenz hinausgehend betonte er, dass »[d]ie Erkenntnisse [...] unsere politischen Entscheidungen in der nächsten Woche, wenn die Ministerpräsidenten mit der Bundeskanzlerin zusammenkommen, unterstützen [sollen]«.[13]

Die Präsentation der Heinsberg-Studie ist also ein Beispiel für die unmittelbare zeitliche Verbindung von wissenschaftlicher Expertise und politischen Entscheidungsprozessen, die in der Pandemie nicht nur in diesem Fall sichtbar wurde. Die öffentliche Darstellung und Deutung der Ergebnisse folgte dabei einem klar erkennbaren zeitlichen Plan, indem eine Kommunikationskampagne den Termin der Präsentation vorbereitete und begleitete, die im zeitlichen Vorfeld anstehender politischer Entscheidungen stattfand.

Im Anschluss an die öffentlichkeitswirksame Präsentation der Zwischenergebnisse setzte unmittelbar eine kontroverse Diskussion ein. Christian Drosten kritisierte, man könne aus den Darlegungen in der Pressekonferenz »gar nichts ableiten«,[14] weil die vorgestellten Informationen nur vorläufige Zwischenergebnisse waren, ohne dass der Gang der Forschung und die Ergebnisse fachlich unabhängig geprüft werden konnten. Der Termin der Pressekonferenz lag Wochen bevor die Auswertung der erhobenen Daten zu einem Abschluss gekommen war. Unabhängig nachprüfbare Ergebnisse sollten und wurden auch erst einen Monat später in Form einer vorläufigen Veröffentlichung auf einem sogenannten Preprint-Server für medizinische Forschungsergebnisse zur Verfügung gestellt.[15] Während sich Drostens Kritik auf die unter wissenschaftlichen Gesichtspunkten zu frühe öffentliche Präsentation der vorläufigen Zwischenergebnisse richtete, führten die an der Forschung Beteiligten dagegen »ethische Gründe« für diesen frühen Zeitpunkt an. Die Pressekonferenz habe stattgefunden, »weil wir uns verpflichtet fühlten, einen nach wissenschaftlichen Kriterien erhobenen validen Zwischenstand vor Publikation mitzuteilen«.[16]

Entgegen Drostens Einschätzung, man könne aus den vorläufigen Untersuchungsergebnissen gar nichts ableiten, wurden doch genau solche politischen Schlussfolgerungen gezogen. Streeck plädierte in der Pressekonferenz für den Übergang in eine sogenannte »Phase 2« der Pandemiebewältigung, wie sie die Deutsche Gesellschaft für Krankenhaushygiene (DGKH) kurz zuvor definiert hatte.[17] Einer der beiden Autoren dieses Papiers, DGKH-Präsident Martin Exner, war als Wissenschaftler der Universität Bonn selbst auch an der Heinsberg-Studie beteiligt. Die »Phase 2« meinte eine »[b]eginnende kontrollierte Rücknahme der Quarantänisierung [der Bevölkerung] bei gleichzeitiger Sicherung hygienischer Rahmenbedingungen und Verhaltensweisen«. Streeck empfahl also ein Ende der bisherigen Infektionsschutzmaßnahmen und »die schrittweise Wiedereröffnung von Schulen, Kitas, Universitäten, anderen Einrichtungen des öffentlichen Lebens unter fortbestehender strikter Wahrung von Kontaktvermeidung (1,5 Meter-Regel) und Basisregeln der Hygiene (Mund-Nasen-Schutz, Händewaschen) und strikter Separierung von Personen der vulnerablen Gruppen«.[18] Diese Empfehlung stand in einem Zusammenhang mit einem bereits im März 2020 durch den Vorstand der DGKH in einem Konzeptpapier formulierten Strategie der gebremsten, kontrollierten Durchseuchung der Bevölkerung bei Konzentration der Infektionsschutzmaßnahme auf Risikogruppen. Die DGKH hatte explizit betont, man könne »die Epidemie nicht soweit strecken […], bis ein Impfstoff zur Verfügung steht«.[19]

Hier wird sichtbar, dass sich wissenschaftliche Politik- und Öffentlichkeitsberatung zum einen nicht allein auf die Bereitstellung wertneutraler Sachaussagen beschränkte und wie zum anderen Evidenzen und wissenschaftliche Meinungen zu Empfehlungen zusammengezogen wurden, um bestimmte gesellschaftliche oder politische Haltungen und Programme zu unterstützen. Im konkreten Fall argumentierte das wissenschaftliche Netzwerk um Hendrik Streeck für ein Ende der stark einschränkenden, pauschalen Infektionsschutzmaßnahmen, die seit der zweiten Märzhälfte galten, und für eine kontrollierte Wiedereröffnung des gesellschaftlichen Lebens unter der Prämisse der Möglichkeit einer gebremsten Durchseuchung der Bevölkerung bei gleichzeitigem Schutz besonders vulnerabler Gruppen. Der sich daran entzündende Konflikt zwischen wissenschaftlichen Expertinnen und Experten bezog sich zwar nicht nur auf Zeitfragen einer guten wissenschaftlichen Praxis – was sollte zu welchem Zeitpunkt wie veröffentlich werden? – und damit wenigstens indirekt auch auf umstrittene Sachfragen über unvollständige Wissensbestände. Er drehte sich ebenso sehr um die Fragen einer mehr oder weniger reduzierten Infektionsdynamik sowie implizit um widerstreitende politisch-programmatische und »ethische Gründe«[20], mit denen Streeck das Vorgehen seiner Gruppe explizit gerechtfertigt hatte.

Die gesamte Inszenierung der Heinsberg-Studie und ihrer Ergebnispräsentation durch eine PR-Kampagne zog dabei viel Kritik auf sich.[21] Die Agentur *Storymachine* wurde vom Deutschen Rat für Public Relations für eine »Rufschädigung des Berufsstands durch unprofessionelles Verhalten« gerügt. Es habe sich bei der Kampagne #HeinsbergProtokoll um eine »Maßnahme mit dem Ziel, ein vorformuliertes Narrativ in der Öffentlichkeit zu platzieren«, gehandelt, was der Aufgabe »eine[r] möglichst neutrale[n] Vermittlung von Wissenschaft in einem für eine Krise typischen nervösen Umfeld« nicht entsprochen habe.[22] »[D]er dann entstandene kommunikative Verlauf war aus professioneller Sicht vorhersehbar und hat in der sensiblen Corona-Gesamtsituation zu einer nachhaltigen Verunsicherung der Öffentlichkeit beigetragen«, so beurteilte der Deutsche Rat für Public Relations die Intentionen und die Folgen der Kampagne.[23]

In politischer Hinsicht erzeugte diese Form öffentlicher Expertise damit eher das Gegenteil dessen, was Laschet sich erhofft haben dürfte. Zwar entstanden im Zuge der Präsentation der vorläufigen Forschungsergebnisse und gerade wegen des damit entfachten Streits der Expertinnen und Experten und der neuen Unsicherheit in öffentlichen Diskursen neue Spielräume für politische Entscheidungen. Allerdings geschah dies weniger auf der Grundlage vermeintlich besseren Wissens, als vielmehr wegen der Verunsicherung über die Validität alles erarbeiteten Wissens und der möglichen ethisch-politischen Motive von Akteurinnen und Akteuren aus der Wissenschaft, die öffentlich entstanden waren.

Weil die Untersuchung bzw. die voreilige Präsentation ihrer vorläufigen Ergebnisse wissenschaftlich nicht solide genug waren, blieben diese Ergebnisse auch als Begründungen für neue politischen Entscheidungen nicht unumstritten. Spätestens ab diesem Zeitpunkt waren in der deutschen Öffentlichkeit sich gegenseitig widersprechende Expertisen und Begründungen deutlich erkennbar – die »Illusion« eines einheitlichen wissenschaftlichen Wissens war öffentlichkeitswirksam zerstört worden.[24] Mit der Kampagne #HeinsbergProtokoll betrat der Virologe Hendrik Streeck als ein neuer Experte die Bühne der Öffentlichkeit, dessen Stimme im weiteren Verlauf der Pandemie immer wieder prominent Gehör fand und der in der öffentlichen Darstellung zu einer Art Gegenspieler des damals bereits sehr prominenten Christian Drosten stilisiert wurde. Entgegen dem manchmal verbreiteten Eindruck der »Mystifizierung«,[25] wonach Expertinnen und Experten die entscheidenden Rollen in der Entwicklung vermeintlich alternativloser Regierungsprogramme spielten, vollzieht sich ihre Wirkung in diesem Beispiel nach einer entgegengesetzten Logik. Das heißt, die in Form von Expertisen vorgetragene Mischung aus Wissen und ethisch-politischen Orientierungen wurde selbst zu einem Gegenstand öffentlichen Streits.

4.2 #IchHabeBesseresZuTun: (Un-)Zeitgemäßes Wissen eines Corona-Helden

In Deutschland spielte der Berliner Virologe Christian Drosten sicherlich eine der prominentesten Rollen als Corona-Berater von Politik und Öffentlichkeit. Der Wissenschafts-Podcast *Coronavirus-Update* des NDR, in dem er ab dem 26. Februar 2020 zunächst täglich und später in größeren Abständen sowie abwechselnd mit der Frankfurter Virologin Sandra Ciesek die neuesten Informationen und Entwicklungen in der Pandemie vorstellte und analysierte, erreichte in den ersten Wochen der Pandemie den Status einer Art nationalen öffentlichen Versammlungsortes. Drosten war aufgrund seiner bereits langjährigen Forschungsarbeiten zu Corona-Viren und wegen der Entwicklung des weltweit ersten Corona-Tests durch sein Team schon zu Beginn der Pandemie ein weltweit anerkannter Experte. In Deutschland wurde er in der Presse bald als eine Art technokratischer Schatten-Regierungschef dargestellt, als »unser neuer Kanzler«.[26] Wer Drostens Podcast hörte, konnte vor allem zu Beginn der Pandemie zeitweise den Eindruck gewinnen, vorab zu erfahren, was übermorgen die Regierung sagen und entscheiden würde. Relevante Fragen, mögliche Schutzmaßnahmen und Gründe für mögliche politische Entscheidungen waren vor allem in der Frühphase der Pandemie häufig zuerst in Drostens Podcast zu hören gewesen.

Drosten wirkte zwar auch als Berater der Bundesregierung und von Landesregierungen, doch ist auch die politische Wirkung von Drostens öffentlichen Aussagen nicht zu unterschätzen, wie beispielsweise jener, die er in einem Interview mit der Wochenzeitung *Die Zeit* am 20. März 2020 äußerte: »Wir müssen vielleicht davon ausgehen, dass wir gesellschaftlich ein Jahr im Ausnahmezustand verbringen müssen.«[27] Obwohl mit Ausnahmezustand hier ein unspezifisches Verständnis im Sinne einer Krisensituation und damit verbundener außergewöhnlicher Lebensumstände gemeint gewesen sein dürfte, sind solche öffentlichen Diskurse relevant für die Plausibilisierung von realen Ausnahmepolitiken. Entsprechend kann auch der Podcast *Coronavirus-Update* als ein mediales Format der Ausnahme- oder Krisenkommunikation begriffen werden, das zunächst dem Zweck diente, »verunsicherte Laien mit einem Basiswissen in Virologie und Epidemiologie [zu] versorgen«.[28]

Mit der Zeit entwickelte sich das *Coronavirus-Update*, das als typischer Wissenschafts-Podcast für eine Informationssendung über den tagesaktuellen Stand des Wissens begonnen hatte, in Richtung eines viel umfassenderen, reflexiven und auch methodenkritischen Bildungsformats für »educating a pandemic-wise public«.[29] Dabei diskutierte der Podcast regelmäßig die Grenzen des wissenschaftlichen Wissens, die Drosten selbst einmal so definierte: »Ich sehe meinen Job nicht darin, die Wahrheit zu verkürzen, sondern darin, die Aspekte der Wahrheit zu erklären, aber auch Unsicherheiten zuzulassen und zu sagen: Das weiß man so nicht – und dass dann eine politische Entscheidung nötig ist«[30]. Man kann diese angesprochenen Unsicherheiten in zweierlei Hinsicht auffassen, nämlich einerseits als wissensimmanente Grenzen, die im Zeitverlauf verschoben werden können, das heißt, dass man etwas vorläufig »so nicht weiß«, aber womöglich noch herausfinden wird. Und andererseits kann sie als äußere Grenzen des wissenschaftlichen Wissens verstanden werden, als etwas, das jenseits dessen liegt, was wissenschaftlich ergründet werden kann und wofür »dann eine politische Entscheidung nötig ist«. In Drostens Darstellung scheint es, als seien beide Grenzen kongruent, das heißt, dass der Bereich dessen, was politisch entschieden werden kann, definiert wird durch das, was man (noch) nicht weiß, und sich dementsprechend verändern kann, wenn sich die Grenzen dessen, was man weiß, verschieben lassen.

In der Frühphase der Pandemie waren nur sehr wenige andere Wissenschaftlerinnen oder Wissenschaftler in Deutschland wohl auf ausreichend fachlicher Augenhöhe, um mit dem ausgewiesenen Coronavirus-Forscher Drosten öffentlich zu diskutieren.[31] Spätestens mit der Heinsberg-Studie und dem Auftreten von Hendrik Streeck wurden aber Gegenexpertisen öffentlich sichtbar, die zum Teil auf der Grundlage eigener Forschungen zu anderen Empfehlungen über den Umgang mit der Pandemie gelangten. Teilweise wurden sie zumindest Gegenstand der Debatte in Drostens Podcast, auch wenn sie dort nicht selbst mit ihm diskutierten. Nicht alles, was als akademische Expertise in der Öffentlichkeit sichtbar wurde, mag unter wissenschaftlichen Gesichtspunkten das gleiche Niveau erreicht haben, aber ein Mangel an öffentlich konkurrierenden Angeboten für eine ethisch-politische Orientierung in der Pandemie bestand bereits nach wenigen Wochen nicht mehr.

Zu einer Angleichung der »Augenhöhe« sollte auch der Versuch einer öffentlichen Demontage Drostens beitragen, die die Bild-Zeitung Ende Mai 2020 inszenierte und der ein besonders drastisches Beispiel für Drostens »getrübtes Verhältnis zu den Medien«[32] ist. Die Bild hatte Drosten zu einer Stellungnahme zu einigen kritischen Anmerkungen anderer Forscherinnen und Forscher aufgefordert, die das statistische Vorgehen einer Untersuchung zur Viruslast bei Kindern hinterfragt hatten, die durch Drostens Forschungsabteilung durchgeführt worden war. In der öffentlichen Debatte ging es zu dem Zeitpunkt unter anderem um die Frage, inwieweit und unter welchen Umständen der Betrieb von Kindergärten und Schulen wieder normalisiert werden konnte. Drostens Studie legte dafür eher ein vorsichtiges und überlegtes Vorgehen nahe. Aber in der gerade politisch eingeleiteten Phase der Wiedereröffnung von Schulen und Kindergärten nach der ersten Welle der Pandemie waren diese neuen Erkenntnisse mindestens unzeitgemäß, vielleicht manchen sogar ein Dorn im Auge. Die Bild bauschte dafür die wissenschaftliche Kontroverse, die sich um methodische Detailfragen drehte, aber an der Sache im Kern wenig oder nichts änderte,[33] deutlich auf, so dass Drosten als Wissenschaftler delegitimiert zu werden drohte. Der Journalist Michael Hanfeld bewertete das Vorgehen in der *Frankfurter Allgemeinen Zeitung* als eine »versuchte Vernichtung«[34] des Wissenschaftlers, und der Deutsche Presserat erkannte im Bild-Artikel »mehrere schwere Verstöße gegen die journalistische Sorgfaltspflicht«.[35]

Drostens Reaktion auf Twitter, in der er die Anfrage der Bild öffentlich machte und mit den Worten »Ich habe besseres zu tun« zurückwies, wurde unter dem Hashtag #IchHabeBesseresZuTun ein digital-viraler Hit. Die Bild-Kampagne und Drostens Reaktion darauf mobilisierten große Unterstützung für den Forscher und trugen sicher zur Formierung des gesundheitspolitischen »Teams Drosten« bei. Ein bemerkenswertes Symptom dieser Mobilisierung war ein Christian-Drosten-Fan-Song der Punk-Band ZSK Berlin mit eben dem Titel »Ich habe besseres zu tun«, der kurze Zeit nach der Bild-Kampagne veröffentlicht wurde.[36] In einem Video, über das die Band das Lied verbreitete, läuft eine Figur mit Drostens Konterfei im Stil des Computerspiel-Helden *Super Mario* durch eine stilisierte Landschaft und vollbringt eine ganze Reihe (Helden-)Taten. Seine Laserstrahl-Augen zerstören unablässig heranfliegende Viren, während er auf seinem Weg Podcasts »raushaut«, von Spiegel-Online zitiert wird (das er zugleich verprügelt), einen Anruf der Bild zurückweist, von Kanzlerin Merkel um Hilfe gebeten wird, auf Familienzeit verzichtet, weil er ständig an wissenschaftliche Arbeiten denkt, mit Diffamierungen konfrontiert wird, Telegram-Chats vertreibt, »Aluhut-Träger«, Xavier Naidoo und Attila Hildmann in den Boden stampft, OP-Masken verteilt, »die Menschheit retten« will und »Respekt für das Leben« einfordert. Derweil besingt der Sänger als Ich-Erzähler alle diese Taten, und im Refrain des Lieds wird die »viral« gegangene Twitter-Botschaft Drostens »Ich habe besseres zu tun« zitiert. Gegen Ende des Videos versammeln sich die Mitglieder der Punk-Band als weitere Figuren um den Computerspiel-Helden, der seine neuen Begleiter mit Laser-Augen vor angreifenden Viren beschützt. Das Lied endet mit dem gemeinsamen Besteigen eines (Sieger-)Podests.

Abb. 5: Screenshot aus dem Musikvideo »Ich habe besseres zu tun« von ZSK Berlin.

An diesem Video fällt besonders ins Auge, dass die dort dargestellten Heldentaten nur am Rande mit Drostens wissenschaftlicher Arbeit zu tun haben. In erster Linie bewegt sich der Computerspiel-Drosten durch eine Landschaft, die durch politische und gesellschaftliche Konfliktlagen und zahlreiche gesellschaftspolitische Aufgaben im Zusammenhang mit der Pandemiebewältigung gekennzeichnet ist, neben denen der »Kampf« gegen das Virus eher an den Rand gerückt zu sein scheint. Das Lied und sein Video verdeutlichen, auf welche Weise Drosten als eine außergewöhnliche Figur in der öffentlichen Kontroverse rund um die Covid-19-Pandemie in Deutschland wahrgenommen wurde – und dass seine Rolle politische Implikationen hatte.

Noch Ende April 2020 hatte der Musiker Bodo Wartke ebenfalls einen Christian-Drosten-Fan-Song veröffentlicht, in dem mögliche Konflikte um die Pandemiepolitik nur am Rande angedeutet und vor allem im fernen brasilianischen und US-amerikanischen Ausland, bei »Typen wie Bolsonaro und Trump«, verortet wurden. Christian Drosten wurde darin vor allem als Wissenschafts-Podcaster vorgestellt, der durchaus auch heldenhafte Züge trägt. Er arbeite »für das ganze Land im Ausnahmezustand«, er halte »das Land auf dem neuesten Stand und bleibt für uns auf Posten«, er sei »derjenige, der uns durch diese fiese Krise navigiert,« er »leitet uns durch diese schwere Zeit« und er sei ein »Fels in der Brandung«, dichtete Wartke.[37] Diese ganz ungebrochene Heldenfigur ruft die Assoziation eines unumstrittenen Anführers hervor[38] und steht für eine erste, epistemisch-autoritative Phase der Pandemiepolitik, die bereits im April 2020 zu Ende ging.

Der Fan-Song von ZSK zeigt dagegen die Wandlung Drostens von einem Superhelden im einsamen Kampf gegen die Pandemie zu der zentralen Figur eines ethisch-politischen »Teams Drosten«. Sie illustriert den Übergang in eine zweite, stark kontroverse oder antagonistische Phase der Pandemiepolitik in Deutschland, die ungefähr im Mai 2020 und im zeitlichen Kontext der Bild-Kampagne einsetzte. In den folgenden Monaten und Jahren erscheint Drosten als Repräsentant eines pandemiepolitischen »Teams« und seine Rolle gleicht mehr und mehr derjenigen eines »postheroische[n] Helden«[39], der seinen unermüdlichen Kampf gegen die Windmühlenflügel der *false balance* des politischen Journalismus und der nicht notwendigerweise nur an Sachargumenten orientierte Entscheidungslogik der Politik sowie gegen persönliche Anfeindungen nur mit kollektiver Unterstützung leisten kann.

4.3 »Bremsklötze der Infektion«: Ethik, Wissen und Entscheiden in der dynamischen Pandemie

Nach dem Zurückdrängen der ersten Infektionswelle öffnete Sachsen als erstes Bundesland ab dem 18. Mai 2020 seine Schulen und Kindergärten für einen sogenannten »eingeschränkten Regelbetrieb«.[40] Entgegen dem bis dahin geltenden Beschränkungen, wie Abstandsregeln, sehr eingeschränkten Gruppengrößen usw., die nur eine Notbetreuung für einen Teil der Kinder und Jugendlichen zugelassen hatten, war damit ein Schul- und Kindergartenbetrieb gemeint, bei dem alle in ihren normalen Klassen und Gruppen lernen und spielen können sollten. Dabei sollten die einzelnen Gruppen und Klassen allerdings streng voneinander getrennt und in fester Zusammensetzung bleiben, um mögliche Infektionsketten zu begrenzen und nachverfolgen zu können. Sachsen wurde mit diesem »Paradigmenwechsel«[41] zu einem Vorreiter unter den Bundesländern.

Der für Schulen zuständige sächsische Kultusminister Christian Piwarz bezeichnete dieses Vorgehen in einer extra anberaumten Pressekonferenz als »mutigen Schritt«, der aber »notwendig und wichtig« sei.[42] In einem Interview mit dem bildungs- und wissenschaftspolitischen Blog von Jan-Martin Wiarda begründete er das Vorgehen mit drei Argumenten: Erstens sei der Beschluss auf der Grundlage einer »Güterabwägung« zwischen Infektionsschutz und »dem Recht der Kinder auf Teilhabe und Bildung« erfolgt, mit letzterem als »der für uns ausschlaggebenden Seite«. Damit im Zusammenhang stand, zweitens, die Beobachtung »all der übrigen und viel bedeutenderen Lockerungen, die deutschlandweit eingeführt wurden« und die eine sehr starke Beschränkungen für Kinder nicht vertretbar erscheinen ließen. Schließlich rekurrierte er, drittens, auf die wissenschaftliche Expertise, die das Ministerium konsultiert hatte.[43]

Das Ministerium hatte sich bei der Erarbeitung des Konzeptes der Schul- und Kindergartenöffnung insbesondere von dem Kinder- und Jugendmediziner und -infektiologen der TU Dresden Reinhard Berner »maßgeblich beraten« lassen. Die »wissenschaftlichen Hinweise«, die dabei zusammengetragen worden waren, legten nach Aussage des Ministers nahe, »dass Kinder unter zehn Jahren einerseits seltener und weniger schwer an Covid-19 erkranken, andererseits das Virus aber auch kaum weitertragen«.[44] Unter Verweis auf solche Beobachtungen hatte sich Berner bereits zuvor für Öffnungen von Schulen und Kindergärten ausgesprochen und eine Politik des möglichst umfassenden Infektionsschutzes abgelehnt, indem er öffentlich »gerade in der Population der Kinder eine langsam ansteigende Durchseuchung« forderte.[45] Auch wenn die Entscheidung für Schul- und Kindergartenschließungen zu Beginn der Pandemie richtig gewesen seien, waren sie seines Erachtens »auf der Grundlage von Annahmen getroffen worden, von denen wir heute wissen, dass sie nicht ganz richtig sind«.[46] Gemeint war damit die Annahme, dass der Schul- und Kindergartenbetrieb eine wesentliche Rolle für die Ausbreitung von Infektionen in der Gesellschaft spielen würde, die Berner bezweifelte: »Kinder sind nicht die relevanten Infektionsschleudern.«[47]

Die Politikberatung durch Reinhard Berner war keine einmalige, punktuelle Angelegenheit, sondern diente dem Kultusministerium in den folgenden Monaten der Pandemie mehrfach als Begründung für seine pandemiepolitischen Entscheidungen.[48] Die Wiedereröffnung und der Betrieb der Schulen und Kindergärten unter Pandemiebedingungen wurden mit mehreren epidemiologischen und medizinischen Studien begleitet, die das Ministerium finanzierte, die Berners Forschungsgruppe und weitere wissenschaftliche Kooperationspartner erstellten und deren Zwischenergebnisse Ministerium und Wissenschaft gemeinsam öffentlichkeitswirksam präsentierten.

Ähnlich wie im Fall der Heinsberg-Studie wurden auch hier mehrfach an politisch opportunen Zeitpunkten Pressemeldungen verbreitet und Pressekonferenzen abgehalten, ohne dass die wissenschaftlichen Papiere bereits vorgelegen hatten. Besonders prominent wurde eine durch Berners Forschungsgruppe erstellte epidemiologische Untersuchung in sächsischen Schulen, die in drei Erhebungswellen Daten über das Infektionsgeschehen unter Schülern der 8. bis 11. Klassen und ihrem Lehrpersonal sammelte und auswertete. Die erste Erhebung fand zwischen dem 25. Mai und dem 30. Juni 2020 im eingeschränkten Regelbetrieb statt, die zweite Datensammlung wurde dann vom 15. September bis zum 13. Oktober 2020 im Normalbetrieb der Schulen durchgeführt. Beide dienten sowohl Berner als auch dem Kultusministerium als Argumente für ihre schulpolitischen Empfehlungen und Entscheidungen.

Eine der vom Kultusministerium gemeinsam mit ihrem Experten veranstalteten Pressekonferenzen fand am 13. Juli 2020 statt, wenige Tage vor Beginn der Sommerferien in Sachsen. Berner stellte erste Zwischenergebnisse seiner Studie zum Infektionsgeschehen in Schulen vor und Minister Piwarz erläuterte seinen Plan zur Aufnahme eines Regelbetriebs an Schulen nach den Sommerferien, den er mit den Studienergebnissen zu plausibilisieren suchte. Die erste Datenerhebung und -auswertung hatte ein sehr geringes Infektionsgeschehen in den untersuchten Schulen ermittelt.[49]

Bemerkenswert an dieser Pressekonferenz als Form der öffentlichkeitswirksamen wissenschaftlichen Expertise und Politikberatung war vor allem, dass Berner ein eingängiges Schlagwort prägte, mit dem er in der Fragerunde die Skepsis mancher Journalistinnen und Journalisten gegenüber den Studienergebnissen und den daraus gezogenen politischen Schlussfolgerungen zu zerstreuen versuchte. Er sagte, die untersuchten Jugendlichen seien »wahrscheinlich […] sogar Bremsklötze, sozusagen, in dieser Infektion, das heißt nicht jede Infektion, die ankommt, wird weitergegeben.«[50] Dieses Schlagwort der »Bremsklötze« schaffte es am folgenden Tag in die Überschriften der überregionalen Presseberichterstattung und prägte Teile des Diskurses über mehrere Monate.[51] Ab Herbst 2020 wurde in der Öffentlichkeit dann kontrovers diskutiert, ob und inwieweit der Schul- und Kindergartenbetrieb womöglich doch einen relevanten Beitrag im Corona-Infektionsgeschehen leistete, wobei der Experte Berner und der Minister Piwarz ihre Ansichten verteidigten, dass der Schul- und Kindergartenbetrieb keinen besonderen Beitrag zum Pandemiegeschehen leistete. Dagegen hatte beispielsweise Drosten in seinem Podcast mehrfach zu »Vorsicht« im

Umgang mit der prominenten Schulstudie aus Sachsen geraten und ihre Qualität angezweifelt.[52] Minister Piwarz verteidigte sie dagegen noch im Januar 2021, indem er von »wiederholte[n], sehr valide[n] Studien *in Sachsen*« sprach. Dass nicht die räumliche Nähe der Forschung, sondern die pandemiepolitische Implikation von entscheidender Bedeutung war, wurde deutlich, als er betonte, dass er »immer noch die Auffassung *unserer* Wissenschaftler [vertrete], dass die Schulen nicht die Treiber der Pandemie sind«.[53]

Im Februar 2021 nahm Berner schließlich seine Bremsklotz-Metapher, die ein wichtiges Narrativ geprägt hatte, öffentlich zurück und stellte klar:

> »In dieser Pressekonferenz, als ich den Begriff Bremsklotz genutzt habe, also, das ist kein geschickter Begriff gewesen, und wenn ich gewusst hätte, was daraus wird, hätte ich den sicher nicht benutzt. [...] Ich würde ihn jetzt heute nicht mehr sagen. Ich meine, [...] selbst Donald Trump hat ja irgendwie aus diesem Bremsklotz gemacht, Kinder seien immun gegen das Corona-Virus. Also meine Güte, wenn ich das geahnt hätte, hätte ich das, dieses Wort, nicht in den Mund genommen.«[54]

In einem präziseren wissenschaftlichen Vokabular argumentierte Berner nun, er sei davon überzeugt, dass sich das Virus unter Kindern etwas weniger schnell ausbreiten würde als unter Erwachsenen, das heißt »sie verkleinern diesen sogenannten R-Wert.«[55] Darüber hinaus vertrat er nun die Ansicht, dass die Studie keine direkte politische Relevanz habe, sondern nur einen »Puzzlestein« zum wissenschaftlichen Wissen beitrage. Er sei »jetzt persönlich auch nicht der Meinung, dass unsere Studie einen ganz wesentlichen Beitrag für diese Entscheidungsfindung [der Politik] liefern kann«.[56]

Diese Zurücknahme des Wortes sowie die deutliche Abschwächung der Interpretation und der politischen Relevanz der Untersuchung erfolgte, nachdem über den Herbst und Winter die Anzahl der Krankheits- und Todesfälle gerade in Sachsen stark angestiegen war, wodurch das Gesundheits- und das Bestattungswesen über ihre Grenzen hinaus belastet wurden.[57] Die gesamte Erzählung, der Schulbetrieb trage deutlich weniger zum Infektionsgeschehen bei oder bremse es sogar, verlor erst Monate später an Einfluss auf die öffentliche Debatte. Andere Untersuchungen, zum Beispiel an Schulen in Bremen, hatten inzwischen ermittelt, »dass das Infektionsgeschehen unter Kindern und Jugendlichen in Schulen und Kitas eine Rolle spielt – wenn auch vielleicht nicht die dominante«, man dürfte »die Kitas und Schulen aber in keinem Fall vernachlässigen«. Denn die Zahl der ermittelten Infektionsfälle sei »schlimm genug, weil wir ja [...] bisher davon ausgegangen sind, dass Kinder und Jugendliche sich seltener mit dem SARS-CoV-2-Virus infizieren als Erwachsene«.[58] Für Drosten stellte sich die Frage, wie sich überhaupt die Idee verbreiten konnte, Kinder seien für das Infektionsgeschehen nicht wesentlich: »Dass daran so grundlegende Zweifel aufkommen konnten, war mir ein Rätsel und ist es bis heute.«[59]

Eine Erklärung ist, dass sich rund um dieses Narrativ eine »Diskurskoalition« herausgebildet hatte, das heißt eine »Kombination von Akteuren [...] mit spezifischen Bewertungen [...] und bestimmten Deutungen [...] eines Themas«[60], die diese Erzählung über die Monate wiederholte, variierte und weitertrug. Damit ist keine klar abgrenzbare und untereinander abgesprochene, einheitliche Gruppe von Akteuren gemeint, noch wird behauptet, dass der Wissenschaftler Berner und/oder der Minister Piwarz als zentrale Initiatoren einer solchen Diskurskoalition vorgestellt werden können.

In einer umfassenderen empirischen Analyse könnte aber womöglich ermittelt werden, wie zum einen die Deutung, der Schul- und Kindergartenbetrieb leiste keinen erheblichen Beitrag zum Infektionsgeschehen, in Verbindung stand mit der Bewertung, Einschränkungen in der Pandemie seien eine nicht zumutbare oder nur im Sinne eines letzten Mittels zumutbare Belastung für Kinder und Jugendliche, und wie zum anderen Akteure in der Politik, in Verbänden und im Journalismus dieser Erzählung weiterentwickelten und wiederholten. Offenkundig ist eine solche Verbindung in den Begründungen des sächsischen Kultusministeriums zur Wiederaufnahme und zur Aufrechterhaltung des Schulbetriebs ab Mai 2020, in denen eine Güterabwägung zwischen Gesundheitsschutz und Bildungs- und Teilhaberechten erfolgte. Sichtbar wird diese Verbindung auch in einigen Stellungnahmen von kinder- und jugendmedizinischen Fachverbänden, die von Berner mit verfasst worden waren. Beispielsweise wurden wenige Tage nach der Zurücknahme seiner Bremsklotz-These in einer solchen Stellungnahme zweier Verbände die Feststellung formuliert, dass »Kinder in Gemeinschaftseinrichtungen [zwar] am SARS-CoV-2-Infektionsgeschehen teil[nehmen], [...] aber selbst keine Treiber der Pandemie [sind]«, und mit der Forderung kombiniert, dass »[j]edwede Einschränkung der

Grundrechte von Kindern und Jugendlichen, die ihnen fremdnützig auferlegt wird, [...] einer strengen ethischen Abwägung« bedürfe.[61]

Im Zentrum der Diskurskoalition lässt sich das politische Programm identifizieren, dass »der Erhalt des Betriebs von Gemeinschaftseinrichtungen für Kinder und Jugendliche die höchste Priorität haben« müsse.[62] Für dessen Plausibilisierung war die (vermeintliche) Validität der Schulstudien allerdings keine Notwendigkeit, wie spätestens nach der Relativierung des Bremsklötze-Narrativs deutlich wurde, als zunehmend eine anders gelagerte Begründungsfigur genutzt wurde. Mit Bezug auf die ethischen Implikationen für Kinder und Jugendliche formulierten dieselben Akteure nun, dass Einschränkungen des Schul- und Kindergartenbetriebs »einer wissenschaftlich konkret belegbaren Rechtfertigung«[63] bedürften. Während das erste Narrativ nahelegte, ihr Betrieb sei für das gesamtgesellschaftliche Infektionsgeschehen unproblematisch und könne deshalb fortgeführt werden, wurde im zweiten Narrativ gefordert, dass Schulen und Kindergärten solange betrieben werden sollten, bis ein direkter, wissenschaftlicher Nachweis erbracht worden wäre, dass Einschränkungen einen konkreten Nutzen zur Vermeidung schwerer Erkrankungen und Todesfälle hätten.

Beide Narrative kreisten um die formal gleiche Idee eines sicheren wissenschaftlichen Wissens, dessen Vorhandensein entweder behauptet oder gefordert wurde, um die gegensätzlichen Politiken des Aufrechterhaltens beziehungsweise des Einschränkens eines weitgehend regulären Schul- und Kindergartenbetriebs zu begründen. Dabei entwickelten sie zwei unterschiedliche Zeitperspektiven. Das (vermeintlich) sichere Wissen über die »Bremsklötze der Infektion« war in der Vergangenheit verankert, in der Daten erhoben und aus deren Auswertung künftige Entwicklungen extrapoliert wurden. Das (geforderte) sichere Wissen über die »konkret belegte« Wirkung von Infektionsschutzmaßnahmen lag dagegen in einer ungewissen Zukunft, in der es womöglich erarbeitet werden würde. Da solche Forschungen aber anscheinend nicht initiiert wurden, lässt es sich mit anderen Worten als utopisch begreifen. Anders als ein risikopolitisches Regierungsprogramm, mit dem das Eintreten einer konkret erwarteten Wirkung präventiv verhindert oder vorbereitend abgemildert werden soll, verhindert die Forderung nach einer konkret belegten Wirkung vorausschauendes Regieren und eröffnet den Spielraum für das Eintreten zukünftiger Gefährdungen.

4.4 Dynamiken der Pandemie zwischen Forschung, öffentlicher Kontroverse und Infektionsgeschehen

Anhand der betrachteten Beispiele können wir eine Reihe unterschiedlicher Dynamiken identifizieren, die für ein Verständnis der Pandemiepolitik als demokratische Auszeit relevant sind. Erstens existierte eine Dynamik der Wissenschaft, die Beratungswissen für die Öffentlichkeit und für politische Entscheidungsprozesse erarbeitete und zur Verfügung stellte. Sie stand, zweitens, in Zusammenhang mit einer politischen Dynamik, deren Konflikthaftigkeit sich in öffentlichen Kontroversen unter anderem um wissenschaftliches Wissen manifestierte. Drittens gibt es auch Hinweise darauf, dass die Dynamik des Infektionsgeschehens, die sich ausgehend von den Reproduktionseigenschaften des Virus in Zusammenhang mit vielen sozialen Dynamiken herausbildete, Einfluss auf die öffentliche Meinungsbildung und das kollektive Lernen der Gesellschaft sowie auf politische Entscheidungen hatte.

Die wissenschaftliche Dynamik zeigt sich in den Forschungsarbeiten, die in geringen Zeiträumen und unter hohem Erwartungsdruck durchgeführt wurden, um Wissen über die Pandemie und ihre Teilaspekte zu erzeugen und öffentlich zugänglich zu machen. Weil Wissen nicht von ganz allein gesellschaftlich verbreitet und gelernt wird, müssen Fakten in wissenschaftlichen und anderen öffentlichen Kontroversen etabliert und ihrer Gültigkeit Anerkennung verschafft werden.[64] Vor diesem Hintergrund sind die beobachteten Zusammenarbeiten und/oder Auseinandersetzungen von Akteuren der Wissenschaft mit Akteuren der PR-Arbeit, des Journalismus und der Politik keine Überraschung. Diese nicht-wissenschaftlichen Akteurinnen und Akteure brachten jeweils ihre eigenen zeitlichen Perspektiven, ihre eigenen Sachlogiken und ihre eigenen sozialen Bezüge in die Kooperationen und/oder Konflikte ein.

Mit Blick auf den empirischen Fall der Pandemiepolitik in Deutschland können wir somit zwei Phasen der demokratischen Auszeit differenzieren, die unter anderem durch unterschiedliche Verknüpfungen von wissenschaftlichem Wissen und politischen Prozessen gekennzeichnet waren. Eine erste, nur wenige Wochen andauernde Phase lässt sich mit einem weitgehenden Mangel vor allem an gesellschaftlich etabliertem Wissen kennzeichnen. Diese Phase war geprägt durch die stark konzentrierte Bezugnahme auf Christian Drosten als führenden

Experten und den *Corona-Update-*Podcast als Medienformat des Wissenschaftsjournalismus oder der Wissenschafts-PR. In diese Phase gehört auch die Zeit des ersten sogenannten Lockdowns, der weitgehend im Konsens durchgesetzt wurde. Wir können sie als eine *epistemisch-autoritative Phase der demokratischen Auszeit* definieren. In dieser Phase beschleunigte sich der demokratische Kreislauf auf seinem Weg von der Perplexität zur Institutionalisierung der ›nötigen‹ politischen Maßnahmen, indem Konsultation und Hierarchisierung in die Hände weniger Expertinnen und Experten gelegt wurden. In der öffentlichen Wahrnehmung war dabei Christian Drosten die herausragende Figur, den die Medien in dieser Zeit als »unser(n) neue(n) Kanzler« darstellten.

Die zweite Phase war dagegen durch eine sehr viel stärkere öffentliche Kontroverse und konkurrierende Politikprogramme geprägt, die sich jeweils auf eigene wissenschaftliche Expertisen stützten. Sie war deshalb stärker durch eine politische Konfliktlogik charakterisiert, setzte spätestens mit der öffentlichkeitswirksamen Präsentation der Heinsberg-Studie ein und eskalierte im Verlauf unter anderem anhand der kontrovers diskutierten Frage der Schul- und Kindergartenpolitik und damit verbundener Einschränkungen für Kinder und Jugendliche in der Pandemie. Sie war verbunden mit einem anwachsenden, immer differenzierteren und sich gesellschaftlich immer weiter verbreitenden Wissen zu verschiedenen Aspekten der Pandemie. Der Zuwachs an Wissen (und auch an Pseudowissen bis hin zu Verschwörungstheorien) zog jedoch nicht etwa eine Klärung der Sachlage nach sich, sondern erhöhte die Umstrittenheit der unterschiedlichen politischen Programme. Verschiedene Akteure und Diskurskoalitionen konnte sich auf jeweils eigene Wissensquellen berufen und andere zurückweisen, so dass sich die Konflikte nun entlang von ethisch-politischen Haltungen oder Überzeugungen und Werturteilen entzündeten, die zum Teil bis heute nicht überwunden scheinen. Wir können diese Phase deshalb als eine *antagonistische Phase der demokratischen Auszeit* definieren.

Wir setzen damit einen anderen Akzent als etwa Matthias Lemke, der anhand einer Untersuchung des ersten Pandemie-Halbjahres ein zyklisches Modell der Notstandspolitik in Deutschland mit drei Abschnitten entwickelt hat, die sich mehrfach wiederholt haben. Er unterscheidet eine »Frühphase« noch vor dem Einsetzen eines unkontrollierten Infektionsgeschehens, eine »Akutphase« der Notstandspolitik, die die Zeit eines Lockdowns beschreibt, und eine »Konsolidierungsphase« als Übergang in einen neuen Normalzustand.[65] Im Verlauf mehrerer

Infektionswellen sei dieser Zyklus immer wieder durchlaufen worden. Diese Beobachtung einer zyklischen Wiederholung in der Infektionsdynamik und darauf reagierender politischer und gesellschaftlicher Maßnahmen konzentriert sich auf das exekutive Handeln der Bundes- wie der Landesregierungen. Unsere Unterscheidung einer epistemisch-autoritativen und einer antagonistischen Phase der demokratischen Auszeit fokussiert hingegen die demokratische Dynamik, die sich während der Pandemie aus den Beziehungen von Wissenschaft, Öffentlichkeit und Politik in Beratungsprozessen jenseits der demokratischen Routinen eröffnet hat. In scheinbar paradoxer Weise zogen wachsende und sich ausdifferenzierende Wissensbestände sowie individuelles und kollektives Lernen in der Pandemie eine Intensivierung und Kontinuierung der öffentlichen Kontroversen nach sich, die in antagonistische Konfliktkonstellationen mündeten.

5 Wie Ausnahmemaßnahmen eine permanente öffentliche Diskussion erzeugten

»Schweren Herzens« musste Wenping Tang ihr lang geplantes interkulturelles chinesisches Frühlingsfest in Unterhaching absagen – so berichtete es am 29. Januar 2020 die *Süddeutsche Zeitung* im Lokalteil. Wenige Tage vorher war in Bayern der erste Corona-Fall in Deutschland überhaupt bekannt geworden. Danach seien bei der Veranstalterin Anrufe eingegangen, die sich um möglicherweise infizierte Gäste aus China Sorgen machten. Dadurch »sei ihr klar geworden, ›dass es besser ist, das Fest abzusagen oder zumindest zu verschieben‹ – bis sich die Lage beruhigt hat«.[1] Das SARS-CoV-2-Virus war in Deutschland angekommen. Dass es wie in diesem Fall zur Absage eines Festes führte, erschien seinerzeit öffentlich bedauernswert. Informationswert hatte die Meldung zu diesem Zeitpunkt aber vor allem dadurch, dass sich jetzt niemand unnötig nach Unterhaching aufmache.

Erst im März 2020, als die WHO Covid-19 zur globalen Pandemie erklärte und der Bundestag das »Gesetz zum Schutz der Bevölkerung bei einer epidemischen Lage von nationaler Reichweite« beschlossen hatte, stieg die neue Pandemie schließlich rasant zu einem bundesweit dominierenden Thema in der öffentlichen Berichterstattung auf. Besonders deutlich wird dies im Vergleich mit dem Umweltthema, das bis dahin zu den stark berichteten Themen gehörte, aber danach deutlich an Aufmerksamkeit verloren hat. Die wahrgenommene und reale persönliche Betroffenheit durch steigendende Infektionszahlen und erste Tote in Deutschland sowie die darauf reagierenden politischen Maßnahmen, wie der Lockdown, die Kontaktbeschränkungen und die Maskenpflicht, haben den Nachrichtenwert der Pandemie sicherlich gesteigert und so auch die Berichterstattung darüber anwachsen lassen.[2]

Die Relevanz, die der Covid-19-Pandemie in den ersten Monaten in der Bevölkerung zugesprochen wurde, zeigt sich auch an deren Informationsverhalten. So war Corona in der Bevölkerung als Thema in den ersten Tagen des März für ungefähr zwei Drittel noch ein Medien-Hype. Das änderte sich dann ab Mitte März, und schon Ende März war es nur noch eine Minderheit der Bürgerinnen und Bürger, die die öffentliche Diskussion des Themas als »medial aufgeblasen« wahrgenommen haben. Deutlich mehr als die Hälfte der Bevölkerung informierte sich für die dann kommenden zwei Jahre dazu eher häufig oder sehr häufig.[3]

Corona galt ab Mitte März 2020 als ein Thema, das alle betraf. Denn SARS-CoV-2 galt als ein neuartiges Virus, das alle bedrohte und vielen Angst bereitete. Die dermaßen wahrgenommene Bedrohung sorgte für jene Perplexität, mit der Themen Einzug in den Kreislauf ihrer politischen Bearbeitung erhalten. Entscheidend für dieses weitere Bearbeiten war, dass diese Perplexität, die das Thema zunächst bestimmte, zu einer öffentlichen Angelegenheit gemacht wurde. Wichtig dabei war, dass zu der Angst Einzelner, selbst zu erkranken, die Angst um die Erkrankung der Mitbürgerinnen und Mitbürger hinzukam. Denn erst die Angst umeinander machte aus diesem neuen Thema eine politische, also eine öffentliche Angelegenheit.[4] Allerdings gab es auch Gegenstimmen, die die öffentliche Relevanz eines drohenden Todes durch die Infektion vom Wert abhängig machten, der derjenigen für die Gesellschaft und die Wirtschaft zugesprochen wurde.[5]

Diese neue öffentliche Angelegenheit gewann durch die Konsultation zahlreicher Stimmen an Kontur und konnte dann in eine Hierarchie unterschiedlicher Themen eingeordnet werden. Dazu trugen u.a. Politik-Talkshows im Fernsehen bei, indem sie die Agenda bestimmen, was als öffentlich relevant gilt. Im öffentlich-rechtlichen Fernsehprogramm waren dies 2020 vor allem Talk-Shows wie *Anne Will, hart aber fair, Maybrit Illner* und *maischberger. die woche*. Von Ende Januar, als erstmals eine Corona-Infektion in Deutschland auftrat und das chinesische Frühlingsfest in Unterhaching abgesagt wurde, bis Jahresende waren 133 dieser Talk-Shows im Programm; davon hatten 92 Corona zum Thema.

> »In der Corona-Krise wurden sie zu einem Polit-Lagerfeuer für die gesamte Nation, in der Politikerinnen und Politiker wie in einer Pressekonferenz für Gesamtdeutschland ihre Leitlinien für die kommende Woche bekannt gaben und teils mit hehren Ideen bestückte Testballons zündeten, um zu prüfen, wie Verschärfungs- oder Lockerungsideen von einer breiten Bevölkerung aufgenommen werden.«[6]

Gewöhnlich wird ein derart neuartiges Thema nach einer Frühphase der Perplexität durch die öffentliche Diskussion der öffentlichen Klärung zugeführt, ob und wie dieses perplex machende Thema auch von kollektiver Relevanz ist. Gemäß der demokratischen Routine folgt auf diese Phase der öffentlichen Konsultation, in der auch über mögliche Maßnahmen der politischen Problembearbeitung öffentlich beraten wird, eine Phase der Hierarchisierung, in der eine Auswahl an Maßnahmen als geeignet definiert und priorisiert wird, während andere verworfen oder zeitlich aufgeschoben werden. Aus dieser Phase geht eine Maßnahme (oder ein Paket an Maßnahmen) hervor, die im Weiteren verfolgt werden soll. Die Entscheidung darüber und die praktische Umsetzung kennzeichneten die letzte Phase, in der diese zuvor hierarchisierte Maßnahme zur Institutionalisierung und somit zur Geltung geführt wird. Ein wesentlicher Effekt dieses Kreislaufs ist, dass die anfängliche *Vielfalt an Individuen und differenzierten Problemlagen* während dieses Kreislaufs sukzessive als *ein Kollektiv* in Szene gesetzt wird, das sich mit dieser Maßnahme selbst bindet. Ein zentraler Mechanismus dafür ist die erfolgreiche Transformation individuellen Leids in eine öffentliche Angelegenheit, durch die der Kreislauf immer wieder neu in Bewegung gebracht werden kann.[7]

Die Möglichkeit der steten Wiederaufnahme des Kreislaufs gehört ebenfalls zur demokratischen Routine. Wenn neue Perplexisierungen auftreten, indem weitere Teilaspekte oder neue Probleme und Interessen in den Blick geraten, sind neue Diskussionen und Stellungnahmen und neue kollektiv verbindliche Entscheidungen nötig. Die Politik der Bundes- und der Landesregierungen zur Bekämpfung der Covid-19-Pandemie brach allerdings aus dieser Routine aus.[8] Dies lag vor allem daran, dass die Pandemiepolitik zunächst durch Allgemeinverfügungen, dann aber überwiegend durch Verordnungen erfolgte.[9] Da diese häufig Grundrechte berührten, wurden diese Maßnahmen fast immer befristet, um so ihre Verhältnismäßigkeit sicherzustellen.[10] Durch die Befristung der meisten Maßnahmen wurde aber sofort wieder ein neuer Kreislauf angestoßen, weil ihre nur vorübergehende Geltung die Frage nach durch die Institutionalisierung der Maßnahmen ausgeschlossenen Alternativen neu aufwarf. Konsultationen und Hierarchisierungen mündeten so in keine dauerhafte Institutionalisierung, sondern in eine Dynamik, die immanente Perplexisierungen, neue Konsultationen und weitere Möglichkeiten der Re-Hierarchisierung nach sich zog. Die Prozesse wurden so extrem beschleunigt.

Durch die Befristung der politischen Maßnahmen wurde also *temporal* wiederholt Perplexität erzeugt und der gesamte Kreislauf von Neuem angestoßen. Eine verbindliche Geltung von Entscheidungen, die Politik üblicherweise erzeugen soll, konnte de facto nicht erreicht werden, weshalb auch die Szenarisierung eines Kollektivs in diesen Maßnahmen scheiterte. Es entstanden stattdessen Unsicherheiten über den kollektiven Umgang mit dem neuartigen Thema sowie vorübergehende, nur aufflackernde Szenarisierungen des Kollektivs, die die Fragilität des Kollektivs als kontroverses »Ding« erschienen ließen. Damit wurde ein *Meta-Kreislauf* darüber angestoßen, *wie* wir uns als Kollektiv in Szene setzen wollen – und genau das zeichnet eine *demokratische* Auszeit von der demokratischen *Routine* aus, in der wir darüber streiten, *was* uns in Szene setzen soll.

In diesem Kapitel wollen wir zeigen, wie die Pandemiepolitik im Allgemeinen sowie die einzelnen Maßnahmen im Besonderen über eine eigene Zeitlichkeit »im Sinne einer Sonderrelevanz der Zeithorizonte in der Zeit«[11] verfügten, durch die die demokratische Routine unterbrochen wurde und eine demokratische Auszeit möglich geworden ist. Im Folgenden wird exemplarisch an den politischen Maßnahmen der Landesregierungen in Thüringen und Bayern in den ersten Monaten der Pandemie (März bis Juni 2020) dargelegt, wie ihre nur temporär kollektiv verbindlichen Entscheidungen in Form von Verordnungen den kreislaufförmigen Prozess aus Perplexisierung, Konsultation, Hierarchie und Institutionalisierung beschleunigten. Als erstes rekonstruieren wir dafür die *asynchron verzögerte Ingeltungsetzung* der auf den Ministerpräsidentenkonferenzen vereinbarten Maßnahmen durch die Landesregierungen, die eine Vielzahl an maßnahmenspezifischen Zeitfenstern für eine ausgedehnte öffentliche Konsultation derselben eröffneten (5.1). Zweitens diskutieren wir Maßnahmen, die beide Landesregierungen schon *vorzeitig in Geltung setzten* und als Forderungen an die anderen Landesregierungen sowie die Bundesregierung herantrugen, sich damit auseinanderzusetzen. Wir zeigen daran, wie sich vor der Beratung auf der nächsten Ministerpräsidentenkonferenz immer wieder neue Zeitfenster für eine temporäre Perplexität öffneten (5.2). Drittens legen wir dar, dass solche Ungleichzeitigkeiten bei der verzögerten und vorzeitigen Ingeltungsetzung nicht nur zwischen den Bundesländern entstanden. Denn bereits innerhalb eines Bundeslands wurden auf den Ministerpräsidentenkonferenzen vereinbarte Maßnahmen nicht en bloc, sondern in jedem Bundesland *sukzessive in Geltung gesetzt* (5.3). Als viertes wird aus unserer Analyse der unterschiedlichen Befristungen für diese Maßnahmen deutlich, wie diese anstatt zu einer dauerhaften Institutionalisierung zu einer andauernden Neu-Konsultation und Re-Hierarchisierung durch *different befristete Geltungszeiten* führten (5.4).

5.1 Der »Flickenteppich« und ausgedehnte Konsultationen durch asynchron verzögerte Ingeltungsetzungen

Für die permanente öffentliche Diskussion der politischen Maßnahmen, mit denen die Ausbreitung der Covid-19-Pandemie zumindest gebremst, wenn nicht gestoppt werden sollte, war deren Zeitlichkeit eine entscheidende Voraussetzung. Koordiniert wurden diese Maßnahmen auf den Ministerpräsidentenkonferenzen, weil der Vollzug des Infektionsschutzes in Deutschland Ländersache ist, auch wenn mit der Covid-19-Pandemie dem Bund über das im März 2020 entsprechend geänderte Infektionsschutzgesetz bestimmte Kompetenzen übertragen wurden. In normalen Zeiten tagt die Ministerpräsidentenkonferenz viermal im Jahr. Die Bundesregierung ist normalerweise nur zweimal im Jahr an diesen Beratungen beteiligt, die deshalb auch immer von einem jährlich wechselnden Bundesland einberufen werden. Ein Beschluss benötigt 13 von 16 Stimmen, abweichende Meinungen lassen sich durch Protokollerklärungen festhalten.[12]

Mit der Bekämpfung der Covid-19-Pandemie übernahm die Bundesregierung die Koordination dieser Treffen, die im Folgejahr dann deutlich häufiger als sonst üblich einberufen wurden. Außerdem fanden diese Konferenzen fortan in den meisten Fällen als Videokonferenzen statt, zu denen darüber hinaus immer wieder Experten eingeladen wurden, um sich über das Infektionsgeschehen und Maßnahmen beraten zu lassen, mit denen die Ausbreitung des SARS-CoV-2-Virus gebremst und eine medizinische Versorgung der Erkrankten gesichert werden konnte. Das hatte zur Folge, dass

> »die Privatheit und Vertrautheit, die die MPK'en über 65 Jahre lang gekennzeichnet hatten, [...] damit verloren [gingen]. Die Verhandlungen fanden zwar noch formal unter Ausschluss der Öffentlichkeit statt. Aber der stark erweiterte Teilnehmendenkreis in Verbindung mit dem Videoformat ermöglichten es, während der Verhandlungen

über Kurzmeldungen in den sozialen Medien laufend Informationen ›durchzustechen‹.«[13]

Durch die Koordination der politischen Maßnahmen in den verschiedenen Bundesländern auf den nun von der Bundesregierung organisierten Ministerpräsidentenkonferenzen eröffneten sich in den Bundesländern je eigene Zeitfenster zwischen diesen gemeinsamen Konferenzen und den daran anschließenden Implementationen in den einzelnen Bundesländern. Viele Maßnahmen traten in den Bundesländern nicht nur verzögert, sondern auch zu unterschiedlichen Zeitpunkten in Kraft. Diese *asynchron verzögerte Ingeltungsetzung* wird bereits am Vergleich von Bayern und Thüringen sehr deutlich erkennbar.

Am 12. März 2020 fand *die erste Ministerpräsidentenkonferenz* während der Covid-19-Pandemie statt, auf der die Bundesländer unter Leitung von Bundeskanzlerin Merkel ihre Maßnahmen koordinierten.[14] Dort einigten sich die Bundesländer darauf, dass in Krankenhäusern alle planbaren Aufnahmen, Operationen und Eingriffe auf unbestimmte Zeit verschoben werden sollten. In Bayern dauerte es dann noch 13 Tage und in Thüringen 15 Tage, bis diese Maßnahme umgesetzt wurde.[15] Ebenso verständigten sich die Landesregierungen auf dieser Ministerpräsidentenkonferenz darauf, dass Konzepte für Pflegeeinrichtungen und Pflegedienste entwickelt werden sollten. In Thüringen wurde dies ebenfalls 15 Tage später angeordnet, während dies in Bayern erst an dem 4. April 2020 nötig war, also 22 Tage später.[16]

Bereits vier Tage nach der ersten wurde am 16. März 2020 *die zweite Ministerpräsidentenkonferenz* einberufen.[17] Dabei stimmten sich die Bundesländer über weitere Maßnahmen ab. So sollten Zusammenkünfte in Kirchen, Moscheen, Synagogen und anderen Glaubensgemeinschaften, in Vereinen, in sonstigen Sporteinrichtungen, Angebote in Volkshochschulen, in Musikhochschulen und in sonstigen öffentlichen und privaten Bildungseinrichtungen sowie Reisebusreisen verboten und Auflagen für Hotels für Übernachtungsangebote getroffen werden. Einzelhandel, Theater, Opern, Konzerthäuser, Messen, Ausstellungen, Kinos, Freizeitparks, Tierparks, Anbieter von Freizeitaktivitäten (sowohl drinnen als auch draußen), Spezialmärkte, Spielhallen, Spielbanken, Wettannahmestellen, Spielplätze, Sportbetriebe in öffentlichen und in privaten Sportanlagen, Schwimmbäder, Spaßbäder und Fitnessstudios, Bars, Clubs, Diskotheken, Kneipen, Prostitutionsstätten und Bordelle sollten geschlossen werden. In Bayern geschah dies zwei bzw. bei einzelnen Maßnahmen auch drei Tage später.[18] In Thüringen wiederum dauerte es dagegen 11 Tage, bis dann am 27. März all diese Maßnahmen angeordnet waren.[19]

Zudem sollten gemäß den Beschlüssen auf dieser Ministerpräsidentenkonferenz Auflagen für Mensen, Restaurants und Speisegaststätten erlassen und Regelungen verabschiedet werden, nach denen die Gastronomie und Speisegaststätten frühestens ab 6:00 Uhr geöffnet und spätestens 18:00 Uhr schließen durften. Bayern führte diese Maßnahme – so wie die oben genannten – bereits kurz danach, am 18. März 2020, ein und gestaltete sie sogar strenger als vereinbart.[20] In Thüringen wurden sie hingegen gar nicht umgesetzt.

Auf der *dritten Ministerpräsidentenkonferenz am 22. März 2020* wurde erstmalig zwischen den Landesregierungen vereinbart, einen Mindestabstand von 1,5 Metern im öffentlichen Bereich vorzuschreiben.[21] Außerdem sollte der Aufenthalt im öffentlichen Raum nur allein, mit einer weiteren, nicht im Hausstand lebenden Person oder mit zwei Personen des eigenen Hausstandes gestattet sein. Eingeführt wurden diese Maßnahmen in Thüringen bereits drei Tage später am 25. März 2020. In Bayern brauchte es dafür neun Tage, bis die Regeln zum Mindestabstand und zum gemeinsamen Aufenthalt am 1. April angeordnet wurde.[22]

Nachdem auf der vierten Ministerpräsidentenkonferenz am 1. April 2020 keine weiteren Maßnahmen beschlossen wurden, verständigten sich die Landesregierungen auf der *fünften Ministerpräsidentenkonferenz am 15. April 2020* darauf, unter welchen Bedingungen wieder Eröffnungen im Einzelhandel erlaubt werden sollten.[23] Dies umfasste Auflagen zur Hygiene, zur Steuerung des Zutritts und zur Vermeidung von Warteschlangen. Zudem sollten nur die Geschäfte öffnen, deren Verkaufsfläche kleiner als 800 Quadratmeter war. Bezüglich des Einzelhandels wurden diese Maßnahmen in Bayern fünf Tage später, am 20. April 2020, umgesetzt, während es in Thüringen neun Tage dafür brauchte.

Eine weitere Maßnahme, auf die sich im Rahmen dieser Ministerpräsidentenkonferenz verständigt wurde, betraf die Schulen. Prüfungen und Prüfungsvorbereitungen für Abschlussklassen der berufsbildenden Hochschulen sowie für qualifikationsrelevante Jahrgänge der berufsbildenden Schulen und für qualifikationsrelevante Jahrgänge der allgemeinbildenden Schulen sollten wieder stattfinden. In Thüringen wurde dies eine Woche später, am 27. April, umgesetzt. In Bayern dauerte es deutlich länger. Dort wurden Prüfungen erst wieder ab dem 30. Mai 2020 in Präsenz erlaubt.[24]

Später als Thüringen war Bayern auch bei der Umsetzung des Ministerpräsidentenkonferenz-Beschlusses, die Notbetreuung in Kindertagesstätten auf weitere Berufs-, und Bedarfsgruppen auszuweiten. Schon fünf Tage nach der Ministerpräsidentenkonferenz, ab dem 20. April 2020, wurde die Notbetreuung in Thüringen auf Kinder von Menschen ausgeweitet, die in Bereichen mit kritischer Infrastruktur arbeiteten. Regelungen zur Notbetreuung wurden in Bayern erst zum 11. Mai 2020 eingeführt, also 26 Tage nach der Ministerpräsidentenkonferenz.[25]

Außerdem wurde auf dieser Ministerpräsidentenkonferenz vereinbart, dass jedes Unternehmen ein Hygienekonzept umsetzen sollte, welches von Behörden und Unfallversicherungsträgern beraten und kontrolliert werden sollte. In Thüringen wurden diese Maßnahmen ebenfalls am 20. April 2020 umgesetzt. In Bayern wurde keine der genannten Maßnahmen verpflichtend angeordnet.[26]

Die *sechste Ministerpräsidentenkonferenz am 30. April 2020* brachte als gemeinsamen Beschluss hervor, dass die Spielplätze wieder geöffnet werden sollten.[27] In Thüringen konnten Spielplätze schon kurz danach, ab dem 4. Mai wieder genutzt werden. In Bayern wurden Spielplätze erst wieder ab dem 11. Mai 2020 unter Auflagen zur Nutzung freigegeben.[28]

Am *6. Mai* fand dann bereits die *siebte Ministerpräsidentenkonferenz* statt, bei der vor allem – im Vergleich mit den vorherigen Maßnahmen – Lockerungen beschlossen wurden.[29] So verständigten sich die Landesregierungen darauf, dass sich jede Bürgerin und jeder Bürger fortan mit zwei, anstelle von bis dahin nur einem fremden Hausstand treffen durften. In Bayern wurde diese Maßnahme sogleich, ab dem 8. Mai 2020, umgesetzt.[30] In Thüringen kam es bis zum Juli 2020 zu keiner Umsetzung; man durfte sich dort weiterhin nur mit Menschen aus einem fremden Haushalt treffen.

Weitere auf dieser Ministerpräsidentenkonferenz vereinbarte Lockerungen betrafen die Gastronomie, Anbieter körpernaher Dienstleistungen wie Kosmetikstudios, Massagepraxen, Tattoo-Studios und ähnliche Betriebe, Prostitutionsstätten, Bordelle und ähnliche Einrichtungen und touristische Hotelbetriebe. Sie sollten mit Hygiene- und Abstandskonzepten wieder öffnen können. Thüringen ermöglichte dies den Anbietern körpernaher Dienstleistungen am 13. Mai, der Gastronomie und den Hotels neun Tage nach der Ministerpräsidentenkonferenz am 15. Mai 2020.[31] Anbietern körpernaher Dienstleistungen wurde es in Bayern etwas zügiger als in Thüringen erlaubt, sie durften bereits fünf Tage nach der Ministerpräsidentenkonferenz, am 11. Mai, wieder öffnen.[32] Dagegen musste die Gastronomie in Bayern länger als in Thüringen warten, um wieder öffnen zu können. Im Freien war es der Gastronomie in Bayern ab dem 18. Mai 2020 und drinnen unter Auflagen ab dem 30. Mai 2020 erlaubt zu öffnen – es dauerte also nach der Ministerpräsidentenkonferenz 12 bzw. 24 Tage.[33]

Ebenso kam es auf dieser Ministerpräsidentenkonferenz zu dem Beschluss, dass unter Voraussetzung der Abstands- und Hygieneregeln auch Theater, Opern, Konzerthäuser und Kinos wieder öffnen sollen. In Bayern wurde dies nur Theatern und Kinos zum 11. Mai 2020 (fünf Tage nach der Ministerpräsidentenkonferenz) erlaubt, allerdings auch nur unter freiem Himmel.[34] In Thüringen wurden diese Öffnungen bis Juli 2020 gar nicht umgesetzt.

Die Öffnung unter Voraussetzung der Abstands- und Hygieneregeln wurde auf dieser Ministerpräsidentenkonferenz auch vorgesehen für Volkshochschulen, Musikschulen, sonstige öffentliche und private außerschulische Bildungseinrichtungen, Messen, Fahrschulen, Freizeitparks und Anbieter von Freizeitaktivitäten (drinnen und draußen). Die genannten Bildungseinrichtungen konnten in Bayern schon fünf Tage nach der Ministerpräsidentenkonferenz wieder öffnen, während dies in Thüringen erst neunzehn Tage später, ab dem 25. Mai 2020 möglich war.[35] Freizeitparks sowie Angebote für Freizeitaktivitäten wurde es in Thüringen ab dem 1. Juni 2020 erlaubt wieder zu öffnen. Was in Thüringen erst 26 Tage nach der Ministerpräsidentenkonferenz möglich war, war in diesem Fall in Bayern schon zwei Tage eher, ab dem 30. Mai, möglich.[36]

Lockerungen sollten nach den Beschlüssen auf dieser Ministerpräsidentenkonferenz auch für den Breiten-, Freizeit-, Wettkampf- und Leistungssport erlassen werden. In Bayern war dies unter Beschränkungen bereits fünf Tage später erlaubt (11. Mai 2020); in Thüringen dauerte es dagegen 25 Tage (1. Juni 2020). Die ebenfalls in diesem Zusammenhang vorgesehenen Öffnungen von Schwimm- und Spaßbädern wurden in Bayern ab dem 30. Mai 2020 erlaubt, in Thüringen ab dem 1. Juni 2020 – also 24 Tage bzw. 26 Tage nach dem Ministerpräsidentenkonferenz-Beschluss.[37]

Die Öffnung von Bars, Clubs und Diskotheken mit Abstands- und Hygienekonzepten, wie sie auf dieser Ministerpräsidentenkonferenz vereinbart wurde, wurde in Bayern und Thüringen nicht vollständig umgesetzt. In beiden Bundesländern waren Clubs und Diskotheken noch im Juli 2020 nicht geöffnet. In Bayern betraf dies auch weiterhin den Innenbetrieb von Bars und Kneipen. In Thüringen durften diese dagegen neun Tage nach dem Ministerpräsidentenkonferenz-Beschluss, am 15. Mai, wieder öffnen.[38]

Im Bildungsbereich hatten sich die Landesregierungen auf dieser Ministerpräsidentenkonferenz auf eine Öffnung des Vorlesungsbetriebs an Hochschulen unter Auflagen von Hygiene- und Abstandskonzepten verständigt. 19 Tage dauerte es dann noch, bis die Hochschulen in Thüringen am 25. Mai 2020 öffnen durften. In Bayern waren es sogar 47 Tage.[39] Für Kindertagesstätten hatte man sich ebenfalls auf eine stufenweise Erweiterung der Notbetreuung geeinigt. Entsprechende Maßnahmen bezüglich der Kinderbetreuung traten in Bayern schon fünf Tage nach der Ministerpräsidentenkonferenz, am 11. Mai 2020 in Kraft. In Thüringen dauerte es dafür noch zwei Tage länger.[40]

Diese verzögerten und zwischen den Bundesländern zumeist nicht synchronen Umsetzungen der vereinbarten Maßnahmen sind dem deutschen »Exekutivföderalismus« nicht fremd.[41] Sie wurden in der Öffentlichkeit bereits im März 2020 als ›Flickenteppich‹ kritisch diskutiert. Genau dadurch entstanden aber auch Zeitfenster, die im Nachgang zu den Ministerpräsidentenkonferenzen genau jene öffentlichen Konsultationen darüber beförderten, wie die zu treffenden Maßnahmen im jeweiligen Bundesland zu konkretisieren seien und warum sie in anderen Bundesländern womöglich anders umgesetzt wurden, aber auch warum sie in dem einen Bundesland umgehend, aber in einem anderen Bundesland deutlich später in Kraft traten.

So waren bis zum 27. März 2020 in Thüringen alle Maßnahmen umgesetzt, auf die man sich in den Ministerpräsidentenkonferenzen am 12., 16. und 22. März geeinigt hatten, während in Bayern einige Maßnahmen früher, andere hingegen noch nicht bis Ende März in Kraft gesetzt waren (vgl. zum Zeitfenster für Konsultationen im März Abb. 6[42]). In der ersten April-Hälfte kehrte für wenige Tage Ruhe ein, weil auf der Ministerpräsidentenkonferenz am 1. April keine neuen Maßnahmen vereinbart wurden. Dies geschah aber wieder auf der Ministerpräsidentenkonferenz am 15. April 2020. Die dort beschlossenen Maßnahmen wurden in Bayern bis Ende April wieder nicht vollständig umgesetzt, während Thüringen diesen Katalog bis dahin erneut schon erledigt hatte – allerdings in unterschiedlichen Geschwindigkeiten (vgl. zum Zeitfenster für Konsultationen im April Abb. 6). Mit den Ministerpräsidentenkonferenz-Beschlüssen am 30. April und 6. Mai hatten sich die Landesregierungen auf eine ganze Reihe weiterer Maßnahmen geeinigt, die dann von der bayerischen und der thüringischen Landesregierung im Laufe des Monats Mai mit ganz unterschiedlichen Verzögerungen, teilweise aber auch erst später oder gar nicht in Kraft getreten sind (vgl. zum Zeitfenster für Konsultationen im Mai Abb. 7[43]).

Zusammenfassend betrachtet dehnten sich nach den Ministerpräsidentenkonferenzen die Zeitfenster bis zur Umsetzung der dort getroffenen Beschlüsse auf Landesebene, mit denen dieser Bedrohung begegnet werden sollte, so weit und so unterschiedlich aus, dass es einen nahezu permanenten Anlass für öffentliche Konsultationen über die *Geltungsansprüche auf Wahrheit* in Bezug auf das Ausmaß der Bedrohung und über die *Geltungsansprüche auf die Richtigkeit* der Maßnahmen gab.[44]

5.2 Das »Vorpreschen« und die temporäre Perplexität durch vorzeitige Ingeltungsetzungen

Die Umsetzung der Maßnahmen in Form von Verordnungen durch die Landesregierungen hatte aber nicht allein asynchrone Verzögerungen bei der Ingeltungsetzung zur Folge. Sie beinhaltete zudem, dass deren Geltungsdauer und deshalb auch die damit verbundenen Hierarchisierungen in den meisten Fällen befristet werden mussten. Damit war für diese politischen Maßnahmen absehbar, wann sie außer Kraft treten sollten. Dieses für alle sichtbare Ablaufdatum wirkte der Institutionalisierung der damit verbundenen Hierarchisierungen entgegen, weil es dem mit einer Institutionalisierung verbundenen Anspruch auf Dauerhaftigkeit performativ widersprach.

Mit diesen Ablaufdaten war zudem jeweils die nächste Perplexität auf den Weg gebracht, insofern das absehbare Ende der seinerzeit geltenden Maßnahmen keine Sicherheit über deren tatsächliches Ende bedeutete. Perplexität – und das wird hier besonders deutlich – wird nicht allein durch das Aufkommen einer neuen, der Politik gleichsam äußerlichen, weil bisher politisch nicht bearbeiteten Problemlage erzeugt, sondern auch durch die im politischen Prozess *immanent* erzeugte Unsicherheit über den künftigen Stand der Dinge. Genau solche Erfahrungen machten die Bürgerinnen und Bürger spätestens, als die ersten befristeten Maßnahmen verlängert wurden. Fortan war das beschlossene Ende jeder institutionalisierten Maßnahme zugleich der Hinweis auf eine unsichere Zukunft nach dem Erreichen der Geltungsfrist. Dass die Zeitdistanz dieser Geltungsfrist bis zur Gegenwart der Ingeltungsetzung sehr knapp war, hat dabei nicht zwingend für mehr Sicherheit gesorgt.[45]

Im Vorfeld der jeweils nächsten Ministerpräsidentenkonferenz entstand so aus der Pandemiepolitik heraus eine eigene temporal erzeugte Perplexität. Damit waren wieder spezifische Zeitfenster verbunden, die schließlich neue öffentliche Konsultationen darüber beförderten, welche Maßnahmen beendet oder verlängert, aber auch welche Maßnahmen neu beschlossen werden sollten. Die Bundesländer warteten allerdings nicht immer die Konsultationen auf der anstehenden Ministerpräsidentenkonferenz ab. Einzelne – so auch Bayern und Thüringen – gingen proaktiv mit Maßnahmen voran, auf die sich dann erst während der Ministerpräsidentenkonferenz mit den anderen verständigt wurde.[46] Ob es dazu kam, war im Vorfeld aber stets unsicher. Eine solchermaßen ›vorpreschende‹ Maßnahme erzeugte dann eine über das betroffene Bundesland hinausgehende Diskussion darüber, ob sie auf der anstehenden Ministerpräsidentenkonferenz auch für alle anderen Bundesländer als verbindlich beschlossen werden sollte.

Auf der *ersten Ministerpräsidentenkonferenz am 12. März 2020* einigten sich die Bundesländer darauf, dass alle Veranstaltungen mit über 1000 Teilnehmenden abgesagt und auch auf Veranstaltungen mit unter 1000 Teilnehmenden verzichtet werden sollte, wenn sie als nicht notwendig erachtet wurden.[47] Bayern hatte diese Maßnahme bereits einen Tag zuvor, also am 11. März 2020, angeordnet, während Thüringen diese Maßnahme erst am 25. März 2020 eingeführt hat.[48]

Bei der *zweiten Ministerpräsidentenkonferenz am 16. März 2020* verständigten sich die Landesregierungen über eine weitere Maßnahme, die in Bayern schon neun Tage zuvor, seit dem 7. März 2020, in Kraft war.[49] Dies betraf Schulen und Kindertagesstätten, für die ein Betretungsverbot für Personen festgelegt werden sollte, die in den letzten 14 Tagen in Risikogebieten im In- oder Ausland gewesen waren. In Thüringen wurde dieses Verbot erst am 27. März 2020 umgesetzt – elf Tage nach der Ministerpräsidentenkonferenz und 18 Tage später als in Bayern.[50]

Auch auf der *dritten Ministerpräsidentenkonferenz am 22. März 2020* wurden Maßnahmen zwischen den Landesregierungen vereinbart, die in Bayern schon in Kraft gewesen sind. Dazu zählte die Schließung aller Gastronomiebetriebe mit Ausnahme der Drive-ins und der Betriebe mit Abholmöglichkeit sowie die Schließung von Frisören, Kosmetikstudios, Massagepraxen und Tattoo-Studios, die in Bayern schon fünf Tage zuvor, also zum 17. März erfolgt waren. Zehn Tage später als in Bayern und fünf Tage nach der Ministerpräsidentenkonferenz wurde diese Schließung am 27. März 2020 auch in Thüringen umgesetzt.[51]

Ebenso beschlossen die Landesregierungen auf dieser Ministerpräsidentenkonferenz, dass Verstöße gegen Kontaktbeschränkungen zunächst kontrolliert, aber auch sanktioniert werden sollten. Strafbar waren Zuwiderhandlungen gegen die bayrischen Maßnahmen allerdings schon fünf Tage eher, seit dem 17. März 2020.[52] Ein konkreter Katalog trat in Bayern am 27. März 2020 in Kraft.[53] In Thüringen war die Sanktionierung von Kontaktbeschränkungen bereits vom 25. März bis 7. April 2020 in Orientierung am Infektionsschutzgesetz der Fall; am 8. April 2020 kam es dann zu der konkreten Einführung von Tatbeständen für Ordnungswidrigkeiten.[54]

Auch auf der *fünften Ministerpräsidentenkonferenz am 15. April 2020* erfolgten Verständigungen über Maßnahmen, die in Bayern und Thüringen schon längst in Kraft waren. Dazu zählte eine zweiwöchige Quarantäne für Ein- und Rückreisende, welche in Thüringen und Bayern schon fünf Tage davor angeordnet wurde.[55] Früher dran waren beide Bundesländer mit ihrer Anordnung, dass Übernachtungsangebote nur noch zu notwendigen und ausdrücklich nicht zu touristischen Zwecken genutzt werden durften. In Thüringen war dies schon seit dem 27. März der Fall, also 19 Tage vor dem Ministerpräsidentenkonferenz-Beschluss.[56] In Bayern galt diese Einschränkung sogar schon seit dem 18. März, also 28 Tage eher als es auf der Ministerpräsidentenkonferenz beschlossen wurde.[57]

Früher dran waren Thüringen und Bayern auch mit besonderen Schutzmaßnahmen für Pflegeheime, Senioreneinrichtungen und Behinderteneinrichtungen, deren Notwendigkeit ebenfalls auf der fünften Ministerpräsidentenkonferenz beschlossen wurde. In Thüringen waren bereits seit dem 27. März 2020 besondere Schutzmaßnahmen in Kraft gewesen, in Bayern seit dem 4. April 2020.[58]

Bei der *sechsten Ministerpräsidentenkonferenz vom 30. April 2020* sah die Beschlusslage für Museen, Ausstellungen, Galerien, Gedenkstätten und zoologische und botanische Gärten vor, dass sie unter Auflagen wieder geöffnet werden sollten.[59] Dies war in Thüringen schon drei Tage vorher, also am 27. April 2020 wieder möglich. In Bayern vergingen dagegen nach dieser Ministerpräsidentenkonferenz noch elf weitere Tage, ehe Museen, Ausstellungen (dazu zählten vermutlich auch Galerien), zoologische und botanische Gärten unter Auflagen ab dem 11. Mai 2020 wieder öffnen durften.[60]

Auf der *siebten Ministerpräsidentenkonferenz am 6. Mai 2020* wurde für bestimmte öffentliche Bereiche vereinbart, dass die Bürgerinnen und Bürger zum Tragen einer Maske verpflichtet werden sollen. In Bayern waren entsprechende Regeln bereits einen Tag zuvor in Kraft getreten, während es in Thüringen noch 38 Tage, also bis zum 13. Juni bis zur Umsetzung dauerte.[61]

Das hier exemplarisch an Bayern und Thüringen rekonstruierte Vorpreschen von Landesregierungen beim Erlass einzelner Maßnahmen, bevor diese auf der nächsten Ministerpräsidentenkonferenz gemeinsam beraten werden konnten, öffnete Zeitfenster (vgl. Abb. 8[62]) für eine temporäre Perplexität, die diese Maßnahmen als eine Forderung an die anderen Landesregierungen sowie die Bundesregierung herantrugen, sich damit auseinanderzusetzen. Spätestens als die vorpreschenden Landesregierungen öffentlich machten, diese Maßnahmen dezidiert in die nächste Ministerpräsidentenkonferenz einzubringen, forderten sie dafür jene Relevanz, die für eine gemeinsame Konsultation nötig ist.

Dieses Vorpreschen einzelner Landesregierungen unabhängig von der Koordination in der anstehenden Ministerpräsidentenkonferenz zeigt neben der zuvor dargelegten asynchronen Verzögerung bei der Implementation der Maßnahmen eine weitere Ungleichzeitigkeit zwischen den Bundesländern in ihrer Pandemiepolitik. Auf diese Weise dehnte sich darüber hinaus die »Eigenzeit«[63] der bundesweiten Durchsetzung der auf den Ministerpräsidentenkonferenzen beschlossenen Maßnahmen aus, weil sie nicht nur erst ungleichzeitig nach und nach in Kraft traten, sondern einzelne schon vor den Konsultationen auf der Ministerpräsidentenkonferenz angeordnet wurden. Dies hatte zur Folge, dass die Implementation einer vereinbarten Maßnahme in einem Bundesland noch nicht die bundesweite Debatte darüber beendete, solange andere Bundesländer damit noch auf sich warten ließen. Die Hierarchisierungen, die die Maßnahmen zumindest vorübergehend in den einzelnen Bundesländern erzeugten, führten also nicht zu einem Ende ihrer bundesweit geführten öffentlichen Konsultationen. Dieses Aufdauerstellen von Konsultationen durch anhaltende Perplexisierung hatte zur Folge, dass die Maßnahmen zur Bekämpfung der Covid-19-Pandemie von den Bürgerinnen und Bürgern in bundesweiter Hinsicht nicht als Teil einer »gemeinsamen Welt«[64] erscheinen konnten. Die

Institutionalisierung konnte eine ihrer genuinen Funktionen deshalb kaum erfüllen.

5.3 Der »Flickenteppich« und ausgedehnte Konsultationen durch sukzessive Ingeltungsetzungen

Diese Ungleichzeitigkeiten waren aber nicht allein der föderalen Gliederung der Bundesrepublik und somit den exekutiven Eigenzeiten der einzelnen Landesregierungen geschuldet. Auch innerhalb der einzelnen Bundesländer erfolgte die Implementation der verschiedenen Maßnahmen oft nicht im Gleichschritt, weshalb jedes Bundesland im Grunde auch seinen je eigenen ›Flickenteppich‹ hatte. Das lag zum einen daran, dass die Landesregierungen einzelne Maßnahmen schon vor der Verständigung mit den anderen Landesregierungen auf den Ministerpräsidentenkonferenzen anordneten (vgl. 4.2). Zum anderen setzen die einzelnen Landesregierungen die dort verabredeten Maßnahmen nicht immer *en bloc* zum selben Zeitpunkt um, sondern sukzessiv.

In Bayern zeigte sich diese landesspezifische Ungleichzeitigkeit bei der Umsetzung von vereinbarten Maßnahmen für alle Ministerpräsidentenkonferenzen, die von März bis Mai 2020 abgehalten wurden – mit Ausnahme der vierten Ministerpräsidentenkonferenz vom 1. April, auf der keine neuen Maßnahmen vereinbart wurden. Nach der *ersten Ministerpräsidentenkonferenz am 12. März* hatte Bayern noch zwei Maßnahmen, die angeordnet werden sollten: alle planbaren Aufnahmen, Operationen und Eingriffe in Krankenhäusern auf unbestimmte Zeit zu verschieben; und Konzepte für Pflegeeinrichtungen und Pflegedienste zu entwickeln. Für die Umsetzung der ersten Maßnahme brauchte es 13 Tage (ab 25. März), während es danach noch weitere 10 Tage bis zur Umsetzung der zweiten Maßnahme dauerte (ab 4. April).[65]

Mit der *zweiten Ministerpräsidentenkonferenz am 16. März 2020* sollte in Bayern eine Reihe weiterer Maßnahmen umgesetzt werden. Vier wurden bereits am Folgetag in Kraft gesetzt wie die *Schließung* von Theatern, Opern und Konzerthäusern, von Messen, Ausstellungen, Kinos, Freizeitparks, Tierparks, Anbietern von Freizeitaktivitäten (sowohl drinnen als auch draußen), Spezialmärkten, Spielhallen, Spielbanken, Wettannahmestellen und ähnlichen Einrichtungen sowie Spielplätzen; das *Verbot* von Zusammenkünften in Vereinen, in sonstigen Sporteinrichtungen sowie von Angeboten in Volkshochschulen, in Musikhochschulen und in sonstigen öffentlichen und privaten Bildungseinrichtungen; die *Schließung* von öffentlichen und privaten Sportanlagen, Schwimmbädern, Spaßbädern und Fitnessstudios; sowie die *Schließung* von Bars, Clubs, Diskotheken und Kneipen.[66] Weitere sechs Maßnahmen wurden dann einen Tag später angeordnet – so das *Verbot* von Zusammenkünften in Kirchen, Moscheen, Synagogen und anderen Glaubensgemeinschaften; die *Auflagen* für Mensen, Restaurants und Speisegaststätten; das *Verbot* von Reisebusreisen; der Erlass von *Auflagen* für Hotels; die *Schließung* des Einzelhandels, der Prostitutionsstätten und Bordelle; und auch das *Betretungsverbot* für Hochschulen.[67]

Für die Beschlüsse, die auf der *dritten Ministerpräsidentenkonferenz am 22. März 2020* getroffen wurden, zeigt sich in Bayern eine asynchrone Implementation nur hinsichtlich der Maßnahmen, die die bayerische Landesregierung schon proaktiv vor dieser Ministerpräsidentenkonferenz angeordnet hatte. Alle weiteren am 22. März abgestimmten Maßnahmen – wie der Mindestabstand von 1,5 Metern im öffentlichen Raum sowie der Aufenthalt in eben diesem nur allein, mit einer weiteren, nicht im Hausstand lebenden Person oder mit zwei Personen des eigenen Hausstandes – traten in Bayern zum 1. April 2020 in Kraft.[68] Hier gab es also keine weiteren zeitlichen Differenzen bei der Umsetzung.

Im Anschluss an die *fünfte Ministerpräsidentenkonferenz am 15. April 2020* sollten in Bayern weitere Maßnahmen umgesetzt werden, was zu verschiedenen Zeitpunkten erfolgte. Fünf Tage dauerte es, bis zuerst neue Auflagen für die Öffnung des Einzelhandels unter Bedingungen und die Öffnung von Friseuren angeordnet wurden.[69] 21 Tage nach dem Inkrafttreten dieser Maßnahmen wurde als zweites am 11. Mai die Notbetreuung in Kindertagesstätten ausgeweitet,[70] bevor dann als drittes noch einmal 19 Tage später ab dem 30. Mai wieder Prüfungen an Schulen in Präsenz erlaubt wurden.[71]

Wie schon bei der dritten so kam es auch bei den Beschlüssen auf *der sechsten Ministerpräsidentenkonferenz am 30. April 2020* nur zu asynchronen Umsetzungen hinsichtlich der Maßnahmen, die Bayern bereits proaktiv, also im Vorfeld dieser Ministerpräsidentenkonferenz angeordnet hatte. Reaktiv waren nur die Wiedereröffnung der Spielplätze sowie der Museen, Ausstellungen, Galerien, Gedenkstätten und zoologischen und botanischen Gärten unter Auflagen. Sie traten gleichzeitig elf Tage nach ihrer Verabredung auf der Ministerpräsidentenkonferenz in Kraft.[72]

Auf der *siebten Ministerpräsidentenkonferenz am 6. Mai 2020* wurden Maßnahmen beschlossen, die Bayern an fünf verschiedenen Zeitpunkten umsetzte. Schon zwei Tage nach der Ministerpräsidentenkonferenz war es in Bayern möglich, sich wieder mit zwei, anstelle von einem fremden Hausstand zu treffen.[73] Drei Tage danach trat am 11. Mai ein Bündel an weiteren Maßnahmen in Kraft: die Maskenpflicht in bestimmten öffentlichen Bereichen; die Wiedereröffnung von Theatern und Kinos unter freiem Himmel; die Wiedereröffnung von Volkshochschulen und Musikschulen, sonstigen öffentlichen und privaten außerschulischen Bildungseinrichtungen und Fahrschulen unter Auflagen; die Wiedereröffnung des Breiten- und Freizeitsports, des Wettkampf- und Leistungssports sowie öffentlicher und privater Indoor-Sportanlagen;[74] und schließlich die Erweiterung der Kinderbetreuungsmöglichkeiten. Bis zur Erlaubnis, die Gastronomie im Freien wieder öffnen zu lassen, vergingen dann weitere sieben Tage,[75] und noch einmal zwölf Tage später wurde es möglich, die Gastronomie drinnen unter Auflagen zu öffnen, und der touristische Hotelbetrieb wurde wieder zugelassen.[76] Weitere 23 Tage dauerte es, bis dann im fünften Schritt am 22. Juni auch in Bayern umgesetzt wurde, dass Vorlesungen in Hochschulen wieder abgehalten werden konnten[77] (vgl. zusammenfassend Abb. 9[78]).

In Thüringen standen nach der *ersten Ministerpräsidentenkonferenz am 12. März* verschiedene Maßnahmen an, die es umzusetzen galt. Als erstes mussten nach 13 Tagen alle Veranstaltungen abgesagt werden und man durfte sich im öffentlichen Raum nur mit höchstens einer weiteren, nicht im eigenen Haushalt lebenden Person aufhalten.[79] Zwei Tage später, am 27. März, wurde dann angeordnet, dass in Krankenhäusern alle planbaren Aufnahmen, Operationen und Eingriffe auf unbestimmte Zeit verschoben und Konzepte für Pflegeeinrichtungen und Pflegedienste entwickelt werden sollen.[80]

Von den Maßnahmen, die auf der *zweiten Ministerpräsidentenkonferenz am 16. März 2020* verabredet wurden, wurden die meisten, aber nicht alle *en bloc* neun Tage später umgesetzt. Dies betraf das Verbot der Zusammenkünfte in Kirchen, Moscheen, Synagogen und anderen Glaubensgemeinschaften, die Schließung des Einzelhandels sowie der Prostitutionsstätten und Bordelle, der Theater, Opern und Konzerthäuser, die Schließung der Messen, Ausstellungen, Kinos, Freizeitparks, Tierparks, Anbieter von Freizeitaktivitäten (sowohl drinnen als auch draußen), Spezialmärkte, Spielhallen, Spielbanken und Wettannahmestellen sowie der öffentlichen und privaten Sportanlagen, Schwimmbäder, Spaßbäder und Fitnessstudios, die Schließung von Bars, Clubs, Diskotheken, Kneipen sowie die Notwendigkeit von Besuchsregeln für Krankenhäuser, Vorsorgeeinrichtungen, Rehabilitationseinrichtungen und Pflegeheime. Auch Reisebusreisen und Übernachtungen in Hotels und Pensionen wurden untersagt.[81]

Ebenfalls in zwei Bündeln wurden in Thüringen die Maßnahmen umgesetzt, auf die sich die Landesregierungen auf der *dritten Ministerpräsidentenkonferenz am 22. März* verständigt hatten. Drei Tage dauerte es, bis der Mindestabstand von 1,5 Metern im öffentlichen Raum sowie der Aufenthalt in eben diesem nur allein, mit einer weiteren, nicht im Hausstand lebenden Person oder mit zwei Personen des eigenen Hausstandes verbindlich gestattet war.[82] Zwei weitere Tage waren dann nötig, bis Gastronomiebetriebe und Einrichtungen der Körperpflege geschlossen werden mussten.[83]

Auf neue Maßnahmen verständigten sich die Landesregierungen dann erst wieder auf der *fünften Ministerpräsidentenkonferenz am 15. April 2020*. Viele davon hatte Thüringen schon zuvor angeordnet (vgl. oben 4.2). Fünf Tage nach dieser Ministerpräsidentenkonferenz setzte Thüringen zuerst die Ausweitung der Notbetreuung für Kinder ab dem 20. April um, vier Tage danach wurde schrittweise auch die Öffnung des Einzelhandels möglich.[84] Frisören wurde es ab dem 4. Mai, also weitere 10 Tage später, erlaubt, wieder zu öffnen.[85]

Ebenso waren in Thüringen wieder eine Reihe von Maßnahmen, auf die sich die Landesregierungen bei der *sechsten Ministerpräsidentenkonferenz am 30. April* verständigten, längst in Kraft (vgl. oben 5.2). Allein die Wiederöffnung unter Auflagen von Museen, Ausstellungen, Galerien, Gedenkstätten und zoologischen und botanischen Gärten musste in Thüringen noch umgesetzt werden, was sechs Tage nach der Ministerpräsidentenkonferenz am 6. Mai erfolgte.

Auch wenn unter den auf *der siebten Ministerpräsidentenkonferenz am 6. Mai 2020* vereinbarten Maßnahmen wieder einzelne, wie das Verbot von Großveranstaltungen, in Thüringen schon vorher angeordnet waren, so blieben der Thüringer Landesregierung doch noch einige, die es danach umzusetzen galt. Dies geschah in vier Schritten. Bis zum ersten Schritt vergingen sieben Tage, als am 13. Mai 2020 ein Bündel an Maßnahmen in Kraft trat: Damit verbunden waren die Maskenpflicht in bestimmten öffentlichen Bereichen, die stufenweise regulierte Notbetreuung in Kitas sowie die Wiedereröffnung von Bars, Gastronomiebetrieben und Kosmetikstudios, Massagepraxen, Tattoo-Studios, Prostitutionsstätten und Bordellen sowie von Freizeitparks und Angeboten weiterer Freizeitaktivitäten drinnen wie draußen.[86] Im zweiten Schritt konnten zwei Tage später Hotels am 15. Mai wieder öffnen.[87] Zehn Tage danach konnten am 25. Mai im dritten Schritt die Hochschulen sowie Volkshochschulen, Musikschulen sowie sonstige öffentliche und private außerschulische Bildungseinrichtungen in Thüringen wieder öffnen.[88] Ab dem 1. Juni waren dann im vierten Schritt nach weiteren sieben Tagen jegliche Sportaktivitäten wieder erlaubt und Schwimmbäder und Spaßbäder wieder geöffnet[89] (vgl. zusammenfassend Abb. 10[90]).

Mit diesen sukzessiven Ingeltungsetzungen zog sich die vollständige Umsetzung von Maßnahmen, auf die sich die Landesregierungen während einer Ministerpräsidentenkonferenz geeinigt hatten, buchstäblich in die Länge und schuf so parallel eine Vielzahl von unterschiedlich langen Zeiträumen, um sie weiterhin öffentlich zu diskutieren. Auch wenn einzelne Maßnahmen bereits implementiert waren und so Hierarchisierungen neu schufen, bestätigten oder beendeten, so blieb doch das Bündel an Maßnahmen, auf welches sich während der vorangegangenen Ministerpräsidentenkonferenz verständigt wurde, als Gegenstand der Konsultation bestehen.

5.4 Das »Außerkrafttreten« und die dauerhafte Perplexität durch different befristete Geltungszeiten

Neben den Ungleichzeitigkeiten zwischen den verschiedenen Bundesländern und innerhalb der einzelnen Bundesländer war auch die differente Dauer der Geltungszeiten ein temporaler Faktor, der die öffentliche Diskussion um die richtige Corona-Politik im Ganzen am Laufen hielt. Fast alle Maßnahmen waren befristet. Die Geltungsdauer dieser Maßnahmen blieb jedoch oft auf den Ministerpräsidentenkonferenzen unkoordiniert. Auf der dritten Ministerpräsidentenkonferenz am 22. März 2020 einigten sich die Landesregierungen zumindest über eine Mindestlaufzeit von zwei Wochen für die an diesem Tag beschlossenen Maßnahmen. Die einzige Ausnahme bildeten hier die langfristig verbotenen Großveranstaltungen, die mindestens bis zum 31. August 2020 untersagt werden sollten.[91]

Jede Maßnahme konnte zudem grundsätzlich verlängert werden. Sehr deutlich wurde dies während der ersten Monate der Pandemiebekämpfung auf der fünften Ministerpräsidentenkonferenz am 15.

April 2020, als sich die Bundesländer darauf einigten, alle bestehenden Regelungen bis zum 3. Mai 2020 zu verlängern.[92] Ob es generell zur Verlängerung kam, war beim Erlass der Maßnahmen aber stets unsicher. Manche Maßnahmen wurden nie verlängert, andere einmal oder sogar vielfach.

Diese differente Dauerhaftigkeit zeigte sich bereits während der ersten Monate bei der Pandemiebekämpfung anhand der Maßnahmen, auf die sich die Bundesländer bei den ersten drei Ministerpräsidentenkonferenzen im März 2020 verständigten. So sind alle auf der ersten Ministerpräsidentenkonferenz am 12. März 2020 beschlossenen Maßnahmen, die in Bayern und Thüringen umgesetzt wurden, mehrfach verlängert worden. Ende Juni 2020, also *mehr als drei Monate* später, war in beiden Bundesländern nach wiederholten Verlängerungen immer noch vorgeschrieben, alle planbaren Aufnahmen, Operationen und Eingriffe auf unbestimmte Zeit zu verschieben und Konzepte für Pflegeeinrichtungen und Pflegedienste vorzuhalten. Auch auf der zweiten Ministerpräsidentenkonferenz vom 16. März 2020 einigten sich die Bundesländer auf zunächst befristete Maßnahmen, die durch mehrfache Verlängerungen ebenfalls noch Ende Juni 2020 in Kraft gewesen sind. Dazu zählte u.a. das Verbot von Fernbusreisen, die Schließung von Prostitutionsstätten und Bordellen sowie von Clubs und Diskotheken. Ebenso lang galt aufgrund mehrfacher Verlängerungen auch der Mindestabstand von 1,5 Metern im öffentlichen Raum, der auf der dritten Ministerpräsidentenkonferenz am 22. März beschlossen wurde.

Andere Maßnahmen, die im März das erste Mal beschlossen wurden, endeten nach mehrmaligen Verlängerungen im Laufe des Mais, also *nach ca. zwei Monaten*. Dies betraf von den am 16. März 2020 auf der zweiten Ministerpräsidentenkonferenz beschlossenen Maßnahmen etwa in Bayern und Thüringen das Verbot von Zusammenkünften in Kirchen, Moscheen, Synagogen und anderen Glaubensgemeinschaften, das Verbot von Hotelübernachtungen zu touristischen Zwecken, Besuchsregeln für Krankenhäuser, Vorsorgeeinrichtungen, Rehabilitationseinrichtungen und Pflegeheime, die Schließung von Freizeit- und Tierparks, das Verbot von Zusammenkünften in Vereinen, in sonstigen Sporteinrichtungen, Angebote in Volkshochschulen, in Musikhochschulen und in sonstigen öffentlichen und privaten Bildungseinrichtungen sowie die Schließung von Schwimmbädern, Spaßbädern und Fitnessstudios und ähnlichen Einrichtungen.

Auch auf der dritten Ministerpräsidentenkonferenz am 22. März wurden Maßnahmen beschlossen, die dann mehrfach verlängert wurden und so insgesamt ca. zwei Monate lang gegolten haben. Dies betraf das Verbot der Bewirtung in Gastronomiebetrieben und die Schließung von Frisören und Kosmetikstudios. Unter den im März beschlossenen befristeten Maßnahmen ist in Thüringen und Bayern am 19. April allein die vollständige Schließung des Einzelhandels, wie sie auf der zweiten Ministerpräsidentenkonferenz am 16. März vereinbart wurde, bereits *nach ca. einem Monat* ausgelaufen.

Lässt man also die Ungleichzeitigkeiten zwischen den verschiedenen Bundesländern außer Acht, so machten die Bürgerinnen und Bürger schon allein in ihrem eigenen Bundesland mit diesen differenten Geltungszeiten die Erfahrungen, dass die Befristung einer Maßnahme noch keine Sicherheit über ihr Ende implizierte. Trotz ihrer kollektiv verbindlichen Geltung konnte keine dieser Maßnahmen die für ihre erfolgreiche Institutionalisierung nötige Stabilität in Aussicht stellen. Weil alles denkbar blieb, konnte diese Pandemiepolitik keine eigenen Strukturen bilden.[93] Jede Maßnahme blieb insofern immer auch ein Stück weit perplex.[94] Aus dieser Unsicherheit speiste sich dann ebenfalls ein Bedarf an erneuter öffentlicher Konsultation nicht nur darüber, ob diese Maßnahmen nötig sein sollen, sondern auch wie lang. ›Zeit‹ wurde auf diese Weise selbst zu einem ›Ding‹, das eine Kontroverse erzeugte.

Insgesamt zeigt sich hier für die verschiedenen politischen Maßnahmen zur Bekämpfung der Covid-19-Pandemie, dass die für demokratische Routinen typischen Phasen der Perplexität, Konsultation, Hierarchisierung und Institution in einer demokratischen Auszeit zeitlich nicht zwingend nacheinander durchlaufen werden. Sie können zum einen Gleichzeitigkeiten entwickeln, indem Konsultationen trotz Hierarchisierungen weitergeführt werden. Zum anderen können diese Dynamiken beschleunigt werden, wenn Hierarchisierungen auf so kurze Zeiträume befristet werden, dass sie unmittelbar in neue Perplexität münden und so die Phase der Institutionalisierung überspringen.

Funktionalistisch betrachtet wurde so ein Zeitdruck erzeugt, der dem Finden bester Lösungen auf der *policy*-Ebene nach den Maßstäben demokratischer Routinen sicher nicht zuträglich war.[95] Allerdings sorgten die kurzen Fristen auch dafür, dass mögliche Schäden und Nachteile der einzelnen Maßnahmen zumindest zeitlich befristet und damit wieder eingehegt, wenn auch nicht beseitigt wurden. Nahezu in Echtzeit wurden die Maßnahmen so an den sehr dynamischen Verlauf des Infektionsgeschehens immer wieder neu angepasst. Die auf verschiedene Weisen erzeugten Zeitfenster für immanente Perplexisierungen, immer neue Konsultationszyklen und andauernde Re-Hierarchisierungen hielten schließlich gesamtgesellschaftlich die Kontroverse am Laufen und verhinderten das Erzeugen kollektiver Verbindlichkeit im Sinne einer dauerhaften und bundesweit einheitlichen Institutionalisierung der pandemiepolitischen Maßnahmen.

Zeitliche Differenzen ließen sich dabei als sachliche Hierarchien deuten, weil Maßnahmen, die früher oder später verordnet wurden, *auch* als mehr oder weniger wichtig erscheinen konnten. Dies trug vermutlich dazu bei, dass sich die Kompetenzen für die Hierarchisierung der zu treffenden Entscheidungen von den Regierungen auf die Gesellschaft ausdehnten, wo in der Praxis von allen möglichen Akteuren verschiedene Maßnahmen erdacht, umgesetzt und wieder eingestellt wurden und zum Gegenstand intensiven Streits werden konnten.

Die Fragmentierung und Beschleunigung des demokratischen Kreislaufs rund um die *policy*-Fragen eines angemessenen und effektiven Umgangs mit den Sachproblemen der Pandemie[96] sorgte bei jenen für Enttäuschungen, die eine kohärente Pandemiepolitik als Ausdruck gemeinsamer Krisenbewältigung erwarteten. Diese Kontingenzerfahrung lenkte sodann die öffentliche Aufmerksamkeit auf die Stichhaltigkeit von Begründungen und auf die Dauerhaftigkeit der institutionalisierten Ordnung. So entstand auf der *polity*-Ebene eine Auszeit von der demokratischen Routine, in der die für Demokratien konstitutive Frage auf die öffentliche Agenda rückte, wie wir unsere Konflikte austragen wollen und welche Grundüberzeugungen wir dabei nicht in Frage stellen wollen.[97]

6 Wie Antagonismen in agonale Konflikte transformiert wurden

Am 15. April 2020 hatten Bundeskanzlerin Merkel und die Regierungschefinnen und Regierungschefs der Bundesländer in einer Telefonschaltkonferenz beschlossen, an den geltenden Beschränkungen von sozialen Kontakten im öffentlichen Bereich angesichts der Covid-19-Pandemie in Deutschland weiter festzuhalten. Gut eine Woche später, am 23. April, gab die Bundeskanzlerin dazu eine Regierungserklärung im deutschen Bundestag ab, in der sie gleich zu Beginn betonte, dass es sich um »Maßnahmen« handele, »für die es kein historisches Vorbild gibt, an dem wir uns orientieren könnten«.[1] Die Pandemie sei »eine demokratische Zumutung«, weil ihre Bekämpfung es erfordere, Freiheitsrechte einzuschränken.[2] Sie wies dann auf die negativen Folgen hin, die mit der Beschränkung der sozialen Kontakte zwischen Bürgerinnen und Bürgern verbunden waren; doch haben diese Beschränkungen dem Gesundheitssystem als Ganzem geholfen, weil sich das Virus so langsamer verbreitete. Dies sei nötig, »um diese *dramatische Krise* als Gemeinschaft zu bestehen«.[3] Im weiteren Verlauf ihrer Erklärung kam sie dann auf die EU zu sprechen und die Solidarität, die zwischen ihren Mitgliedstaaten jetzt nötig sei: »Diese Pandemie trifft alle, aber nicht alle gleich. Wenn wir nicht aufpassen, dient sie all denen als Vorwand, die die *Spaltung der Gesellschaft* betreiben.«[4] Und sie ergänzte unmittelbar, dass es gegen diese Gefahr der Spaltung auf den »Zusammenhalt« ankomme – in Europa wie in Deutschland.[5]

Ungefähr zweieinhalb Jahre später stellte Bundespräsident Frank-Walter Steinmeier in einem Fernsehinterview fest, dass es im Vergleich mit den USA »keine in der Weise gravierende Spaltung in der deutschen Gesellschaft« gebe:

> »Aber der Ton verändert sich in den Auseinandersetzungen ganz spürbar. Und die Sorgen werden größer mit Blick auf *die Dreifach-Krise* von Pandemie, Klima und Krieg in der Ukraine. Insofern müssen wir das sehr ernst nehmen und versuchen, mit unseren Möglichkeiten zu *verhindern, dass aus den Haarrissen, die erkennbar sind, wirklich Spaltungen werden.*«[6]

Die Diagnose, dass es in Deutschland durch die politischen Konflikte um die Maßnahmen zur Bekämpfung der Covid-19-Pandemie nur zu Haarrissen, aber nicht doch schon zu gravierenden Spaltungen gekommen sei, wurde nicht von allen politischen Akteuren wie Kommentatoren gleichermaßen geteilt. Trotz unterschiedlicher Einschätzungen, ob die Spaltung erst drohe, sie mit Corona bereits über das Land gekommen sei oder die Pandemie schon vorhandene Spaltungen vertieft habe, bestand doch parteiübergreifend ein breiter Konsens darüber, dass solche gesellschaftlichen Konflikte der Demokratie in Deutschland nicht zuträglich seien.

Diese Perspektive ist nicht unproblematisch. Denn Konflikte und die mit ihnen einhergehende Spaltung einer Gesellschaft in verschiedene konfligierende Gruppen gehören zum gesellschaftlichen Alltag einer pluralistischen Demokratie. Wenn eine demokratische Herrschaft sich daran beweisen soll, Konflikte einvernehmlich zu lösen und letzten Endes sogar vollständig aufzuheben, dann weckt dies Erwartungen, die Demokratien kaum erfüllen können, ohne sich vom »Faktum menschlicher Pluralität«[7] abzuwenden. Eine vollständige Aufhebbarkeit sozialer Konflikthaftigkeit zu denken, unterstellt zudem die Möglichkeit eines endgültigen Konsenses. Gegen diese Annahme spricht jedoch zum einen, dass jeder einzelne, unter den gegenwärtigen Bürgerinnen und Bürgern gefundene Konsens vor der Ungewissheit steht, ob er auch zukünftige Pluralisierungen von Meinungen umfassen kann. Zum anderen können auch alle gegenwärtig gefundenen Konsense nicht abschließend alles umfassen, was einem Konflikt von den Bürgerinnen und Bürgern noch zugeführt werden kann.[8] Über die Ungewissheit eines endgültigen Konsenses und die Unabschließbarkeit dessen, was alles zum Gegenstand von Konflikten gemacht werden kann, kommt noch ein erkenntnistheoretisches Problem erschwerend hinzu: Wie sicher kann ein für Gesellschaften irgendwie grundlegender Konflikt identifiziert werden, mit dessen Lösung sich das Problem der Konflikthaftigkeit abschließend überwinden ließe? Für solch eine Erkenntnis müsste die

Gesellschaft vor ihrer Gründung bereits bestanden haben, was jedoch nicht möglich ist.[9] Auf die Illusion einer ursprünglich konfliktfreien Gemeinschaft greifen nicht nur essenzialisierende Gründungsmythen zurück, sondern auch Krisenmythen, die eine existenzielle Bedrohung dieser ursprünglichen Gemeinschaft heraufbeschwören und eine Rückkehr zu der tatsächlich niemals da gewesenen guten Ordnung imaginieren.[10]

Vor diesem Hintergrund erscheint es uns ratsamer, axiomatisch davon auszugehen, dass die Konflikthaftigkeit jeder Gesellschaft unaufhebbar und jede Gesellschaft unvermeidlich antagonistisch konstituiert ist. Dieser Antagonismus manifestiert sich in verschiedenen Konflikten, ohne mit ihnen identisch zu sein oder in ihnen aufzugehen. Aus dieser Perspektive kommt es deshalb für Demokratien nicht auf die konsensuelle Überwindung von Konflikten an, sondern vielmehr darauf, wie sich die Konfliktparteien konstituieren. Demokratien zeichnen sich nach Chantal Mouffe dadurch aus, dass sich die Konfliktparteien gegenseitig als legitime Gegner anerkennen.[11] Das beinhaltet, dass sich die Bürgerinnen und Bürger trotz aller Konflikte als Freie und Gleiche behandeln, auch wenn sie sich über das Ausmaß und die genaue Ausgestaltung ihrer Freiheit und Gleichheit nicht einig sind. Aber mindestens die Freiheit, darüber miteinander jederzeit streiten zu können, müssen sie sich gleichermaßen zugestehen. Die dadurch mögliche Transformation grundlegender Antagonismen in agonale Konflikte kann als eine wesentliche Funktion von Demokratien begriffen werden.[12]

Sie gelingt aber nicht zwangsläufig. Tiefgreifende soziale Spaltungen können aus Konflikten dann hervorgehen, wenn sich verschiedene Gruppen in ihnen als klar abgegrenzte Konfliktparteien subjektivieren, die nichts mehr mit der Gegenseite zu verbinden scheint. Problematisch wird es, sobald die andere Konfliktpartei nicht mehr als legitimer, gleichberechtigter Gegner anerkannt wird. Fühlen sich Konfliktparteien in einer Demokratie sogar in ihrer Existenz durch die bloße Existenz der anderen Konfliktparteien bedroht, weil sie etwa ein essentialisiertes Selbstverständnis entwickelt haben, das durch jede Abweichung grundlegend bedroht scheint, dann besteht die Gefahr, dass sie ihre Gegner als Feinde betrachten und behandeln. Solche feindseligen Gruppenteilungen müssen in Demokratien vermieden werden, weil sich ansonsten die Transformation gesellschaftlicher Antagonismen in agonale Konflikte nicht herstellen lässt. Das bedeutet, dass eine gegenseitige Anerkennung auf der Grundlage von Freiheit und Gleichheit auch dann gelingen muss, wenn die Auffassungen der anderen Seite als *unmoralisch* oder als *zu moralisch* verworfen werden.

Vor diesem Hintergrund wollen wir in diesem Kapitel anhand des Krisen-Narrativs der Bundes- und Landesregierungen zeigen, wie und welche Gruppen durch die Maßnahmen zur Bekämpfung der Covid-19-Pandemie als *asymmetrische* Konfliktparteien konstituiert wurden und wie sich diese Praktiken auf die Transformation gesellschaftlicher Antagonismen in agonale Konflikte ausgewirkt hat. Zuerst werden wir dafür generell erläutern, wie wir »Krisen-Narrative« konzeptualisieren (6.1) und was wir unter *asymmetrischen Konfliktparteien* sowie *Praktiken der Agonalisierung* verstehen (6.2). Dann führen wir aus, welche Gruppen als asymmetrische Konfliktparteien in den Beschlüssen der Ministerpräsidentenkonferenzen unter Leitung der Bundeskanzlerin von März 2020 bis März 2021 konstituiert wurden (6.3) und wie sich daraus eine systematische Unterscheidung zwischen temporalen und disponiblen Praktiken der Agonalisierung gewinnen lässt (6.4). Mit dieser Unterscheidung wenden wir uns abschließend dem Umgang mit der Gruppe der Ungeimpften in den Beschlüssen der Ministerpräsidentenkonferenzen zu und machen daran deutlich, dass sich der Antagonismus durch Praktiken der Agonalisierung nur unter der Bedingung hegen lässt, dass Temporalität und Disponibilität nicht selbst zum Gegenstand des Konflikts werden (6.5).

6.1 Krisen-Narrative

Die »Krise« ist nicht nur ein sozialwissenschaftliches Konzept, mit dem gesellschaftliche wie politische Zustände analysiert werden, um damit im besten Fall Wege zu ihrer Überwindung aufzuzeigen. Die »Krise« ist auch ein Begriff, mit dem sich Bürgerinnen und Bürger in gesellschaftlichen und politischen Debatten über den gegenwärtigen Zustand von Gesellschaft und Demokratie im Lichte der Vergangenheit und in der Hoffnung auf eine bessere Zukunft austauschen. In diesem *pragmatistischen* Sinne verstehen wir »Krisen« als zeitdiagnostische Narrative, mit denen die Bürgerinnen und Bürger sowie ihre politischen Repräsentanten in Parteien, Parlamenten und Regierungen sich wechselseitig über die Ursachen ihrer unerfüllten Erwartungen an ein gutes Leben vergewissern.[13]

Ein Krisen-Narrativ wie die »Corona-Krise« hilft den Bürgerinnen und Bürgern, aber auch den politisch Verantwortlichen in Regierung und Opposition, der andauernden Divergenz zwischen ihren Erwartungen an die demokratische Ordnung auf der einen Seite und ihren davon abweichenden Erfahrungen mit dieser Ordnung auf der anderen Seite Sinn und ihrem Handeln Orientierung verleihen zu können. Mit Krisen-Narrativen verständigen sich politische Akteure darüber, weshalb ihre vergangenen Erwartungen enttäuscht wurden, sie aber dennoch an diesen Erwartungen festhalten sollten, obwohl sie in Zukunft wieder mit Enttäuschung rechnen müssen.

Wer etwa erwartet hatte, dass Großeltern aus Fürsorge zu Hause stets von ihren Enkelkindern besucht werden dürfen, wurde enttäuscht, als die Landesregierungen zusammen mit Bundeskanzlerin Merkel am 22. März 2020 wegen der ›Corona-Krise‹ beschlossen hatten, »die Kontakte zu anderen Menschen außerhalb der Angehörigen des eigenen Hausstands auf ein absolut nötiges Minimum zu reduzieren«.[14] Schon wenige Tage vorher hat die Kanzlerin in ihrer TV-Ansprache am 18. März 2020 dafür geworben, der Empfehlung von Experten zu folgen, dass »Großeltern und Enkel […] jetzt nicht zusammenkommen [sollten]«. Denn in dieser Lage sei »nur Abstand Ausdruck von Fürsorge«. In derselben Ansprache stellte sie aber bereits in Aussicht, dass es keinen Grund gibt, in Zukunft deshalb nicht mehr an solchen Erwartungen, wie jene an Nähe als Ausdruck von Fürsorge, festzuhalten. Denn es gehört zum Narrativ der Krise, dass sie vorübergeht:

> »Dass wir diese Krise überwinden werden, dessen bin ich vollkommen sicher. Aber wie hoch werden die Opfer sein? Wie viele geliebte Menschen werden wir verlieren? Wir haben es zu einem großen Teil selbst in der Hand. Wir können jetzt, entschlossen, alle miteinander reagieren. Wir können die aktuellen Einschränkungen annehmen und einander beistehen.«[15]

Schon an diesem kurzen Ausschnitt aus der ersten Ansprache der Bundeskanzlerin während der Covid-19-Pandemie wird deutlich, dass Krisen-Narrative in temporaler Hinsicht die Vergangenheit, Gegenwart und Zukunft von Enttäuschungen verknüpfen. Bei ihrer Rekonstruktion ist es deshalb hilfreich, präzise zwischen ihrer retrospektiven, kontemporären und prospektiven Dimension zu unterscheiden:

Retrospektiv ermöglichen Krisen-Narrative politischen Akteuren, dass sie ihre in der Vergangenheit individuell erlebten Enttäuschungen als Ausdruck für ihre Zugehörigkeit zur politischen Gemeinschaft begreifen können. Denn im Krise-Narrativ werden ihre Enttäuschungen als Folge geteilter Erwartungen und gemeinsam gemachter Erfahrungen dargestellt. Dadurch erscheinen die einzelnen Bürgerinnen und Bürger mit ihren Enttäuschungen nicht allein, sondern in Gesellschaft. Das hat auch die Kanzlerin in ihrer ersten TV-Ansprache betont: »Ich weiß, wie schwer das ist, was da von uns verlangt wird. Wir möchten, gerade in Zeiten der Not, einander nah sein. Wir kennen Zuwendung als körperliche Nähe oder Berührung. Doch im Augenblick ist leider das Gegenteil richtig.« So zeigt sich hier exemplarisch, wie Krisen-Narrative in ihrer retrospektiven Dimension zur Vergemeinschaftung beitragen können.

Kontemporär ermöglichen Krisen-Narrative den Enttäuschten, dass sie in der Gegenwart an ihren Erwartungen festhalten, obwohl sie in der Vergangenheit enttäuscht worden sind. Dafür wird in Krisen-Narrativen dann häufig das Exzeptionelle der gegenwärtigen Situation hervorgehoben. So tat es auch die Kanzlerin gleich zu Beginn ihrer ersten TV-Ansprache, als sie die Bürgerinnen und Bürger damit konfrontierte, dass »das Coronavirus [...] zurzeit das Leben in unserem Land dramatisch [verändert]. Unsere Vorstellung von Normalität, von öffentlichem Leben, von sozialem Miteinander – all das wird auf die Probe gestellt wie nie zuvor.« Damit stellte sie gleich fest, dass sich die Ursachen für die dann folgenden Enttäuschungen in diesem Narrativ auf die Krise externalisieren lassen. So wurde signalisiert, dass diese Enttäuschungen nicht zum Anlass genommen werden müssen, die eigenen Erwartungen zu prüfen und ggf. dauerhaft zu ändern, also zu lernen. Auf diese Weise können Krisen-Narrative in ihrer kontemporären Dimension also daraufhinwirken, politische wie soziale Ordnungen zu stabilisieren.

Prospektiv ermöglichen Krisen-Narrative schließlich politische Maßnahmen zu identifizieren und die dafür nötige Unterstützung zu mobilisieren. So erläuterte auch die Bundeskanzlerin in ihrer ersten TV-Ansprache, was die Maßnahmen bewirken sollen: »Es geht darum, das Virus auf seinem Weg durch Deutschland zu verlangsamen. Und dabei müssen wir, das ist existentiell, auf eines setzen: das öffentliche Leben soweit es geht herunterzufahren.« Mit einem Krisen-Narrativ können genau solche Maßnahmen, die die Ursachen der Krise beseitigen sollen, als zwingend und dringend gefordert werden. Damit bei den Bürgerinnen und Bürgern eine Aussicht besteht, dass die unveränderten Erwartungen in Zukunft wieder in Einklang mit den Erfahrungen gebracht werden können, müssen solche Maßnahmen als vorübergehend angekündigt werden. Genau dies versicherte auch die Kanzlerin im weiteren Verlauf ihrer Ansprache:

> »Ich weiß, wie hart die Schließungen, auf die sich Bund und Länder geeinigt haben, in unser Leben und auch unser demokratisches Selbstverständnis eingreifen. Es sind Einschränkungen, wie es sie in der Bundesrepublik noch nie gab. Lassen Sie mich versichern: Für jemandem [sic!] wie mich, für die Reise- und Bewegungsfreiheit ein schwer erkämpftes Recht waren, sind solche Einschränkungen nur in der absoluten Notwendigkeit zu rechtfertigen. Sie sollten in einer Demokratie nie leichtfertig und nur temporär beschlossen werden – aber sie sind im Moment unverzichtbar, um Leben zu retten.«

In ihrer prospektiven Dimension können Krisen-Narrative in solchen Formen einen Beitrag dazu leisten, die zur Überwindung der Krise nötig erscheinenden kollektiv bindenden Entscheidungen herzustellen.

Abhängig von ihrer temporalen Dimension können Krisen-Narrative also drei Funktionen erfüllen: Vergemeinschaftung in retrospektiver Hinsicht, Stabilisierung der Ordnung in kontemporärer Hinsicht und Herstellung kollektiv bindender Entscheidungen in prospektiver Hinsicht. Um die Multifunktionalität eines Krisen-Narrativs differenziert zu berücksichtigen, lassen sich diese drei Zeitdimensionen für die Analyse verschiedener narrativer Mechanismen systematisch nutzen, so etwa für Mechanismen, mit denen Krisen-Narrative das Zusammenspiel mit kognitiven Dispositionen bedienen, für Mechanismen, mit denen Gruppen subjektiviert und asymmetrisch geteilt werden, sowie für Mechanismen, mit denen Krisen-Narrative sich gegen öffentlich artikulierte Kritik immunisieren.[16]

Für die Analyse der Transformation von Antagonismen in agonale Konflikte sind hier vor allem die Mechanismen von Interesse, die eine asymmetrische Gruppenteilung ermöglichen. Zunächst werden durch Krisen-Narrative Unterschiede hervorgebracht, an denen sich verschiedene Gruppen auf eine je spezifische Weise politisch subjektivieren können. So schafft ein Krisen-Narrativ einerseits Bedingungen dafür, dass sich Bürgerinnen und Bürger als *eine* Gruppe konstituieren, weil sie vor dem Hintergrund der Krise ihre je individuellen Enttäuschungen als Ausdruck kollektiv geteilter Erwartungen wie Erfahrungen erkennen können. So konstituieren sie sich als eine Gruppe mit geteilten Erwartungen und Erfahrungen, die sie verbinden. Andererseits können mit Hilfe eines Krisen-Narrativs andere Gruppen als fremd identifiziert werden, wenn sie anderes erwarten und auch anderes erfahren haben. Krisen-Narrative bringen auf diese Weise also Gruppen hervor, die sich asymmetrisch gegenüberstehen.

Dieser Prozess der asymmetrischen Gruppenteilung lässt sich noch einmal feiner analysieren, wenn auf die drei temporalen Dimensionen eines Krisen-Narrativs fokussiert wird. Denn in der retrospektiven Dimension ermöglicht ein Krisen-Narrativ, dass Bürgerinnen und Bürger allein einer fremden Gruppe die Schuld für die eigenen Enttäuschungen zuweisen können. Wird diese Gruppe als eine Ursache der Krise identifiziert, dann kann die eigene Gruppe im Unterschied dazu als nicht verantwortlich dargestellt werden.

In der kontemporären Dimension lassen sich Gruppen ebenfalls asymmetrisch teilen. Hier beruht die Asymmetrie darauf, dass die mit der aktuellen Krise verbundenen Leiden und Verluste nicht für alle Bürgerinnen und Bürger gleichermaßen wiegen. Auf der einen Seite lassen sich mit einem Krisen-Narrativ das Leiden und die Verluste einer Gruppe als eine öffentliche Angelegenheit darstellen, die gemeinsame Anstrengungen zu deren Linderung oder Verhinderung erforderlich machen. Auf der anderen Seite lassen sich damit andere Gruppen identifizieren, die für ihre Leiden und Verluste je selbst verantwortlich sind und denen deshalb kein Anspruch auf öffentliche Unterstützung zugestanden wird.

Die gemeinsamen Anstrengungen gegen die Auswirkungen der Krise umfassen politische Maßnahmen, mit denen in der Zukunft weitere Enttäuschungen verhindert und die Krise überwindet werden sollen. Dies beinhaltet in der prospektiven Dimension von Krisen-Narrativen Güter und Lasten, die sich ebenfalls asymmetrisch auf die Gruppen verteilen lassen. So können etwa Leid mindernde Güter nur für Gruppen vorgesehen werden, die selbst nicht über ausreichend eigene Ressourcen verfügen, um die Krise zu überstehen. Ebenso können mit politischen Maßnahmen verbundene Lasten nur Gruppen zugemutet werden, die unter der Krise nicht leiden oder von ihr profitieren.

6.2 Asymmetrische Konfliktparteien und Praktiken der Agonalisierung

Nach Chantal Mouffe kann ein Antagonismus auf zwei Arten »stattfinden« oder »erscheinen«: zwischen Feinden und zwischen Gegnern. Stehen sich diese Gruppen nicht als Feinde, sondern als Gegner gegenüber, dann spricht Mouffe vom »Agonismus«.[17] Für die Unterscheidung zwischen Gegnern und Feinden kann es nach Mouffe nicht auf ein Mehr oder Weniger an Rationalität in den Argumenten ankommen. Stattdessen beweist sich Gegnerschaft als eine Form der »demokratischen Zivilbürgerschaft« an »Praktiken«.[18] Vor diesem Hintergrund gehen auch wir davon aus, dass sich der Antagonismus in der sozialen Konstruktion asymmetrischer Konfliktparteien durch Praktiken manifestiert und sich dessen Agonalisierung dementsprechend anhand von Praktiken rekonstruieren lässt. Anschließend an Mouffe sehen wir jedoch ›legitime Gegner‹ und ›existenzielle Feinde‹ nur als eine grobe Unterscheidung, in der Konfliktparteien subjektiviert werden können. Wie wir im Folgenden zeigen, werden differenzierte Formen sichtbar, wenn die *institutionellen Eigenzeiten*[19] von kollektiven Subjektivierungen berücksichtigt werden, wie sie etwa durch die Befristung politischer Maßnahmen hergestellt werden.[20]

Asymmetrische Konfliktparteien sind generell Gruppen, die sich durch Ausschließlichkeit gegenüberstehen und sich darüber nicht einig sind. Die Uneinigkeit kann darin bestehen, dass die Anerkennung von Rechten oder der Zugang zu Gütern der einen Gruppe zugleich die Anerkennung der gleichen Rechte oder den freien Zugang zu den gleichen Gütern für die andere Gruppe ausschließt. Dies ist etwa der Fall, wenn eine Gruppe durch eine andere Gruppe qua Herkunft oder Alter vom Wahlrecht ausgeschlossen wird, obwohl diese Gruppe dieses Recht für sich einfordert. Ein Konflikt zwischen solchen Gruppen kann nicht mit einer wechselseitigen Anerkennung als Freie und Gleiche einhergehen. Deshalb konstituieren sich hier asymmetrische Konfliktparteien. Zugleich manifestiert sich der gesellschaftliche Antagonismus in solchen Konflikten durch Praktiken, die die Konfliktparteien in eine antagonistische Beziehung versetzen.

Gruppen sind demgegenüber *symmetrische Konfliktparteien*, wenn sie sich mit den gleichen Rechten oder einem freien Zugang zu den gleichen Gütern gegenüberstehen, ohne dass beide Gruppen diese Rechte zugleich ausüben oder die gleichen Güter erlangen können. Besonders deutlich wird diese Symmetrie, sobald zwei unterschiedliche Gruppen in einem freien Zugang um die Gunst eines Dritten konkurrieren. Dies ist etwa der Fall, wenn die Gruppe der Einzelhändlerinnen und Einzelhändler mit der Gruppe der Kulturschaffenden um die Gunst der zahlungsbereiten Konsumentinnen und Konsumenten konkurriert. Erkennen sich beide Gruppen im Austragen dieser Konflikte die gleichen Rechte oder den freien Zugang zu den gleichen Gütern an, dann konstituieren sie sich als symmetrische Konfliktparteien. Zugleich manifestiert sich der gesellschaftliche Antagonismus in solchen Konflikten durch Praktiken, die die Konfliktparteien in eine agonale Beziehung versetzen. Wenn aber diese Beziehung nur im Vollzug der Praktiken existiert, dann können diese Praktiken eine agonale Beziehung nicht effektiv auf Dauer stellen. Anders als Mouffe sagen wir darum nicht, dass diese Praktiken einen Agonismus herstellen, sondern nur eine Agonalisierung betreiben. Praktiken, durch die Gruppen auf diese Weise symmetrisch konstituiert werden, nennen wir deshalb *Praktiken der Agonalisierung*.

Das gleiche gilt ebenso für die Konstitution asymmetrischer Konfliktparteien. Allerdings werden sie durch Praktiken hervorgebracht, die die Gruppen durch Diskriminierungen oder durch Privilegierungen asymmetrisch teilen. Von *Praktiken des Diskriminierens* sprechen wir, wenn dadurch eine Gruppe geschaffen wird, die Nachteile oder Belastungen erfährt, während demgegenüber eine Gruppe entsteht, die davon nicht betroffen ist. Von *Praktiken des Privilegierens* sprechen wir hingegen, wenn dadurch eine Gruppe geschaffen wird, die Vorteile oder Vergünstigungen erfährt, während demgegenüber eine Gruppe entsteht, die diese nicht erlangen kann. »Diskriminieren« und »Privilegieren« werden von uns also nicht normativ genutzt, weil es hier nicht um die Richtigkeit der Ungleichbehandlung geht. Vielmehr handelt es sich allein um eine kategoriale Klassifikation in analytischer Absicht.

6.3 Die »besonders Gefährdeten« und die Konstitution von asymmetrischen Konfliktparteien

Für die Praktiken, durch die Gruppen als asymmetrische Konfliktparteien während der Coronapolitik von März 2020 bis März 2021 konstituiert wurden, stellen die Beschlüsse der Ministerpräsidentenkonferenzen unter Leitung der Bundeskanzlerin die zentralen Entscheidungen dar. Auch wenn sie das Narrativ der Corona-Krise nicht allein bespielt haben, so sind sie aber durchaus verantwortlich für dessen Agenda-Setting und sehr wirksam hinsichtlich der sozialen Konstruktion von asymmetrischen Gruppen, die dann auf Ebene der Bundesländer in den verschiedenen Verordnungen sanktionsbewährt implementiert worden sind. Erstmals trat die Ministerpräsidentenkonferenz zu Beratungen über geeignete Maßnahmen zur Bekämpfung der Covid-19-Pandemie am 12. März 2020 zusammen. Während ihrer Beratungen zwischen März und Mai 2020 verständigten sie sich auf verschiedene politische Maßnahmen, mit denen Kontaktbeschränkungen geregelt wurden u.a. den sogenannten »Lockdown«, der vom 22. März 2020 bis zum 4. April 2020 zu vollständigen Schließungen von Schulen und Kindergärten, von Restaurants, Cafés und Kinos sowie weiten Teilen des öffentlichen Einzelhandels und Dienstleistungsgewerbes führte und den Besuch von Alten- und Pflegeheimen untersagte. Insbesondere drei Gruppen wurden in dieser Zeit durch diese Beratungen und Maßnahmen konstituiert: die Gruppe der *besonders Gefährdeten*, die Gruppe der *Angehörigen des eigenen Hausstands* und die Gruppe der *Schülerinnen und Schüler der Abschlussklassen*.

Schon in der ersten Ministerpräsidentenkonferenz wurde vor allem auf »besonders gefährdete Bevölkerungsgruppen, insbesondere Ältere, Hochbetagte und chronisch Kranke« geachtet. Zunächst beinhaltete dies vor allem die Verständigung über eine gruppenspezifische Aufklärung. Diese Gruppe der *besonders Gefährdeten* und die für sie zuständigen Einrichtungen sollten mit »gezielte[n] Informationen [...] und Empfehlungen für präventive Maßnahmen im alltäglichen Umgang miteinander« versorgt werden.[21] Mit den Beschlüssen auf der Ministerpräsidentenkonferenz am 15. April 2020 wurde dann erstmals deutlich, dass diese Gruppe gegenüber anderen Gruppen auch anders behandelt werden soll. Dabei wurde unterstrichen, dass die besondere Gefährdung auch mit einem gruppenspezifischen Merkmal verbunden ist: ihrer Verletzbarkeit. Als »vulnerable« Gruppe wurde ihnen zugestanden, dass sie nicht nur durch die allgemeinen Maßnahmen geschützt werden sollten, sondern durch »besondere Schutzmaßnahmen«.[22] Um diese Gruppe wollte man sich vorrangig kümmern. Gegenüber den anderen Gruppen wurde diese Gruppe mit dieser *Privilegierung* zunächst *als eine besonders schützenswerte Gruppe* konstituiert. Die politisch Verantwortlichen schienen aber schon zu diesem Zeitpunkt befürchtet zu haben, dass die

Betroffenen dies auch als diskriminierende Praktiken erfahren könnten, sobald ihr besonderer Schutz mit besonderen Restriktionen für genau diese Gruppe einherging.[23] Die Regierenden wiesen wohl deshalb schon damals darauf hin: »Es ist jedoch auch zu berücksichtigen, dass entsprechende Regularien nicht zu einer vollständigen sozialen Isolation der Betroffenen führen dürfen.« Um dies abzusichern, wurden auf der Ministerpräsidentenkonferenz auch angesichts einer abgeschwächten Infektionsdynamik am 6. Mai 2020 die Restriktionen für diese Gruppe etwas gelockert. So wurde beschlossen, dass die Einrichtungen, die diese Gruppe versorgen, jedem Betroffenen »die Möglichkeit des wiederkehrenden Besuchs durch eine definierte Person« schaffen sollten, »sofern es aktuell kein aktives SARS-Cov-2-Infektionsgeschehen in der Einrichtung gibt«.[24]

Während die Gruppe der besonders Gefährdeten schon mit den Beschlüssen der ersten Ministerpräsidentenkonferenz anlässlich der Covid-19-Pandemie konstituiert wurde, wurde zwischen den »Angehörigen des eigenen Hausstands« und den »anderen Menschen außerhalb« erstmals auf der Ministerpräsidentenkonferenz vom 22. März 2020 unterschieden. Die Bürgerinnen und Bürger wurden zunächst nur aufgefordert, »die Kontakte zu anderen Menschen außerhalb der Angehörigen des eigenen Hausstands auf ein absolut nötiges Minimum zu reduzieren«.[25] Wenn man sich mit anderen in den öffentlichen Raum begeben wollte, so war dies mit allen Angehörigen des eigenen Hausstands, aber auch noch mit einem Menschen außerhalb davon möglich.[26] Sanktionen im Fall von Verstößen gegen die Kontaktbeschränkungen wurden aber bereits in Aussicht gestellt, allerdings vor allem mit »Gruppen feiernder Menschen auf öffentlichen Plätzen, in Wohnungen sowie privaten Einrichtungen« in Verbindung gebracht.[27] Angesichts der damals bevorstehenden Osterfeiertage wurde eine Woche später auf der Ministerpräsidentenkonferenz am 1. April 2020 bekräftigt, dass »Kontakte zu anderen Menschen außerhalb der Angehörigen des eigenen Hausstandes gemäß den geltenden Regeln auf ein absolutes Minimum zu reduzieren« seien.[28] Auf der Ministerpräsidentenkonferenz vom 15. April 2020 wurde dann noch einmal bestätigt, dass die »Bürgerinnen und Bürger in der Öffentlichkeit einen Mindestabstand von 1,5 Metern einhalten und sich dort nur alleine, mit einer weiteren nicht im Haushalt lebenden Person oder im Kreis der Angehörigen des eigenen Hausstandes aufhalten« sollten. Angesichts der zwischenzeitlichen Umsetzungen der Ministerpräsidentenkonferenz-

Beschlüsse durch die Landesregierungen wurde zudem ausdrücklich darauf hingewiesen, dass »Verstöße gegen diese Kontaktbeschränkungen [...] entsprechend von den Ordnungsbehörden sanktioniert [werden]«.[29] Die Gruppe der Angehörigen des eigenen Hausstands, die innerhalb des Hausstands bereits unbeschränkt Kontakte haben durften, wurde damit gegenüber allen anderen Gruppen auch noch im öffentlichen Raum privilegiert, weil sie auch dort gemeinsam auftreten durften. Diese *Privilegierung der Gruppe des eigenen Hausstands* wurde von der Ministerpräsidentenkonferenz am 6. Mai 2020 nicht nur modifiziert, sondern sogar erweitert. Danach war es möglich, dass man sich mit den Angehörigen eines Hausstands und »auch mit den Personen eines weiteren Hausstandes« im öffentlichen Raum gemeinsam aufhält.[30] So konnten sich zehn oder auch mehr Menschen aus zwei Hausständen in aller Öffentlichkeit treffen, was drei Menschen in drei verschiedenen Single-Hausständen nicht erlaubt war.[31]

Schülerinnen und Schüler wurden bei den Beschlüssen der ersten Ministerpräsidentenkonferenz nicht explizit als Gruppe adressiert, obwohl sich für sie bereits weitreichende Folgen aus künftigen Maßnahmen abzeichneten. Denn »die vorübergehende Schließung von Kindergärten und Schulen, etwa durch ein verlängerndes Vorziehen der Osterferien« wurde bereits hier als »eine weitere Option« beschlossen.[32] Genau dazu ist es dann auch eine Woche später gekommen. Am 15. April 2020 wurde auf der Ministerpräsidentenkonferenz bereits beraten, was vor der Wiedereröffnung der Schulen alles geregelt sein muss, damit diese sich darauf vorbereiten konnten.[33] Dabei kam es zu einer Teilung der Gruppe der Schülerinnen und Schüler, in diejenigen »Schülerinnen und Schüler der Abschlussklassen und qualifikationsrelevanten Jahrgänge der allgemeinbildenden sowie berufsbildenden Schulen, die im nächsten Schuljahr ihre Prüfungen ablegen, und die letzte Klasse der Grundschule« auf der einen Seite und allen anderen Schülerinnen und Schüler auf der anderen Seite. Denn die Ministerpräsidentenkonferenz fasste den Beschluss, dass die Gruppe der Schülerinnen und Schüler der Abschlussklassen und qualifikationsrelevanten Jahrgänge »[a]b dem 4. Mai 2020 [...] prioritär [...] beschult werden« dürfe, während die große Gruppe der restlichen Schülerinnen und Schüler weiter nicht zur Schule durfte. An dieser *Privilegierung der Gruppe der Schülerinnen und Schüler der Abschlussklassen und qualifikationsrelevanten Jahrgänge* wurde auch auf der Sitzung der Ministerpräsidentenkonferenz am 6. Mai 2020 nichts wesentlich geändert. Zumindest gab die Ministerpräsidentenkonferenz für die Gruppe aller anderen Schülerinnen und Schüler als »Ziel« aus, »dass in Abhängigkeit vom Infektionsgeschehen bis zu den Sommerferien jede Schülerin und jeder Schüler einmal die Schule besuchen kann«.[34]

Im Juni 2020 wurde die erste Corona-Testverordnung[35] erlassen, die u.a. die Kostenübernahme des Testens für Kontaktpersonen regelte. Ebenso wurde die Corona-WarnApp der Bundesregierung bereitgestellt, mit der man sich freiwillig über unwissentliche Kontakte mit Infizierten informieren lassen konnte. Während der folgenden Sommermonate erfuhren die Reiserückkehrer vermehrt politische Aufmerksamkeit. Allerdings galt das nicht für alle Reiserückkehrer gleichermaßen. Alle, die innerhalb Deutschlands verreisten, hatten bei ihrer Rückkehr mit keinen Restriktionen zu rechnen. Sie galten selbst beim Besuch von inländischen Risikogebieten »nicht als Ansteckungsverdächtige«, solange sie »die dort geltenden Beschränkungen [...] befolgt« hatten.[36] Anders wurde es auf der Ministerpräsidentenkonferenz am 16. Juli 2020 für die Gruppe der Reiserückkehrer aus dem Ausland beschlossen. Sie blieben »verpflichtet, sich unverzüglich nach der Einreise auf direktem Weg in ihre eigene Häuslichkeit oder eine andere geeignete Unterkunft zu begeben sowie sich für einen Zeitraum von 14 Tagen nach ihrer Einreise ständig dort aufzuhalten (sog. Absonderung)«. Zudem mussten sie die für sie zuständige Behörde auf diese Einreise hinweisen, und ihre Absonderung wurde durch »[d]ie lokal zuständige Gesundheitsbehörde überwacht«. Davon befreit waren nur diejenigen, die über ein maximal zwei Tage altes negatives Testergebnis verfügten.[37] Bereits im Juli verständigte man sich auf dieser Ministerpräsidentenkonferenz über eine Testpflicht für die Reiserückkehrer zu beraten, was dann auch schnell geschah. Am 27. August 2020 wurde auf der Ministerpräsidentenkonferenz bekräftigt, an dieser *Diskriminierung der Gruppe der Reiserückkehrer aus dem Ausland* festzuhalten.[38] Allerdings wurde sogar eine Verschärfung der Isolationspflicht eingeführt. Ab dem 1. Oktober 2020 war es dieser Gruppe möglich, die 14-tägige Quarantäne frühestens nach fünf Tagen vorzeitig beenden zu können, wenn ein negativer Corona-Test gemacht wurde.[39]

Der Umgang mit den Corona-Tests und mit FFP2-Masken war für die weitere Konstitution von Gruppen und deren Teilung danach von Oktober 2020 bis Januar 2021 von Bedeutung. In den Beschlüssen der Ministerpräsidentenkonferenz am 14. Oktober 2020 wurden die »Bewohner bzw. Patienten« von Pflege- und Betreuungseinrichtungen sowie Krankenhäusern als besonders »vulnerable Gruppen« dargestellt. Im Unterschied zu anderen, dort nicht weiter genannten Gruppen wurde für diese Gruppe beschlossen, dass zu ihrer Sicherheit die »verfügbaren Schnelltests [...] prioritär [...] eingesetzt werden [sollen]«.[40] Die *Privilegierung dieser »besonders vulnerablen Gruppen«* wurde auf der Ministerpräsidentenkonferenz vom 16. November 2020 noch einmal deutlich, weil die mit den Testungen verbundenen Kosten von der Bundesregierung übernommen wurden; zudem wurde festgelegt, dass die Angehörigen dieser Gruppe »insgesamt 15 FFP2-Masken (rechnerisch eine pro Winterwoche) gegen eine geringe Eigenbeteiligung« erhalten konnten.[41] Der privilegierte Schutz dieser Gruppen wurde in der Ministerpräsidentenkonferenz am 25. November 2020 auch noch einmal ausdrücklich als »Kernanliegen der Politik« gerechtfertigt.[42] Für die *Gruppe des »Personals in Pflegeeinrichtungen«* hatten Maßnahmen zu Gunsten der besonders Vulnerablen wiederum *Diskriminierungen* zur Folge, was etwa bei der Ministerpräsidentenkonferenz am 19. Januar 2021 deutlich wurde. Dort wurde für diese Gruppe beim »Kontakt mit den Bewohnern eine FFP2-Maskenpflicht« sowie eine mehrmalige Testpflicht pro Woche beschlossen.[43]

Am 27. Dezember 2020 konnten in Deutschland die ersten Menschen gegen eine Ansteckung geimpft werden. Auf der Ministerpräsidentenkonferenz am 5. Januar 2021 betonten die Regierenden, dass sie

> »seit Beginn der Pandemie darauf gesetzt [haben], diese durch die zügige Entwicklung von Impfstoffen zu bewältigen. Mit den nunmehr verfügbaren Impfstoffen gibt es eine Perspektive für eine Normalisierung unseres Alltags und die Rückkehr zu einem Leben ohne pandemiebedingte Einschränkungen.«[44]

Der Zugang zum Impfstoff war aber nicht für alle gleichermaßen möglich, weil er noch nicht ausreichend zur Verfügung stand. Die politischen Maßnahmen, mit denen die Verteilung des knappen Impfstoffs organisiert wurde, brachten wieder Gruppen hervor, die asymmetrisch geteilt wurden. In den Vordergrund wurden wieder die besonders vulnerablen Gruppen wie die »Bewohnerinnen und Bewohnern von stationären Pflegeeinrichtungen« gerückt, denen zuerst »ein Impfangebot« gemacht werden sollte.[45] Bei der Privilegierung bekam diese Gruppe erneut den Vorrang gegenüber anderen Gruppen, die auf ein Impfangebot zunächst noch warten mussten. Bei der Ministerpräsidentenkonferenz am 20. Februar 2021 gab es dann bereits Beratungen, welcher Gruppe danach als nächstes eine Impfung angeboten werden könnte. Insbesondere die Gruppe der »Beschäftigten in der Kindertagesbetreuung sowie Grundschullehrerinnen und -lehrer« sollten »frühzeitiger als bisher vorgesehen – in der Kategorie 2 mit hoher Priorität – geimpft werden können«.[46] Zugleich wurde hervorgehoben, dass eine solche Privilegierung gegenüber anderen Gruppen nur vorübergehend gelten sollte. So wurde ebenfalls »allen Bürgerinnen und Bürgern« das Bestreben versichert, dass auch ihnen »spätestens bis zum Ende des Sommers ein Impfangebot gemacht werden kann«.[47]

6.4 Die »Reiserückkehrer« und die Praktiken der Agonalisierung

Während des ersten Jahres der Covid-19-Pandemie wurden durch die politischen Maßnahmen, die auf den Ministerpräsidentenkonferenzen beschlossen worden sind, verschiedene Gruppen konstituiert. Durch die damit verbundenen Diskriminierungen und Privilegierungen einzelner Gruppen wurde die Gesellschaft zudem asymmetrisch geteilt. Das Ausmaß, in dem einzelne Bürgerinnen und Bürger von diesen diskriminierenden oder privilegierenden Praktiken betroffen waren, hing davon ab, wie sich ihre Zugehörigkeit zu einer dieser Gruppen gestaltete. Zwei Aspekte wirkten sich darauf aus: (1) War die Gruppenzugehörigkeit für das Mitglied selbst disponibel? Verfügte es also selbst darüber, Mitglied zu sein? (2) War die Zugehörigkeit des Mitglieds zur Gruppe während der befristeten Geltung der Maßnahmen – zumeist nicht mehr als erst einmal sechs Wochen – permanent gegeben oder nur temporär? Gehörte es also selbst nur vorübergehend zu dieser Gruppe?

Mit den Unterscheidungen zwischen einer verfügbaren und unverfügbaren sowie einer permanenten und vorübergehenden Gruppenzugehörigkeit lassen sich die asymmetrisch geteilten Gruppen in drei bzw. vier Typen zuordnen (vgl. unten Tab. 1). Der erste Typ mit einer verfügbaren und permanenten Zugehörigkeit umfasst Gruppen wie das »Kita-Personal und Grundschullehrer*innen« oder das »Personal in Pflegeeinrichtungen«. Hier hatten sich die betroffenen Personen zum einen grundsätzlich selbst zu dieser Mitgliedschaft entschlossen. So war die Arbeit in einer Kita, in einer Grundschule oder Pflegeeinrichtung eine freie Entscheidung dieser Gruppenmitglieder, weshalb sie insofern auch selbst über ihre Gruppenzugehörigkeit verfügten. Über den Geltungszeitraum der Maßnahme, durch die sie von anderen Gruppen geteilt worden sind, gehörten sie jedoch permanent dieser Gruppe an.

Diese Permanenz unterschied diesen Typus von Gruppen wie den Reiserückkehrern aus dem Ausland.[48] Sie gehören zum zweiten Typ von Gruppen, den eine ebenfalls verfügbare, hier aber nur vorübergehende Zugehörigkeit kennzeichnet. Ob eine Person überhaupt auf Reisen ins Ausland gegangen war, oblag ihr selbst und war insofern verfügbar. Als Reiserückkehrer aus dem Ausland galt sie aber anders als das berufstätige Personal aus Typ#1 nur für eine begrenzte Zeit nach der Wiederheimkehr, weshalb sie dieser Gruppe nur vorübergehend angehörte.

Der dritte Typus unterscheidet sich von den Gruppen aus den beiden anderen Typen darin, dass die betroffenen Personen nicht über ihre Mitgliedschaft verfügen können. Hierzu gehörten die »besonders gefährdeten« bzw. »vulnerablen Gruppen« der Älteren, Hochbetagten und chronisch Kranken, Patienten und Bewohnern von Krankenhäusern, Pflegeheime, Senioren- und Behinderteneinrichtungen, die sich nicht gegen ihre Verletzbarkeit entscheiden konnten. Ebenso gehörten dazu auch Schülerinnen und Schüler aus Abschlussklassen, die durch ihre Schulpflicht an ihre Gruppenzugehörigkeit gebunden waren. Schließlich war auch der Zugehörigkeit zum »eigenen« bzw. »fremden Hausstand« kaum zu entkommen, weil dieser unmittelbar mit den eigenen Lebensumständen verknüpft war. Über diese Unverfügbarkeit hinaus war die Gruppenzugehörigkeit zudem durch Permanenz gekennzeichnet. Denn anders als bei den Reiserückkehrern war die Angehörigkeit zu dieser Gruppe durch die politischen Maßnahmen nicht befristet. Dies galt allenfalls für Patienten aus Krankenhäusern, die während der Geltungsdauer dieser Maßnahmen aus dem Krankenhaus entlassen worden sind. Sie gehörten streng genommen zum vierten Typus, dessen Gruppenzugehörigkeit unverfügbar und vorübergehend gewesen ist. Ausdrücklich adressiert wurden Gruppen dieser Art jedoch nicht während des ersten Jahrs der politischen Bekämpfung der Pandemie.

Tab. 1: Typen der Gruppenzugehörigkeit (eigene Darstellung).

	Permanente Gruppenzugehörigkeit	**Vorübergehende Gruppenzugehörigkeit**
Verfügbare Gruppenzugehörigkeit	Kitapersonal- und Grundschullehrer*innen; Personal in Pflegeeinrichtungen **TYP#1**	Reiserückkehrer aus dem Ausland **TYP#2**
Unverfügbare Gruppenzugehörigkeit	**TYP#3** Abschlussschüler*innen; »gefährdete Gruppe« der Älteren, Hochbetagten und chronisch Kranke Patienten/Bewohner von (Krankenhäusern) Pflegeheimen, Senioren- und Behinderteneinrichtungen; Angehörige des eigenen/fremden Hausstands	**TYP#4** Noch nicht Geimpfte aufgrund von Impfstoffmangel in Kombination mit Alters- bzw. Statusdiskriminierung

Diametral stehen sich hier die Gruppen von Typ#2 (verfügbare und vorübergehende Gruppenzugehörigkeit) und Typ#3 (unverfügbare und permanente Gruppenzugehörigkeit) gegenüber. Während die Gruppe der Reiserückkehrer aus Typ#2 durch diskriminierende Praktiken konstituiert und von anderen Gruppen asymmetrisch geteilt worden ist, geschah dies bei den Gruppen aus Typ#3 – der Gruppe der besonders Gefährdeten, der Abschlussschülerinnen und -schüler sowie des eigenen Hausstands – durch sie privilegierende Praktiken. Solche zum Vorteil oder zum Nachteil einer bestimmten Gruppe reichenden Maßnahmen lassen zunächst eine besondere Rechtfertigung durch die politisch Verantwortlichen erwarten, weil sie von der Gleichbehandlung aller abweicht. So wurde etwa auf der Ministerpräsidentenkonferenz am 15. April 2020 als »Leitschnur unseres Handelns [für die kommende Zeit]« verkündet, »dass wir alle Menschen in Deutschland so gut wie möglich vor der Infektion schützen wollen«.[49] Hinsichtlich der Privilegien für Gruppen von Typ#3 finden sich in den Beschlüssen aus den Ministerpräsidentenkonferenzen jedoch wenige Argumente, mit denen diese Bevorteilungen ausdrücklich gerechtfertigt wurden. Zu ihrer Rechtfertigung wurde also explizit wenig vorauseilender Begründungsaufwand betrieben. Die politisch Verantwortlichen haben wohl erwartet, dass die anderen Gruppen diese Privilegierungen bereits als gerechtfertigt erwartet hatten. Ähnlich stellt es sich bei den Diskriminierungen der Gruppen von Typ#2 dar. Auch hier wurde explizit wenig vorauseilender Begründungsaufwand dafür betrieben, was ebenfalls auf eine geringe Rechtfertigungserwartung hindeutet. Insofern weist das auch hier auf die Erwartung der politisch Verantwortlichen hin, dass sie eine Rechtfertigung für diese Diskriminierung nicht zwingend erwartet haben. Aber warum erzeugten sowohl diese Praktiken des Diskriminierens wie des Privilegierens auf Seiten der politisch Verantwortlichen die Erwartung, dass es dafür keiner ausführlichen Rechtfertigungen bedarf?

Unsere These ist, dass ein solcher Rechtfertigungsdruck vor allem dann entsteht, wenn antagonistische Praktiken der postulierten Gleichbehandlung aller widersprechen. In den politischen Maßnahmen zur Bekämpfung der Covid-19-Pandemie wurden temporale und disponible Praktiken der Agonalisierung jedoch so angelegt, dass der in der asymmetrischen Gruppenteilung latent angelegte Antagonismus nicht manifest und auf diese Weise *agonal gehegt* wurde.

Temporale Praktiken der Agonalisierung wirken dadurch, dass die durch sie konstituierten Gruppen und damit auch die mit ihnen verbundenen Gruppenzugehörigkeiten entweder vorübergehend oder permanent sind. Dass ein solcher Gebrauch von Zeitlichkeit für die anstehenden politischen Maßnahmen von großer Bedeutung sein würde, hatte die Bundeskanzlerin bereits in ihrer ersten TV-Ansprache am 18. März 2020 betont: »Halten Sie sich an die Regeln, die nun für die nächste Zeit gelten. Wir werden als Regierung stets neu prüfen, was sich wieder korrigieren lässt, aber auch: was womöglich noch nötig ist.«[50]

Im Fall von diskriminierenden Maßnahmen ist es die Begrenzbarkeit des Geltungszeitraums, durch die die damit verbundenen Praktiken agonalisierend wirken. Zu ertragende Diskriminierungen wie bei den Reiserückkehrern aus dem Ausland wurden ganz in diesem Sinne durch die Befristung für die Betroffenen mit einem absehbaren Ablaufdatum versehen. Die öffentliche Relevanz ihres damit verbundenen Leids wurde zumindest insofern anerkannt, als solche Diskriminierungen nicht dauerhaft stattfinden sollten, sondern nur für einen begrenzten, kurzen Zeitraum zugemutet und ggf. mit kompensatorischen Leistungen wie der Fortzahlung des Lohns für diesen Zeitraum aus öffentlichen Mitteln flankiert wurden.

Im Fall von privilegierenden Maßnahmen ist es hingegen die Dauerhaftigkeit einer bereits bestehenden Benachteiligung, die für ihre Agonalisierung genutzt werden kann. Zugewiesene Privilegien wie bei den besonders gefährdeten Gruppen der Älteren, Hochbetagten und chronisch Kranken, Patienten und Bewohnern von Krankenhäusern, Pflegeheime, Senioren- und Behinderteneinrichtungen konnten deshalb als gerechtfertigt unterstellt werden, weil ihre Zugehörigkeit zu dieser Gruppe aus einem Leid – nämlich der Gefahr einer im Vergleich mit anderen Gruppen ungleich schwereren Erkrankung an Covid-19 – erwuchs, der sie während der Pandemie nicht nur vorübergehend, sondern dauerhaft ausgesetzt zu sein erschienen. Temporale Praktiken wirken also bei Privilegierungen agonalisierend, wenn sie für Gruppen gelten, die ansonsten dauerhaft stärker leiden als andere Gruppen.

Praktiken der Agonalisierung beruhen aber nicht allein auf einer spezifischen Temporalität, sondern ebenso auf einer spezifischen Disponibilität. *Disponible Praktiken der Agonalisierung* zeichnen sich wiederum dadurch aus, dass die durch sie konstituierten Gruppen und damit auch hier die mit ihnen verbundenen Gruppenzugehörigkeiten für die Betroffenen entweder selbst verfügbar sind oder sich ihrem eigenen Handeln entziehen. Wie die Temporalität so wirkt auch die Disponibilität bei diskriminierenden und privilegierenden Praktiken unterschiedlich.

Die Diskriminierungen der Reiserückkehrer aus dem Ausland trafen eine Gruppe, deren Angehörigkeit sich jeder leicht entziehen konnte. Ob jemand davon betroffen war, hatte man selbst in der Hand, indem man sich für oder gegen eine Reise ins Ausland entschied. Die Entscheidung, ins Ausland zu reisen, war so zugleich eine *eigene und insofern private* Entscheidung, die Diskriminierungen für die damit verbundene Gruppe auf sich zu nehmen. Dem Leid der von diesen diskriminierenden Praktiken Betroffenen konnte wegen dieser Disponibilität die öffentliche Relevanz abgesprochen werden. Es blieb ein privates Leid, das öffentlich zwar geäußert, aber dennoch ohne ausdrückliche Rechtfertigung der damit einhergehenden Ungleichbehandlung zugemutet werden durfte.

Bei den privilegierenden Praktiken stellt sich die Wirkung ihrer Disponibilität wie schon bei der Temporalität genau umgekehrt dar. Privilegien wurden Personen wie den besonders gefährdeten Älteren, Hochbetagten und chronisch Kranken, Patienten und Bewohnern von Krankenhäusern, Pflegeheime, Senioren- und Behinderteneinrichtungen eingeräumt, die von einer Erkrankung an Covid-19 mehr gefährdet gewesen waren als andere. Entscheidend dabei war, dass die Angehörigkeit zu dieser Gruppe nicht davon abhing, wie sie gegenwärtig handelten. Wurden solchen Gruppen Privilegien zugewiesen, dann konnten sie von den politisch Verantwortlichen als gerechtfertigt erwartet werden, weil ihr spezifisches Leid mit einer Zugehörigkeit zu einer Gruppe verbunden war, über die sie nicht selbst verfügen konnten.

6.5 Die »Ungeimpften« und die Grenzen agonalisierender Praktiken

Schon mit Beginn der politischen Bekämpfung der Covid-19-Pandemie galt die Entwicklung von Impfstoffen gegen eine Infektion mit dem SARS-CoV-2-Virus als ein Meilenstein. Von den Impfstoffen versprach man sich schon auf der Ministerpräsidentenkonferenz vom 15. April 2020 »eine zeitnahe Immunität in der Bevölkerung […] ohne eine Überforderung des Gesundheitswesens und des Risikos vieler Todesfälle«.[51] Schon im Oktober 2020 war die Entwicklung der Impfstoffe so weit fortgeschritten, dass die Ministerpräsidentenkonferenz erstmals auch einen zeitlichen Horizont für deren Einsatzbereitschaft äußerte:

> »Angesichts der Fortschritte bei der Erforschung von Impfstoffen besteht die Hoffnung, dass im kommenden Jahr [2021, AB/HS] Impfstoffe zugelassen und verfügbar werden. Abhängig von deren Eigenschaften kann dies ein entscheidender Schritt für die Beherrschung der Pandemie und für eine Rückkehr zur Normalität sein.«[52]

Ende 2020 wurden dann die ersten bereits geimpft. Da die Impfstoffe aber noch nicht für alle Bürgerinnen und Bürger ausreichten, wurden – wie oben schon dargestellt – zunächst die besonders vulnerablen Gruppen privilegiert. Im Februar 2021 lag dann auch ein Plan der Ständigen Impfkommission vor, der den Zugang zu den Impfstoffen für verschiedene Gruppen auf sechs Stufen verteilte.[53]

Bis zum Sommer 2021 hatten schließlich alle erwachsenen Bürgerinnen und Bürger die Möglichkeit, sich gegen eine Infektion mit dem SARS-CoV-2-Virus impfen zu lassen. Auch für Kinder ab 12 Jahren stand ein angepasster Impfstoff zur Verfügung. Insgesamt hatten sich Ende August 2021 erst weniger als 70 % der Gesamtbevölkerung in Deutschland impfen lassen.[54] Über die Sommermonate hinweg war gleichzeitig die Zahl der Neuerkrankungen inzwischen so niedrig,[55] dass es kaum noch politische Maßnahmen gab, die einzelne Gruppen diskriminierten oder privilegierten. So wurde zwar eine Impfpflicht öffentlich diskutiert, doch erschien sie vor diesem Hintergrund den politisch Verantwortlichen zu diesem Zeitpunkt als unnötig, kaum zu vermitteln und schwierig durchzusetzen.

Ab Oktober 2021 stiegen die Infektionszahlen allerdings wieder so stark an, dass auch politische Maßnahmen wieder nötig wurden. Damit nahm nicht nur die Diskussion um eine Impfpflicht neu Fahrt auf,[56] sondern eine neue Gruppenteilung zwischen den Ungeimpften auf der einen Seite sowie den Geimpften und Genesenen auf der anderen Seite gewann an politischer Relevanz.

Das Verhalten der ungeimpften Bürgerinnen und Bürger war dann auch auf der Ministerpräsidentenkonferenz vom 18. November 2021 ein zentrales Thema. Alle »nicht geimpften Personen« wurden aufgefordert, »sich solidarisch zu zeigen und sich jetzt zügig gegen das SARS-CoV2-Virus impfen zu lassen«.[57] Darüber hinaus wurde die Gruppe der »Ungeimpften« im Unterschied zu anderen Gruppen in diesem Ministerpräsidentenkonferenz-Beschluss dadurch konstituiert, dass ihnen kein »individueller Beitrag zu ihrem eigenen Schutz, zum Schutz ihrer Mitmenschen und der gesamten Bevölkerung und zur Sicherung der Leistungsfähigkeit unserer Krankenhäuser« attestiert wurde.[58] Zudem galten die Ungeimpften in diesem Beschluss als eine Gruppe, bei der »die Corona-Erkrankung wesentlich häufiger schwer [verläuft]« und die »ein deutlich höheres Ansteckungsrisiko für andere auf[weist]«.[59]

Auf der Ministerpräsidentenkonferenz vom 18. November 2021 führten verschiedene der beschlossenen Maßnahmen dazu, dass die Gruppe der Ungeimpften asymmetrisch von den anderen Gruppen geteilt wurde. Ungeimpfte sollten solange nicht mehr »in Krankenhäusern und Einrichtungen der Eingliederungshilfe sowie in Alten- und Pflegeheimen und bei mobilen Pflegediensten« arbeiten dürfen, bis sie »sich gegen das Coronavirus [haben] impfen [...] lassen«.[60] Anders als Genese und Geimpfte sollten die Ungeimpften nur dann an ihren Arbeitsstätten »tätig sein dürfen«, wenn sie vorher negativ getestet waren.[61] Ebenfalls im Unterschied zu den anderen Gruppen mussten die Ungeimpften »bei der Nutzung eines Verkehrsmittels einen Nachweis über einen negativen Corona-Schnelltest mit sich führen«, der »nicht länger als 24 Stunden zurückliegen« sollte.[62] Schließlich wurden die Ungeimpften noch dadurch diskriminiert, dass sie keinen »Zugang zu Freizeit-, Kultur-, Sportveranstaltungen, zu gastronomischen Einrichtungen und übrigen Veranstaltungen – in Innenräumen –, sowie grundsätzlich zu körpernahen Dienstleistungen und Beherbergungen« erhalten sollten, sobald eine bestimmte Hospitalisierungsrate überschritten würde.[63]

Die diskriminierenden Maßnahmen gegenüber den »Ungeimpften« erschienen im Krisen-Narrativ der politisch Verantwortlichen dadurch gerechtfertigt, dass temporale und disponible Praktiken auf die gleiche Weise miteinander verknüpft waren, wie es etwa zuvor schon bei den Reiserückkehrern aus dem Ausland der Fall gewesen war. Erstens waren alle diskriminierenden Maßnahmen nur vorübergehend, weil sie bis zur »Impfung« bzw. zum »vollständigen Impfschutz« zeitlich befristet wurden. Zweitens konnten sich alle Ungeimpften impfen lassen – ihnen standen Impfungen zur Verfügung. Sie mussten sich nur selbst dafür entscheiden. Und drittens konnten sie sich jederzeit für eine Impfung entscheiden. Je eher man sich dafür entschied, desto schneller konnte man selbst die Diskriminierungen für sich selbst beenden. Wegen dieser Verknüpfung von temporalen und disponiblen Praktiken in ihrem Krisen-Narrativ entstand für die politisch Verantwortlichen keine öffentliche Relevanz für das Leid, das die Ungeimpften bei diesen Diskriminierungen empfanden.

Im konkurrierenden Krisen-Narrativ der Ungeimpften sah dies – zumindest bei denjenigen, die sich nicht impfen lassen wollten, weil sie kein Vertrauen in die Sicherheit der Impfungen hatten oder weil ihres Erachtens die Risiken größer als der Nutzen waren[64] – anders aus. Anfang Oktober 2021 hatten sich 74 % der Ungeimpften nicht impfen lassen, weil ihnen die verfügbaren Impfstoffe nicht ausreichend erprobt waren. Für 67 % von ihnen war zudem der Druck von außen zu groß, sie wollten nach eigenem Ermessen handeln.[65] Die Impfung war für diese Gruppe also keine Option, über die sie ihres Erachtens selbst verfügten. Die Impfung war aus ihrer Perspektive vielmehr etwas, das ihnen schaden könnte. Weil sie sich nicht selbst schädigen oder der Gefahr einer Selbstschädigung aussetzen wollten, war die Impfung für sie nicht disponibel. Insofern stellte sich ihre Angehörigkeit zur

Gruppe der Ungeimpften für sie auch nicht als bloß vorübergehend, sondern als permanent dar. Das Leid, das sie ihres Erachtens mit den diskriminierenden Maßnahmen erfuhren, war deshalb in ihrer Selbstwahrnehmung nicht ihre private Angelegenheit. Vielmehr beanspruchten sie wegen dessen Permanenz und Unverfügbarkeit, dass es von öffentlicher Relevanz sein sollte, was unter anderem darin zum Ausdruck kam, dass die Bereitschaft zur Teilnahme an Demonstrationen gegen einschränkende Maßnahmen unter ihnen stärker ausgeprägt war als unter den Geimpften bzw. Impfbereiten.[66] Nachdruck sahen sie ihrem Anspruch zudem noch dadurch verliehen, dass dieses Leid aus den diskriminierenden Praktiken durch öffentliche Maßnahmen verursacht worden war. Im Unterschied zu ihrer Wahrnehmung durch die politisch Verantwortlichen sahen sich die Ungeimpften deshalb selbst als Angehörige einer Gruppe, der sie permanent angehörten und über deren Mitgliedschaft sie nicht selbst verfügten. Da sie sich deshalb der Diskriminierung als Ungeimpfte nicht selbstständig entziehen konnten und diese auch nicht von begrenzter Dauer zu sein schien, teilten sie somit nicht die Voraussetzungen, unter denen diese Praktiken den politisch Verantwortlichen sowie der großen Mehrheit der Mitbürgerinnen und Mitbürger[67] gerechtfertigt erscheinen konnten.

Einige suchten deshalb einen Ausweg darin, sich der Subjektivierung als ›Ungeimpfte‹ zu entziehen. Dafür nutzten sie zwei Optionen: Eine Option bestand darin, dass sie sich absichtlich mit dem SARS-CoV-2-Virus infizierten, um sich nach ihrer Rekonvaleszenz als ›Genesene‹ subjektivieren zu können, deren Rechte zumeist mit denen der Geimpften identisch gewesen sind; die andere Option bestand im illegalen Vortäuschen durch gefälschte Zertifikate entweder genesen oder geimpft zu sein.

An diesem Beispiel der Subjektivierung von ›Geimpften‹ und ›Ungeimpften‹ wird ersichtlich, dass die Typisierung verschiedener asymmetrischer Gruppen entlang der Unterscheidungen zwischen einer verfügbaren und unverfügbaren sowie einer permanenten und vorübergehenden Gruppenzugehörigkeit in der Selbst- und Fremdwahrnehmung dieser Gruppen nicht konvergieren muss (vgl. Tab. 2). Im Krisen-Narrativ der politisch Verantwortlichen handelte es sich bei den Ungeimpften um eine Gruppe, bei der die Angehörigkeit nur bis zur Impfung, also vorübergehend gegeben war und deren Mitgliedern eine Impfung angeboten wurde, womit sie selbst über ihre Zugehörigkeit zu den Geimpften oder Ungeimpften entscheiden konnten (Typ#3). Eine Diskriminierung der Gruppe der Ungeimpften erschien den politisch Verantwortlichen ähnlich wie bei den Reiserückkehrern aus dem Ausland also zumutbar. Im konkurrierenden Krisen-Narrativ der Ungeimpften ändert sich dies diametral. Die Impfung war in der Selbstwahrnehmung die Ungeimpften keine Option, weshalb ihre Zugehörigkeit zu dieser Gruppe für sie nicht disponibel und in der Folge auch nicht bloß vorübergehend sein konnte (Typ#2). Die Ungeimpften schrieben sich so selbst, also anders als in der Fremdwahrnehmung durch die politisch Verantwortlichen, keine Ähnlichkeit mit den diskriminierbaren Reiserückkehrern aus dem Ausland zu, sondern vielmehr mit den besonders gefährdeten Gruppen, die ebenfalls über ihre Gruppenzugehörigkeit nicht verfügten, ihr auch permanent angehörten und deshalb in einen rechtfertigbaren Genuss von Privilegien gekommen waren.

Tab. 2: Typisierung der Gruppe der Ungeimpften (eigene Darstellung).

	Permanente Gruppenzugehörigkeit	**Vorübergehende Gruppenzugehörigkeit**
Verfügbare Gruppenzugehörigkeit	**TYP#1**	Ungeimpfte im Krisen-Narrativ der pol. Verantwortlichen **TYP#2**
Unverfügbare Gruppenzugehörigkeit	**TYP#3** Ungeimpfte im eigenen Krisen-Narrativ	**TYP#4**

Die generelle These agonaler Demokratietheorien, dass politische Konflikte durch ihre Agonalisierung gehegt werden können, lässt sich also vor dem Hintergrund dieser Ergebnisse modifizieren. Nur wenn die Praktiken der temporalen und disponiblen Agonalisierung in der Wahrnehmung und den Narrativen der dadurch asymmetrisch geteilten Gruppen konvergieren, also Selbst- und Fremdwahrnehmung der betroffenen Gruppe in temporaler und disponibler Hinsicht übereinstimmen, dann lassen sich die daraus resultierenden Konflikte auch hegen. Werden aber Temporalität und Disponibilität selbst zum Gegenstand des Konflikts zwischen den dadurch geteilten Gruppen, dann ist die Agonalisierung gescheitert. Denn in diesen Fällen wird das *asymmetrische Unterscheiden zwischen den Gruppen* selbst zum Austragungsort des Antagonismus.

Dies eröffnet auch eine Perspektive darauf, wie aus Gegnern von heute die politischen Feinde von morgen werden könnten. Zunächst kommt es dabei auf die Eigenzeit des asymmetrischen Unterscheidens an, die von der Geltungszeit der politischen Maßnahmen abhängt. Wird diese von den sich diskriminiert fühlenden Gruppen als erträglich kurz empfunden, dann wird das damit verbundene Scheitern der Agonalisierung eher akzeptabel bzw. hinnehmbar. Typisch dafür war etwa die Akzeptanz der einschränkenden Maßnahmen unter jenen Ungeimpften, die aufgrund des noch nicht ausreichend vorhandenen Impfstoffes und ihrer Angehörigkeit zu einer wenig vulnerablen Gruppe zunächst keine Impfung erhalten konnten. Die absehbare Aussicht auf eine Impfung und ihr als begründet wahrgenommener Ausschluss vom vorrangigen Zugang zu Impfungen haben dazu beigetragen, dass diese asymmetrische Gruppenteilung nicht als Antagonismus wahrgenommen wurde.

Wird dieser Konflikt um asymmetrisches Unterscheiden zwischen den Gruppen jedoch verstetigt, weil er den Betroffenen unzumutbar lang oder sein Ende den Betroffenen nicht absehbar erscheint,[68] dann wächst die Gefahr, dass sich politische Gegner im weiteren Verlauf sukzessive als Feinde betrachten. In dieser Steigerungslogik wäre es am Ende dann deren Existenz, auf die sich die Diskriminierungen beziehen. Wer dann diese Diskriminierungen abschaffen wollte, könnte damit anfangen im *worst case* die legitime Existenz einer gegnerischen Gruppe in Frage zu stellen, um sie dann als Feinde auch existentiell zu bekämpfen.[69]

7 Nach der Auszeit

Mit einer demokratischen Auszeit wird der Zeitverlauf der demokratischen Routine nicht nur durch ein bloßes Ereignis, einen Zeitpunkt, unterbrochen, sondern die Normalzeit wird für einen gewissen Zeitraum durch ein exzeptionelles politisches Zeitregime abgelöst (vgl. Kap. 3). Als eigene Zeit wird eine demokratische Auszeit für die Bürgerinnen und Bürger sinnlich erfahrbar, sobald die Eigenzeiten demokratischer Verfahren aus dem gewohnten Takt geraten. Dieser als demokratische Routine erlebte Takt ist im politischen Alltag geprägt von einer politischen Dynamik, die vier verschiedene Phasen durchläuft: das Erzeugen von Perplexität, das Austragen öffentlicher Konsultationen, das Hierarchisieren von Lösungsvorschlägen und das Institutionalisieren von kollektiv bindenden Entscheidungen. Die demokratische Routine erzeugt so die Vorstellung einer in zeitlicher Hinsicht auf Dauerhaftigkeit und in sachlicher Hinsicht auf Stabilität ausgerichteten Ordnung, die in einer demokratischen Auszeit in Frage steht.

In Deutschland eröffnete ab dem Frühjahr 2020 die Pandemiepolitik der Bundesregierung und der Landesregierungen eine solche demokratische Auszeit. Die nun einsetzende exzeptionelle Politik reagierte auf eine ungewöhnliche, doppelt motivierte Herausforderung. Einerseits hatte man es mit einer in sich dynamischen sachpolitischen Problemlage zu tun, angesichts derer über einen längeren Zeitraum keine kohärente Problembearbeitung entwickelt werden konnte. Und andererseits entstand eine antagonistische gesellschaftliche Konfliktlage, weil unterschiedliche Bewertungen der Sachlage die Aufmerksamkeit auf scheinbar nicht miteinander zu vereinbarende Grundüberzeugungen der Akteure lenkten (vgl. Kap. 4). Vor diesem Hintergrund wurden die kollektiv bindenden Entscheidungen für die einzelnen Maßnahmen durch die Bundesländer nicht gleichzeitig in Geltung gesetzt, und waren sie zudem meist nur befristet und mit unterschiedlichen Laufzeiten versehen (vgl. Kap. 5). Die doppelte Herausforderung aus ungelösten Sachproblemen und antagonistischen Konflikten beschleunigte den politischen Kreislauf mit immer neuen Perplexitäten, der Vervielfältigung von Konsultationen und divergierenden Hierarchisierungsvorschlägen, so dass die Institutionalisierung mangels der damit gewöhnlich verbundenen Dauerhaftigkeit geradezu übersprungen wurde. Außerdem ging aus dem Kreislauf selbst eine eigene temporäre Perplexität hervor, die diesen Prozess in schnell aufeinander folgenden Zyklen wieder neu aufsetzte.

Diese Beschleunigung hatte Auswirkungen auf die Grundlagen, die in demokratischen Routinen vorausgesetzt, durch das erfolgreiche Durchlaufen affirmiert und auf diese Weise performativ als Voraussetzungen eines neuen Kreislaufs wieder (re-)produziert werden: *die kollektiv geteilte Annahme, dass wir uns darüber einig sind, wie wir unsere Konflikte austragen und auf welchen Grundüberzeugungen wir unsere Dissense aushalten wollen.* Im Alltag demokratischer Praxis bleiben diese konstitutiven Grundlagen zumeist unausgesprochen. Denn wird ein konkreter politischer Konflikt beendet, indem darüber kollektiv bindend entschieden wurde, dann muss nicht zusätzlich noch darüber gesprochen werden, ob wir auch die konstitutiven Grundlagen für diese Entscheidung teilen.

Das Schweigen über die Grundüberzeugungen hat, wie Cass R. Sunstein gezeigt hat, für die demokratische Routine verschiedene Vorteile.[1] Es ermöglicht, dass sich in einer pluralen Gesellschaft Bürgerinnen und Bürger mehrheitlich über eine kollektiv bindende Entscheidung einigen können, ohne sich auch über die genauen Grundlagen ihrer Herstellung einigen zu müssen. Das heißt, einer routinemäßigen kollektiv bindenden Entscheidung kann aus verschiedenen Gründen zugestimmt werden. Diese unterschiedliche Begründbarkeit kann als Verweis auf einen grundlegenden Respekt gegenüber verschiedenen guten Gründen gedeutet werden, der von den Bürgerinnen und Bürgern als wechselseitige Anerkennung ihrer individuellen Differenzen erfahren werden kann. Für eine Minderheit, die einer konkreten Entscheidung nicht zugestimmt hat, reduziert dieses Schweigen über die konstitutiven Grundlagen außerdem die politischen Kosten ihrer Unterlegenheit. Sie werden nur in *einem* konkreten politischen Konflikt überstimmt, aber ihre eigenen Vorstellungen von den konstitutiven Grundlagen und deren allseits geteilter Anerkennung können sie aufrechterhalten. Schließlich hat dieser »constructive use of silence«[2] noch den Effekt, dass die Bürgerinnen und Bürger *über die Zeit* ihre jeweiligen Vorstellungen davon, was das gemeinsame Austragen von Konflikten auszeichnet, ohne neue Konfliktrisiken ändern können. Denn potentiell historische Inkonsistenzen in diesen Vorstellungen können so latent bleiben, weshalb mit einem solchen Wandel kein Rechtfertigungsdruck erwartet werden muss.

Durch die während einer demokratischen Auszeit allenfalls kurzzeitigen und entsprechend fragilen Institutionalisierungen der politischen Maßnahmen zur Bekämpfung der Covid-19-Pandemie, durch die dauerhaft unabgeschlossenen Kontroversen um das Sachproblem und mögliche Reaktionen darauf sowie durch die im Kreislauf *immanent* erzeugten temporären Perplexitäten (vgl. Kap. 5), steigt jedoch die Wahrscheinlichkeit, dass die konstitutiven Grundlagen von enttäuschten Bürgerinnen und Bürgern zur Sprache gebracht werden. Dazu tragen vor allem Konflikte bei, mit denen sich Bürgerinnen und Bürger in verschiedene Gruppen asymmetrisch aufteilen, ohne dass ihre Konflikte agonal gehegt werden können. Dies betrifft vor allem Situationen, in denen zwischen den Gruppen keine Einigkeit mehr darüber besteht, ob diese Teilung bloß temporär ist und ob jeder autonom über sie verfügen kann (vgl. Kap. 6). Dann wird fragwürdig, inwieweit *die Annahme, dass wir uns darüber einig sind, wie wir unsere Konflikte austragen und auf welchen Grundüberzeugungen wir unsere Dissense aushalten wollen, noch gleichermaßen geteilt wird.* Auf diese Weise entstehen vorübergehende, nur aufflackernde Szenarisierungen des Kollektivs, die die Fragilität des Kollektivs als umstrittenes »Ding« hervorbringen und so einen Meta-Kreislauf der Kontroverse anstoßen. Dass sich die Bürgerinnen und Bürger dabei darüber streiten, *wie* sie sich als Kollektiv in Szene setzen sollen, unterbricht die demokratischen *Routinen* für eine *demokratische* Auszeit.

In Deutschland brach die demokratische Auszeit der Pandemiepolitik nicht über Nacht herein. Die Perplexisierungen zu Beginn der Pandemiebekämpfung, die aus dem Unwissen über das neuartige Virus, seine Erkrankungsrisiken und Ansteckungswege sowie seiner weltweit rasanten Verbreitung resultierten, setzen die Beschleunigung des Kreislaufs zunächst nur in Gang. Die Frage, welche Maßnahmen zu dessen Bekämpfung gegenüber anderen zu hierarchisieren waren, war bis Anfang April 2020 kaum konflikthaft. Das dürfte einerseits mit der epistemischen Autorität von Pandemie-Expertinnen und -Experten zusammenhängen, wie sie prominent dem Virologen Christian Drosten in diesen Wochen zugesprochen wurde, und andererseits mit der relativen Ungewissheit bezüglich der direkten gesundheitlichen

Folgen der Pandemie sowie der nicht intendierten Nebenfolgen der Regierungsmaßnahmen. Die anfängliche Perplexität konnte so relativ unvermittelt in eine Institutionalisierung von effektiven Maßnahmen übersetzt werden, die Sicherheit vor der antizipierten Gefahr gewährleisten sollten. Die epistemisch-autoritative Phase der Pandemiepolitik war in Deutschland nur von kurzer Dauer.

Schnell zog das sich zügig ausdifferenzierende Wissen eine wachsende Unsicherheit nach sich, welche Reaktionen im Umgang mit der Pandemie angemessen sein sollten. Dazu trug auch eine zunehmende Politisierung wissenschaftlicher Expertise durch einzelne Landesregierungen und Massenmedien bei. Währenddessen hatte sich der sachpolitische Kreislauf demokratischer Politik zudem so sehr beschleunigt, dass die politischen Auseinandersetzungen zunehmend auch in einem Meta-Kreislauf um demokratische Grundüberzeugungen und die damit verbundenen »Zukunftserwartungen«[3] geführt wurden. Dieser prägte die zweite, antagonistische Phase in der Pandemiepolitik (vgl. Kap. 4). Denn die Annahme, dass wir uns darüber einig seien, wie wir unsere Konflikte austragen und auf welchen Grundüberzeugungen wir unsere Dissense aushalten wollen, erschien einer wachsenden Anzahl an Bürgerinnen und Bürgern beim Austragen dieser Konflikte als fragwürdig.[4]

Umstrittene Sachfragen wurden so in »Corona Truth Wars« transformiert, in denen nicht mehr nur Wissensfragen verhandelt wurden, sondern kollektive und individuelle Identitätsfragen, das Vertrauen in Institutionen der liberalen Demokratie, wie die Medien öffentlicher Kommunikation, die Wissenschaft oder die Parlamente und die Regierungen, sowie zentrale Werte, wie Solidarität und Freiheit, oder Erwartungen, wie Offenheit und Transparenz, Rationalität und Kohärenz von Akteuren und Entscheidungen.[5] Während der Pandemie verschob sich in der Folge auch die Wahrnehmung dieser Konflikte. Im Dezember 2020 sahen 54 % der Bevölkerung »gegenwärtig viele Diskussionen« in ihrem »persönlichen Umfeld« und nur 42 % »[noch nie] so viel Streit wie heute«. Im Jahr 2022 hatte sich dies umgekehrt: 57 % nahmen die Konflikte als »so viel Streit wie noch nie« und nur noch 48 % als »viele Diskussionen« wahr.[6]

Das fortwährende Stellen der demokratischen Frage hatte auch einen performativen Effekt. Denn je öfter die Annahme geteilter konstitutiver Grundlagen auch explizit in Frage gestellt wurde, desto weniger wurden diese Grundlagen in der Praxis implizit affirmiert und reproduziert. So wurden die Voraussetzungen brüchig, von denen jeder neue

Kreislauf zehrt. Dass diese Kreisläufe durch immanente und temporäre Perplexisierungen mit hohem Tempo immer wieder neu angestoßen wurden, führte dem Meta-Kreislauf immer neue Anlässe für die Infragestellung der konstitutiven Grundlagen zu. Die Demokratie in Deutschland war in einer Auszeit, in der die Demokratie in Deutschland *für sich* zum Thema wurde.[7]

In den Jahren 2022 und 2023 ging diese Auszeit langsam zu Ende. Die Pandemiepolitik wurde sukzessive wieder im Modus demokratischer Routine ausgetragen, nachdem die Institutionalisierungen der politischen Maßnahmen zu ihrer Bekämpfung an Dauer gewannen und die Rasanz neuer Perplexisierungen zurückging, wenn sie sich nicht sogar gänzlich einstellte. Eingeleitet wurde dies bereits im November 2021, als die ›epidemische Lage von nationaler Tragweite‹ nicht mehr festgestellt wurde. Im April 2022 fand ein weiterer Versuch zur Einführung einer allgemeinen Impflicht keine Mehrheit.[8] Der völkerrechtswidrige Angriffskrieg Russlands gegen die Ukraine hatte zudem schon im Februar 2022 ein ganz anderes (Notfall-)Thema auf die politische Agenda gesetzt. Die Angst vor der Pandemie wurde verdrängt von der Angst vor dem Krieg. Anders als bei der Covid-19-Pandemie konnte hier aber mit der Lokalisierung des Problems in der Ukraine *für uns* noch Zeit für Prävention entstehen, weshalb die damit verbundenen Maßnahmen trotz der Zeitenwende-Rhetorik von Bundeskanzler Scholz weitgehend im Rahmen demokratischer Routinen getroffen werden konnten. Die demokratische Auszeit ist darum in keine kriegsbedingte Verlängerung gegangen.

Am Ende einer Auszeit stellt sich auch die Frage, ob und was sich *während der Auszeit* verändert hat. Wie haben also die Bürgerinnen und Bürger das Funktionieren der Demokratie in der Auszeit wahrgenommen? Diese Wahrnehmung wird etwa in Thüringen seit 2000 jährlich im Thüringen-Monitor abgefragt.[9] Zwischen den Jahren 2000 und 2013 waren nie weniger als 37 % und nie mehr als 52 % der Befragten zufrieden mit dem Funktionieren der Demokratie. Nachdem die bis dahin seit der Wiedervereinigung immer regierende CDU 2014 aus der Landesregierung ausschied, stieg diese Zufriedenheit an. In der ersten Legislaturperiode von 2014 bis 2019 unter Führung der Links-Partei waren nie weniger als 47 % und 2017 sogar 65 % der Thüringerinnen und Thüringer mit dem Funktionieren der Demokratie im Freistaat zufrieden. Während der demokratischen Auszeit in den Jahren 2020 und 2021 konnte dieses hohe Niveau gehalten werden: 2020 betrug der Anteil der Zufriedenen sogar 68 % und 2021 lag er bei 65 %. Auch in ganz Deutschland blieb der Anteil der Zufriedenen mit dem Funktionieren der Demokratie während den Jahren der demokratischen Auszeit im Vergleich zu den Vorjahren stabil über 60 %.[10]

Diese hohen Werte waren allerdings keine Folge einer breiten Zufriedenheit der Bevölkerung mit der Pandemiepolitik der Bundesregierung und der Landesregierungen.[11] Im Jahr 2021 bewerteten nur 30 % der Bundesbürgerinnen und -bürger die Arbeit der Bundesregierung in der Corona-Krise als gut oder sehr gut. 62 % bescheinigten ihr weniger gute oder sogar keine gute Arbeit. Diese Zahlen deuten darauf hin, dass die Bevölkerung in Deutschland in großer Mehrheit mit dem Funktionieren der Demokratie zufrieden gewesen ist, obwohl sie die Pandemiepolitik der exekutiven Gewalten im Bund und in den Ländern nicht als gut ansah. In der hohen Anzahl an Bürgerinnen und Bürgern, die mit dem Funktionieren der Demokratie während der Jahre 2020 und 2021 zufrieden waren, spiegelt sich also wohl kaum die oft beschworene »Stunde der Exekutive« wider.[12] Uns scheint es vielmehr als ein weiterer Hinweis darauf, dass die in der Politik der Exekutiven erkennbare Auszeit von der demokratischen Routine zu einem Meta-Kreislauf über die konstitutiven Grundlagen der Demokratie führte, an dem ein großer Teil der Bevölkerung zumeist unmittelbar untereinander, in kleinen Gruppen, spontan und interaktiv jenseits der öffentlichen Routinen teilnahm – quasi von *mask-to-mask*. Die Auszeit von der demokratischen Routine erlebten die meisten Bürgerinnen und Bürger in Deutschland womöglich deshalb als eine Zeit, in der die Demokratie funktionierte.

Nach einer Auszeit stellt sich aber zudem noch die Frage, ob und was sich *im Vergleich zur Zeit vor der Auszeit* verändert hat. Wenn in einer demokratischen Auszeit die konstitutiven Grundlagen der Demokratie zur Sprache gebracht werden, dann kann deren Beschweigen nicht seine sonstigen konstruktiven Wirkungen entfalten. Dies betrifft vor allem die Auswirkungen auf jene Minderheit der Bürgerinnen und Bürger, die die Pandemiepolitik der Bundesregierung wie der Landesregierungen ablehnten. Dies geschah bei einigen, weil sie einzelne Maßnahmen im Hinblick auf ihre Wirksamkeit oder ihre Risiken als ungeeignet für die Pandemiebekämpfung beurteilten, ohne dass sie den konstitutiven Grundlagen der demokratischen Auseinandersetzung damit ihre Zustimmung entzogen. Diese Menschen sahen sich nur in diesen Sachfragen als eine Minderheit, die der demokratisch hergestellten Mehrheit unterlegen war. Da ihre Minderheitsposition das Ergebnis von demokratischen Verfahren war, über die wir unsere Konflikte austragen sollen, stellten sie sich nicht die meta-politische Frage, auf welchen demokratischen Grundüberzeugungen wir unsere sachpolitischen Dissense aushalten wollen.

Andere Bürgerinnen und Bürger lehnten die Pandemiepolitik hingegen ab, weil sie ihres Erachtens ›undemokratisch‹ war. Sie taten dies, weil die politischen Maßnahmen zur Bekämpfung der Pandemie aus Verfahren hervorgegangen waren, die aus ihrer Sicht nicht dem entsprachen, worauf wir uns zur Lösung von Konflikten geeinigt hatten. Ihnen wurde spätestens bei der sich daran kristallisierenden Debatte über die konstitutiven Grundlagen deutlich, dass ihre eigenen Vorstellungen davon – anders als bis dahin unterstellt – offensichtlich nicht mit denen der Mehrheit übereinstimmten. In solchen Momenten zeigte sich der *destructive use of deliberation*, an dem sich das Risiko einer demokratischen Auszeit zeigt. In ihr werden Dissense unter den Bürgerinnen und Bürgern zur Sprache gebracht, auf denen jede plurale Gesellschaft aufruht und vor der keine Form von Gemeinschaft gefeit ist, die jedoch im demokratischen Alltag konstruktiv beschwiegen werden. Die Konflikte wurden nun auf beiden Seiten mit Bezug auf die demokratischen Grundüberzeugungen geführt – aber diese Bezugnahmen auf gleiche Werte waren verbunden mit unterschiedlichen Vorstellungen davon, was genau diese Werte substanziell ausmacht, so dass sich beide Seiten wechselseitig anklagten, die gemeinsamen demokratischen Grundlagen zu verletzen.[13] Das aus diesen Konflikterfahrungen resultierende gegenseitige Misstrauen[14] ist dann wohl auch eine Ursache dafür, dass sich Ende 2020 87 % der Bürgerinnen und Bürger um den Zusammenhalt sorgten, während dies 2017 noch vor der Covid-19-Pandemie 12 Prozentpunkte weniger waren.[15]

Diese unaufhebbare Konflikthaftigkeit wurde auch während der Corona-bedingten demokratischen Auszeit in Deutschland allen Bürgerinnen und Bürgern wieder vor Augen geführt – mit allen Chancen und allen Risiken. Riskant daran ist, dass damit auch autoritäre Politikangebote Rückenwind erhalten, die als ›Lösung‹ eines alles Andere überformenden Konflikts das Ende jeder Deliberation über das Austragen und Aushalten von Konflikten versprechen.[16] Sie adressieren insbesondere jene Bürgerinnen und Bürger, die sich in der Auszeit in einer ihres Erachtens ›ungerechtfertigt‹ diskriminierten Gruppe subjektiviert haben (vgl. Kap. 6), ohne dass dies ihren Vorstellungen vom Aushalten von Konflikten entsprach. Diese sollen dazu motiviert werden, sich zukünftig jeder weiteren Transformation gesellschaftlicher Antagonismen in agonale Konflikte zu widersetzen. Anstatt demokratische Grundfragen aufzuwerfen, soll – so die autoritäre Strategie – langfristig die Demokratie in Frage gestellt werden.

Auszeiten sind aber nicht allein eine Gefahr für die Demokratie. Weil weder eine autoritäre Auslöschung noch eine konsensuelle Überwindung von Konflikten möglich ist, kommt es in Demokratien in erster Linie darauf an, dass sich Konfliktparteien wechselseitig als legitime Gegner anerkennen. Nur dies erlaubt es trotz aller Konflikte um das richtige Ausmaß an Freiheit und an Gleichheit, uns als Freie und Gleiche zu konstituieren. Ein geteilter Bezug auf demokratische Grundwerte ist notwendig, um ein gemeinsames Verständnis für demokratische Routinen entwickeln zu können. Die Chance einer demokratischen Auszeit liegt darin, dass wir uns an diese Notwendigkeit erinnern und über die Erneuerung der dafür nötigen Verfahren und Grundüberzeugungen *für eine gewisse Zeit* streiten. Angesichts der inneren und äußeren Bedrohungen vieler Demokratien sollten wir vielleicht auch darüber nachdenken, wie wir unsere demokratische Ordnung institutionell befähigen können, eine solche Auszeit systematisch zu erzeugen, um dem Stress künftiger Notfälle mit größerer Autonomie begegnen zu können.

Quellen- und Literaturverzeichnis

Quellenverzeichnis

BAnz AT 09.06.2020 V1, online unter: https://www.bundesgesundheitsministerium.de/fileadmin/Dateien/3_Downloads/C/Coronavirus/Corona-Test-VO_BAnz_AT_09.06.2020_V1.pdf (abgerufen am 07.12.2023).

BayMBl. 2020 Nr. 348, Sechste Bayerische Infektionsschutzmaßnahmenverordnung (6. BayIfSMV) vom 19. Juni 2020.

BayMBl. 2020 Nr. 304, Fünfte Bayerische Infektionsschutzmaßnahmenverordnung (5. BayIfSMV) vom 29. Mai 2020.

BayMBl. 2020 Nr. 290, Corona-Pandemie: Hygienekonzept Beherbergung. Gemeinsame Bekanntmachung der Bayerischen Staatsministerien für Gesundheit und Pflege und für Wirtschaft, Landesentwicklung und Energie vom 22. Mai 2020, Az. 51b-G8000-2020/122-331.

BayMBl. 2020 Nr. 270, Corona-Pandemie: Hygienekonzept Gastronomie. Gemeinsame Bekanntmachung der Bayerischen Staatsministerien für Gesundheit und Pflege und für Wirtschaft, Landesentwicklung und Energie vom 14. Mai 2020, Az. GZ6a-G8000-2020/122-315.

BayMBl. 2020 Nr. 250, Vollzug des Infektionsschutzgesetzes (IfSG). Maßnahmen anlässlich der Corona-Pandemie im Bereich der Kindertageseinrichtungen und Kindertagespflegestellen. Bekanntmachung des Bayerischen Staatsministeriums für Gesundheit und Pflege vom 8. Mai 2020, Az. GZ6a-G8000-2020/122-295.

BayMBl. 2020 Nr. 247, Verordnung zur Änderung der Dritten Bayerischen Infektionsschutzmaßnahmenverordnung und der Vierten Bayerischen Infektionsschutzmaßnahmenverordnung vom 7. Mai 2020.

BayMBl. 2020 Nr. 240, Vierte Bayerische Infektionsschutzmaßnahmenverordnung (4. BayIfSMV) vom 5. Mai 2020.

BayMBl. 2020 Nr. 210, Verordnung zur Änderung der Zweiten Bayerischen Infektionsschutzmaßnahmenverordnung vom 21. April 2020.

BayMBl. 2020 Nr. 205, Zweite Bayerische Infektionsschutzmaßnahmenverordnung (2. BayIfSMV) vom 16. April 2020.

BayMBl. 2020 Nr. 192, Verordnung über Quarantänemaßnahmen für Einreisende zur Bekämpfung des Coronavirus (Einreise-Quarantäneverordnung – EQV) vom 9. April 2020.

BayMBl. 2020 Nr. 187, Vollzug des Infektionsschutzgesetzes (IfSG). Notfallplan Corona-Pandemie: Regelungen für Pflegeeinrichtungen. Bekanntmachung des Bayerischen Staatsministeriums für Gesundheit und Pflege vom 3. April 2020, Az. GZ6a-G8000-2020/122-183.

BayMBl. 2020 Nr. 164, Vollzug des Infektionsschutzgesetzes (IfSG), des Bayerischen Krankenhausgesetzes (BayKrG) sowie des Bayerischen Katastrophenschutzgesetzes (BayKSG). Notfallplan Corona-Pandemie: Allgemeinverfügung zur Bewältigung erheblicher Patientenzahlen in Krankenhäusern. Bekanntmachung des Bayerischen Staatsministeriums des Innern, für Sport und Integration sowie des Bayerischen Staatsministeriums für Gesundheit und Pflege vom 24. März 2020, Az. D4-2484-2-7 und G24-K9000-2020/134.

BayMBl. 2020 Nr. 162, Verordnung zur Änderung der Bayerischen Infektionsschutzmaßnahmenverordnung vom 31. März 2020. BayMBl Nr. 162.

BayMBl. 2020 Nr. 159, Bußgeldkatalog »Corona-Pandemie«. Gemeinsame Bekanntmachung der Bayerischen Staatsministerien des Innern, für Sport und Integration und für Gesundheit und Pflege vom 27. März 2020, Az. C2-2101-2-7 und Z6a-G8000-2020/122-154.

BayMBl. 2020 Nr. 148, Vollzug des Infektionsschutzgesetzes (IfSG). Corona-Pandemie: Allgemeinverfügung zur Änderung der Allgemeinverfügung über Veranstaltungsverbote und Betriebsuntersagungen anlässlich der Corona-Pandemie vom 16. März 2020, Az. 51-G8000-2020/122-67. Bekanntmachung des Bayerischen Staatsministeriums für Gesundheit und Pflege vom 17. März 2020, Az. Z6a-G8000-2020/122-83.

BayMBl. 2020 Nr. 147, Vollzug des Infektionsschutzgesetzes (IfSG) Corona-Pandemie: Betretungsverbot für Hochschulen. Bekanntmachung des Bayerischen Staatsministeriums für Gesundheit und Pflege vom 17. März 2020, Az. GZ6a-G8000-2020/122-78.

BayMBl. 2020 Nr. 143, Vollzug des Infektionsschutzgesetzes (IfSG). Vollzug des Ladenschlussgesetzes (LadSchlG). Veranstaltungsverbote und Betriebsuntersagungen anlässlich der Corona-Pandemie. Bekanntmachung der Bayerischen Staatsministerien für Gesundheit und Pflege sowie für Familie, Arbeit und Soziales vom 16. März 2020, Az. 51-G8000-2020/122-67.

BayMBl. 2020 Nr. 139, Allgemeinverfügung des StMGP zum Verbot von Veranstaltungen mit mehr als 1 000 Teilnehmern. Staatsministerium für Gesundheit und Pflege vom 11. März 2020, Az. 51b-G8000-2020/122-45.

BayMBl. 2020 Nr. 111, Allgemeinverfügung des StMGP zum Besuch von Schulen, Kindertageseinrichtungen, Kindertagespflegestellen und Heilpädagogischen Tagesstätten. Staatsministerium für Gesundheit und Pflege vom 6. März 2020, Az. 51f-G8000-2020/122-35.

Berndt, C., 2020: Kinder bremsen laut Studie das Virus aus, in: *Süddeutsche Zeitung*, 13.07.2020, online unter: https://www.sueddeutsche.de/gesundheit/schulen-kinder-sachsen-corona-normalbetrieb-1.4965841?reduced=true (abgerufen am 03.05.2024).

Bertelsmannstiftung, 2022: *Umfrage Februar 2022. Erschöpfte Gesellschaft: Auswirkungen von 24 Monaten Pandemie auf den gesellschaftlichen Zusammenhalt*, Gütersloh.

Best, V., Decker, F., Fischer, S. & Küppers, A., 2023: *Demokratievertrauen in Krisenzeiten. Wie blicken die Menschen in Deutschland auf Politik, Institutionen und Gesellschaft?*, Bonn, online unter: https://library.fes.de/pdf-files/pbud/20287-20230505.pdf (abgerufen am 30.05.2024).

Bild, 2021: Die Lockdown-Macher, in: *Bild Online* vom 04.12.2021, online unter: https://www.bild.de/politik/inland/politik-inland/experten-trio-die-lockdown-macher-78437086.bild.html (abgerufen am 14.05.2024).

Bulletin Nr. 46–1 vom 23. April 2020/BKin – Regierungserklärung Covid-19-Pandemie, BT, online unter: https://www.bundesregierung.de/resource/blob/992814/1746928/b83a3a8571fd467c21f44bdb61acf5dc/46-1-bkin-reg-erkl-covid-19-pandemie-data.pdf (abgerufen am 05.06.2024).

Bundesministerium für Gesundheit, 2020: Gesundheitsminister Jens Spahn zur Ausbreitung des Coronavirus, online unter: https://www.youtube.com/watch?v=Fea1VY33ojE (abgerufen am 11.12.2023).

Bundesregierung, 2020: Fernsehansprache von Bundeskanzlerin Angela Merkel, online unter: https://www.bundesregierung.de/breg-de/aktuelles/fernsehansprache-von-bundeskanzlerin-angela-merkel-1732134 (abgerufen am 11.12.2023).

Climateemergencydeclaration.org, 2024: »Climate emergency declarations in 2,356 jurisdictions and local governments cover 1 billion citizens«, vom 22.04.2024, online unter: https://climateemergencydeclaration.org/climate-emergency-declarations-cover-15-million-citizens/ (abgerufen am 17.05.2024).

COSMO – COVID-19 Snapshot Monitoring zu »Informationsverhalten«, online unter https://projekte.uni-erfurt.de/cosmo2020/web/topic/wissen-verhalten/10-informationsverhalten/#corona-als-medien-hype-stand-14.12.21 (aufgerufen am 26.04.2024).

COSMO – COVID-19 Snapshot Monitoring zu »Impfungen«, online unter: https://projekte.uni-erfurt.de/cosmo2020/web/topic/impfung/10-impfungen/ (abgerufen am: 12.02.2024).

COSMO – COVID-19 Snapshot Monitoring zu »Demonstrationsbereitschaft und Reaktanz«, online unter: https://projekte.uni-erfurt.de/cosmo2020/web/topic/vertrauen-ablehnung-demos/20-demonstrationsbereitschaft/ (abgerufen am 12.02.2024).

Datt, T., 2020: Das Corona-Experiment, in: *Kreuzer*, 17.05.2020, online unter: https://kreuzer-leipzig.de/2020/05/17/das-corona-experiment (abgerufen am 02.05.2024).

Deicke, F., 2021: CoronaCast: Sind Schulen Hotspots?, in *Sächsische.de*, 03.02.2021, online unter: https://www.saechsische.de/coronavirus/coronacast-berner-schoelzel-kinder-schule-kita-schuloeffnung-studie-antikoerpersachsen-tu-dresden-5370724.html (abgerufen am 03.05.2024).

Deutsche Gesellschaft für Krankenhaushygiene, 2020b: *Konzept für Strategien zur Folgenminderung (Mitigierung) und zum Schutz gefährdeter Bevölkerungsgruppen (Protection) durch die COVID-19 Epidemie unter Berücksichtigung der Verhältnismäßigkeit*, online unter: https://www.krankenhaushygiene.de/pdfdata/2020_03_22_DGKH_Mitteilung_Ausgangssperre_RKG_Konzept.pdf (abgerufen am 01.03.2024).

Deutsche Gesellschaft für Krankenhaushygiene, 2020a: *Lageeinschätzung der Deutschen Gesellschaft für Krankenhaushygiene (DGKH)*, 30. März 2020, online unter: https://www.krankenhaushygiene.de/pdfdata/2020_03_31_DGKH_Einladug_Lageeinschaetzung.pdf (abgerufen am 01.03.2024).

Deutscher Presserat, 2020: *12 Rügen – u.a. für Bericht über Corona-Studie*, 11.09.2020, online unter: https://www.presserat.de/presse-nachrichten-details/rüge-für-bericht-über-corona-studie.html (abgerufen am 12.03.2024).

dpa & Skolimowska, M., 2020: Dresdner Arzt plädiert für Kita-Öffnung, in: *Sächsische.de*, 28.04.2020, online unter: https://www.saechsische.de/corona-dresdner-arzt-reinhard-berner-plaediert-fuer-kita-oeffnung-5198750.html (abgerufen am 04.05.2024).

DRPR, 2020: *DRPR-Verfahren 01–2020, Fall: Heinsberg-Protokolle*, online unter: https://drpr-online.de/wp-content/uploads/2020/06/2020-06-04_Beschluss_01-20_Heinsberg-Protokoll.pdf (abgerufen am 04.06.2024).

forsa, 2021: *Befragung von nicht geimpften Personen zu den Gründen für die fehlende Inanspruchnahme der Corona-Schutzimpfung. Ergebnisbericht*, 18.10.2021, Berlin, online unter: https://www.bundesgesundheitsministerium.de/fileadmin/Dateien/3_Downloads/C/Coronavirus/Befragung_Nichtgeimpfte_-_Forsa-Umfrage_Okt_21.pdf (abgerufen am 07.12.2023).

FreistaatSachsen, 2021: *Kabinettspressekonferenz der Sächsischen Staatsregierung vom 05.01.2021*, online unter: https://www.youtube.com/watch?v=P8AGPevUc08 (abgerufen am 03.05.2024).

FreistaatSachsen, 2020a: *Pressekonferenz des Sächsischen Staatsministeriums für Kultus – Ergebnisse der Corona-Schulstudie vom 13. Juli 2020*, online unter: https://www.youtube.com/watch?v=c0CsjbobMA4 (abgerufen am 02.05.2024).

FreistaatSachsen, 2020: *Pressebriefing der Sächsischen Staatsregierung – aktueller Stand zum Coronavirus in Sachsen 08.05.20*, online unter: https://www.youtube.com/watch?v=SWYmT6fBZT0 (abgerufen am 02.05.2024).

Guterres, A., 2022: »Our way of life – based on producing, consuming, discarting & polluting – has led to the planetary emergency we face. Now is the time to transform our relationship with nature«, twitter-Post vom 20.07.2022, online unter: https://x.com/antonioguterres/status/1549557702019297280 (abgerufen am 17.05.2024).

GVBl. Thüringen Nr. 16/2020, Thüringer Verordnung zur Neuordnung der erforderlichen Maßnahmen zur Eindämmung der Ausbreitung des Coronavirus SARS-CoV-2 sowie zur Verbesserung der infektionsschutzrechtlichen Handlungsmöglichkeiten. Vom 9. Juni 2020.

GVBl. Thüringen Nr. 12/2020, Thüringer Verordnung zur Freigabe bislang beschränkter Bereiche und zur Fortentwicklung der erforderlichen Maßnahmen zur Eindämmung der Ausbreitung des Coronavirus SARS-CoV-2 (Thüringer SARS-CoV-2-Maßnahmenfortentwicklungsverordnung – ThürSARS-CoV-2-MaßnFortentwVO). Vom 12. Mai 2020.

GVBl. Thüringen Nr. 11/2020, Zweite Thüringer Verordnung zur Verlängerung und Änderung der erforderlichen Maßnahmen zur Eindämmung der Ausbreitung des Coronavirus SARS-CoV-2. Vom 2. Mai 2020.

GVBl. Thüringen Nr. 9/2020, Thüringer Verordnung zur Verlängerung und Änderung der erforderlichen Maßnahmen zur Eindämmung der Ausbreitung des Coronavirus SARS-CoV-2. Vom 18. April 2020.

GVBl. Thüringen Nr. 8/2020, Thüringer Verordnung zu Quarantänemaßnahmen für Ein- und Rückreisende zur Bekämpfung des Coronavirus SARS-CoV-2. Vom 9. April 2020.

GVBl. Thüringen Nr. 7/2020, Zweite Thüringer Verordnung über erforderliche Maßnahmen zur Eindämmung der Ausbreitung des Coronavirus SARS-CoV-2 (Zweite Thüringer SARS-CoV-2-Eindämmungsmaßnahmenverordnung – 2. ThürSARS-CoV-2-EindmaßnVO). Vom 7. April 2020.

GVBl. Thüringen Nr. 6/2020, Thüringer Verordnung über erforderliche Maßnahmen zur Eindämmung der Ausbreitung des Coronavirus SARS-CoV-2 (Thüringer SARS-CoV-2-Eindämmungsmaßnahmenverordnung – ThürSARS-CoV-2-EindmaßnVO). Vom 26. März 2020.

GVBl. Thüringen Nr. 5/2020, Voräufige Thüringer Grund-Verordnung zur Eindämmung der Corona-Pandemie (Corona Eindämmungs-VO). Vom 24. März 2020.

Hanfeld, M., 2020: Die versuchte Vernichtung, in: *F.A.Z.* vom 26.05.2020, online unter: https://www.faz.net/aktuell/feuilleton/debatten/bild-gegen-den-virologen-drosten-versuch-einer-vernichtung-16787133.html (abgerufen am 04.06.2024).

Hennig, K. & Drosten, Ch., 2020: *Coronavirus-Update. Folge 66*, online unter: https://www.ndr.de/nachrichten/inDo/coronaskript246.pdD (abgerufen am 03.05.2024).

Hickman, L., 2010: James Lovelock on the value of sceptics and why Copenhagen was doomed, in: *The Guardian* vom 29.05.2010, online unter: https://www.theguardian.com/environment/blog/2010/mar/29/james-lovelock (abgerufen am 17.05.2024).

Institut für Demoskopie Allensbach, 2023: *Demokratische Integration. Zweite Vorstudie. Repräsentative Bevölkerungsbefragung 2022/2023 IfD-Umfrage 12066. Untersuchungsbericht*, online unter: https://www.deutsche-stiftung-engagement-und-ehrenamt.de/wp-content/uploads/2023/06/Langbericht_Bevoelkerungsbefr_Dem_Integration_Mai_2023.pdf (abgerufen am 24.05.2024.

Interview zum Start der ARD-Themenwoche »Wir gesucht – was hält uns zusammen?« von Tina Hassel mit Bundespräsident Frank-Walter Steinmeier, online unter: https://www.bundespraesident.de/SharedDocs/Reden/DE/Frank-Walter-Steinmeier/Interviews/2022/221106-ARD-Interview-Themenwoche.html (abgerufen am 27.11.2023).

Köcher, R., 2021: *Vertrauenskrise. Eine Dokumentation des Beitrags in der Frankfurter Allgemeinen Zeitung Nr. 70 vom 24. März 2021*, hg. vom Institut für Demoskopie Allensbach, online unter: https://www.ifd-allensbach.de/fileadmin/kurzberichte_dokumentationen/FAZ_Maerz2021_Vertrauenskrise.pdf (abgerufen am 20.05.2024).

Lau, M., 2020: Ist das unser neuer Kanzler? Die Wissenschaft gibt jetzt der Politik die Richtung vor. Was heißt das für die Demokratie?, in: *Die Zeit*, 18.03.2020, online unter: https://www.zeit.de/2020/13/coronavirus-wissenschaft-auswirkung-auf-politik-virologen-christian-drosten-alexander-kekule (abgerufen am 06.03.2024).

Locke, S., 2020: Kinder wirken eher als Bremsklötze der Infektion, in: *F.A.Z.* vom 13.07.2020, online unter: https://www.faz.net/aktuell/politik/inland/corona-studie-anschulen-kinder-eher-bremskloetze-der-infektion-16858827.html?GEPC=s3 (abgerufen am 03.05.2024).

Ministerpräsidentenkonferenz vom 10.02.2021; online unter https://www.bundesregierung.de/resource/blob/974430/1852514/a00034e7b5bba84c19fe8e13b04241cf/2021-02-10-mpk-data.pdf?download=1 (abgerufen am 03.06.2024).

Ministerpräsidentenkonferenz vom 19.01.2021; online unter https://www.bundesregierung.de/resource/blob/974430/1840868/8e190fafc4ac9395b058bf1a4294ac0e/2021-01-19-mpk-data.pdf?download=1 (abgerufen am 03.06.2024).

Ministerpräsidentenkonferenz vom 05.01.2021; online unter https://www.bundesregierung.de/resource/blob/975226/1834306/75346aa

9bba1050fec8025b18a4bb1a3/2021-01-05-beschluss-mpk-data.pdf (abgerufen am 03.06.2024).

Ministerpräsidentenkonferenz vom 13.12.2020; online unter https://www.bundesregierung.de/breg-de/service/archiv/telefonkonferenz-der-bundeskanzlerin-mit-den-regierungschefinnen-und-regierungschefs-der-laender-am-13-dezember-2020-1827392 (abgerufen am 03.06.2024).

Ministerpräsidentenkonferenz vom 25.11.2020; online unter https://www.bundesregierung.de/breg-de/service/archiv/videoschaltkonferenz-der-bundeskanzlerin-mit-den-regierungschefinnen-und-regierungschefs-der-laender-am-25-november-2020-1820110 (abgerufen am 03.06.2024).

Ministerpräsidentenkonferenz vom 18.11.2021; https://www.bundesregierung.de/breg-de/service/archiv/videoschaltkonferenz-der-bundeskanzlerin-mit-den-regierungschefinnen-und-regierungschefs-der-laender-am-18-november-2021-1982916 (abgerufen am 03.06.2024).

Ministerpräsidentenkonferenz vom 16.11.2020; online unter https://www.bundesregierung.de/breg-de/service/archiv/videoschaltkonferenz-der-bundeskanzlerin-mit-den-regierungschefinnen-und-regierungschefs-der-laender-am-16-november-2020-1811820 (abgerufen am 03.06.2024).

Ministerpräsidentenkonferenz vom 14.10.2020; online unter https://www.bundesregierung.de/breg-de/service/archiv/konferenz-der-bundeskanzlerin-mit-den-regierungschefinnen-und-regierungschefs-der-laender-am-14-oktober-2020-in-berlin-1799024 (abgerufen am 03.06.2024).

Ministerpräsidentenkonferenz vom 27.08.2020; online unter https://www.bundesregierung.de/breg-de/service/archiv/telefonschaltkonferenz-der-bundeskanzlerin-mit-den-regierungschefinnen-und-regierungschefs-der-laender-am-27-august-2020-1780566 (abgerufen am 03.06.2024).

Ministerpräsidentenkonferenz vom 16.07.2020; online unter https://www.bundesregierung.de/breg-de/service/archiv/besprechung-des-chefs-des-bundeskanzleramtes-mit-den-chefinnen-und-chefs-der-staats-und-senatskanzleien-am-16-juli-2020-1769380 (abgerufen am 03.06.2024).

Ministerpräsidentenkonferenz vom 06.05.2020; online unter https://www.bundesregierung.de/resource/blob/975226/1750986/8689a57b6

35d9f2d602e94f94dd48c51/2020-05-06-mpk-beschluss-data.pdf?download=1 (abgerufen am 03.06.2024).

Ministerpräsidentenkonferenz vom 30.04.2020; online unter https://www.bundesregierung.de/resource/blob/975226/1749804/5a0bd6bd8cf1af27f15b1498e379c592/2020-04-30-beschluss-bund-laender-data.pdf?download=1 (abgerufen am 03.06.2024).

Ministerpräsidentenkonferenz vom 15.04.2020; online unter https://www.bundesregierung.de/resource/blob/975226/1744226/bcf47533c99dc84216eded8772e803d4/2020-04-15-beschluss-bund-laender-data.pdf?download=1 (abgerufen am 03.06.2024).

Ministerpräsidentenkonferenz vom 01.04.2020; online unter https://www.bundesregierung.de/breg-de/service/archiv/telefonschaltkonferenz-der-bundeskanzlerin-mit-den-regierungschefinnen-und-regierungschefs-der-laender-am-1-april-2020-1738534 (abgerufen am 03.06.2020).

Ministerpräsidentenkonferenz vom 22.03.2020, online unter: https://www.bundesregierung.de/resource/blob/975226/1733246/e6d6ae0e89a7ffea1ebf6f32cf472736/2020-03-22-mpk-data.pdf (abgerufen am 03.06.2024).

Ministerpräsidentenkonferenz vom 16.03.2020; online unter: https://www.bundesregierung.de/breg-de/service/archiv/leitlinien-zum-kampf-gegen-die-corona-epidemie-vom-16-03-2020-1730942 (abgerufen am 03.06.2024).

Ministerpräsidentenkonferenz vom 12.03.2020, online unter https://www.bundesregierung.de/breg-de/themen/coronavirus/beschluss-zu-corona-1730292 (abgerufen am 02.06.2024).

News4teachers.de, 2020: Massentest an Bremer Schulen widerlegt die These, dass Kinder und Jugendliche sich seltener infizieren als Erwachsene, in: *News4Teachers*, 24.01.2021, online unter: https://www.news4teachers.de/2021/01/positiv-quote-031-prozent-massentest-an-bremer-schulen-widerlegt-die-these-dass-kinder-und-jugendliche-sich-seltener-infizieren-als-erwachsene/ (abgerufen am 03.05.2024).

Norddeutscher Rundfunk, 2020: Das Coronavirus-Update von NDR Info, online unter: https://www.ndr.de/nachrichten/info/podcast4684.html (abgerufen am 24.05.2024).

Reelfs, D., 2020: Ansteckungsquellen sind nicht in Kita oder Schulen zu finden, in: *SMK-Blog*, 11.05.2020, online unter: https://www.bildung

.sachsen.de/blog/index.php/2020/05/11/ansteckungsquellen-sind-nicht-in-kita-oder-schulen-zu-finden/ (abgerufen am 04.05.2024).

Rehländer, J., 2020: Unterschiedliche Logiken, in: *DUZ – Magazin für Wissenschaft und Gesellschaft*, 09.04.2020, online unter: https://www.duz.de/beitrag/!/id/772/unterschiedliche-logiken (abgerufen am 06.03.2024).

RND/dpa, 2020: *Heinsberg-Studie: Drosten fordert schriftliche Ergebnisse*, 13.03.2020, online unter: https://www.rnd.de/gesundheit/heinsberg-studie-drosten-fordert-schriftliche-ergebnisse-CFXXU2FXUURGVVHG4GWY3BHDAU.html (abgerufen am 04.03.2024).

Robert Koch-Institut, 2017: Nationaler Pandemieplan Teil 1. Strukturen und Maßnahmen, online unter: https://edoc.rki.de/bitstream/handle/176904/187/28Zz7BQWW2582iZMQ.pdf (abgerufen am 04.06.2024).

Robert Koch-Institut, 2016: Nationaler Pandemieplan Teil 2. Wissenschaftliche Grundlagen, online unter: https://edoc.rki.de/bitstream/handle/176904/174/29x3vlR5Miwxa6.pdf (abgerufen am 04.06.2024).

Sächsische.de, 2021: *CoronaCast aus Dresden. Wissenschaft und Politik in Zeiten von Corona. Wieviel Nähe ist gesund?*, 03.02.2021, online unter: https://music.amazon.de/podcasts/34be78ed-2440-4595-9ef4-e5f5a70e8739/episodes/cd607f86-ebe2-4a7c-9b13-7ebde34ad3e2/coronacast-aus-dresden-wissenschaft-und-politik-in-zeiten-von-corona-wie-viel-nähe-ist-gesund (abgerufen am 03.05.2024).

Schumann, F., 2020a: Genauer, leiser – aber die Kernaussage bleibt, in: *Die Zeit* vom 03.06.2020, online unter: https://www.zeit.de/wissen/gesundheit/2020-06/christian-drosten-studie-ansteckungsgefahr-durch-kinder-schuloeffnung-kritik/komplettansicht (abgerufen am 12.03.2024).

Schumann, F., 2020: Wir müssen jetzt die Fälle senken. Sonst schaffen wir es nicht, in: *Die Zeit*, 20.03.2020, online unter: https://www.zeit.de/wissen/gesundheit/2020-03/christian-drosten-coronavirus-pandemie-deutschland-virologe-charite/komplettansicht (abgerufen am 06.03.2024).

Statistisches Bundesamt, 2021: Statistik Dossier: Daten zur COVID-19-Pandemie, Ausgabe 08/2021, online unter: https://www.destatis.de/DE/Themen/Querschnitt/Corona/Downloads/dossier-covid-19.pdf?__blob=publicationFile (abgerufen am 06.12.2023).

Stufenplan der STIKO zur Priorisierung der COVID-19-Impfung, Stand: Februar 2021, online unter: https://www.rki.de/DE/Content/Infekt/Impfen/ImpfungenAZ/COVID-19/Stufenplan.pdf?__blob=publicationFile (abgerufen am 06.12.2023).

Süddeutsche Zeitung: *Coronavirus verhindert chinesisches Fest*, vom 29.1.2020, S. R7.

Von Bredow, R. & Hackenbroch, V., 2021: Ich habe schlimme Befürchtungen, was sonst im Frühjahr und Sommer passieren könnte, in: *Spiegel Online*, 22.01.2021, online unter: https://www.spiegel.de/wissenschaft/medizin/christian-drosten-wir-muessen-durchhaltenund-vor-allem-auf-die-bremse-treten-a-9268683b-0415-4f09-b9f5-773bf2215cc1 (abgerufen am 03.05.2024).

Walger, P., Huppertz, I., Hübner, J., et al., 2021: *Kinder in der COVID-19 Pandemie*, 05.02.2021, online unter: https://dgpi.de/wp-content/uploads/2021/02/DGPI_DGKH_zu_Kindern_COVID19__05_02_2021.pdf (abgerufen am 03.05.2024).

Wartke, B., 2020: *Christian Drosten*, online unter: https://www.youtube.com/watch?v=_ET84X6m8P0 (abgerufen am 30.04.2024).

WELT Nachrichtensender, 2020: *CORONA-STUDIE HEINSBERG: Virologe Streeck und Armin Laschet stellen Zwischenergebnis vor*, 09.04.2020, online unter: https://www.youtube.com/watch?v=kqMpfGckceo (abgerufen am 01.03.2024).

Wiarda, J.-M., 2020: Die Kinder dürfen in der Krise nicht unter die Räder kommen, in: *Wiarda-Blog*, 14.05.2020, online unter: https://www.jmwiarda.de/2020/05/14/die-kinder-dürfen-in-der-krise-nicht-unter-die-räder-kommen/ (abgerufen am 02.05.2024).

Wissenschaftlicher Dienst des Bundestags, 2020: »Befristung der Corona-Verordnungen«, Aktenzeichen: WD 3 – 3000 – 090/20; online unter https://www.bundestag.de/resource/blob/701870/2cb3d3d878bb63032a7c36ca1a5cf113/WD-3-090-20-pdf-data.pdf (aufgerufen am 22.05.2024).

Zeit Online, 2021: Wenn wir nichts ändern, hat unsere Demokratie ein Problem, in: *Zeit Online* vom 19.12.2021, online unter: https://www.zeit.de/wissen/2021-12/freiheit-wissenschaft-bedroht-corona-klima-medien (abgerufen am 14.05.2024).

ZSK Berlin, 2020: *Ich habe besseres zu tun*, online unter: https://www.youtube.com/watch?v=5OZdKwFSWZw&feature=youtu.be (abgerufen am 12.03.2024).

Literaturverzeichnis

Adey, P., Anderson, B. & Graham, S., 2015: Introduction: Governing Emergencies: Beyond Exceptionality, in: *Theory, Culture & Society* 32(3), S. 3–7.

Afsahi, A. et al., 2020: Democracy in Global Emergency. Five Lessons from the COVID-19 pandemic. *Democratic Theory* 7(2): S. v-xix.

Agamben, G., 2021: *An welchem Punkt stehen wir? Die Epidemie als Politik*, Wien.

Agamben, G., 2010: *Herrschaft und Herrlichkeit. Zur theologischen Genealogie von Ökonomie und Regierung*, Berlin.

Agamben, G., 2004: *Ausnahmezustand*, Frankfurt a.M.

Agamben, G., 2002: *Homo sacer. Die souveräne Macht und das nackte Leben*, Frankfurt a.M.

Arendt, H., 2007: *Vita activa oder vom tätigen Leben*, München.

Arendt, H., 1955: *Elemente und Ursprünge totaler Herrschaft*, Frankfurt a.M.

Armann, J. P., Unrath. M., Kirsten, C., et al., 2020: SARS-CoV-2 IgG antibodies in adolescent students and their teachers in Saxony, Germany (SchoolCoviDD19): persistent low seroprevalence and transmission rates between May and October 2020, in: *medRxiv*; DOI: https://doi.org/10.1101/2020.07.16.20155143 (abgerufen am 03.05.2024).

Barbehön, M., 2023: Riskante Ausnahmen: Zur Performativität kommunikativer Grenzziehungen zwischen politischer Ausnahme- und Normalzeit, in: *Zeitschrift für Politische Theorie* 14(2), S. 231–252.

Barbehön, M., 2022: Die Realität der Zeit und die Ereignishaftigkeit der Demokratie, in: *Zeitschrift für Politische Theorie* 13(1-2), S. 91–112.

Barbehöen, M. & Folberth, A., 2019: Die Temporalität der Biopolitik – Eine systemtheoretische Perspektive auf die Regierung ›symptomfreier Kranker‹, in: Gerhards, H. & Braun, K. (Hg.), *Biopolitiken – Regierungen des Lebens heute*, Wiesbaden, S. 97–120.

Bauman, Z., 2000: *Die Krise der Politik. Fluch und Chance einer neuen Öffentlichkeit*, Hamburg.

Bauman, Z., 1992: *Dialektik der Ordnung. Die Moderne und der Holocaust*, Hamburg.

Behnke, N., 2021: Deutschland: Föderales Krisenmanagement und die Rolle der Ministerpräsidentenkonferenz, in: Europäisches Zentrum für Föderalismus-Forschung Tübingen (EZFF) (Hg.): *Jahrbuch des Föderalismus 2021. Föderalismus, Subsidiarität und Regionen in Europa*. Baden-Baden, S. 39–52.

Benjamin, W., 1991: *Gesammelte Schriften*, Band 1, Frankfurt a.M.
Benjamin, W., 1991: Über den Begriff der Geschichte, in: ders., *Gesammelte Schriften*, Frankfurt a.M., S. 691–704.
Braun, K. & Gerhards, H., 2019: Leben, Zeit, Regierung – Eine sozialtheoretische und konstruktivistische Neubestimmung des Konzepts der Biopolitik, in: Gerhards, H. & Braun, K. (Hg.), *Biopolitiken – Regierungen des Lebens heute*, Wiesbaden, S. 3–40.
Bredekamp, H., 1998: Von Walter Benjamin zu Carl Schmitt, via Thomas Hobbes, in: *Deutsche Zeitschrift für Philosophie* 46(6), S. 901–916.
Brodocz, A., 2018: »Enttäuscht Euch!« Wie Krisen-Narrative einen normativen Formwandel der Demokratie blockieren, in: Thaa, W. & Volk, C. (Hg.), *Formwandel der Demokratie*, Baden-Baden, S. 57–79.
Brodocz, A., 2003: Die Eigenzeit des Bundesverfassungsgerichts, in: *Zeitschrift für Rechtssoziologie* 24, S. 183–217.
Brodocz, A., Schölzel, H. & Suntrup, J. Ch. (2023): Temporalstrukturen des Ausnahmezustands, in: *Zeitschrift für Politische Theorie* 14(2), S. 171–183.
Bröckling, U., 2020: *Postheroische Helden. Ein Zeitbild*, Berlin.
Celikates, R., 2019: Constituent power beyond exceptionalism: Irregular migration, disobedience, and (re-)constitution, in: *Journal of International Political Theory* 15(1), S. 67–81.
Chakrabarty, D., 2021: The chronopolitics of the Anthropocene: The pandemic and our sense of time, in: *Contributions to Indian Sociology* 55(3), S. 324–348.
Collier, S. & Lakoff, A., 2021: *The Government of Emergency. Vital Systems, Expertise, and the Politics of Security*, Princeton, NJ.
Crouch, C., 2008: *Postdemokratie*, Berlin.
Degen, M., 2021: Aus der Schockstarre zur Akteurszentrierung – die Phasen der Pandemie-Berichterstattung, in: *Zeitschrift für Politikwissenschaft* 31, S. 125–131.
Degerman, D., Flinders, M. & Johnson, M. T., 2023: In defence of fear: COVID-19, crises and democracy, in: *Critical Review of International Social and Political Philosophy* 26(6), S. 788–809.
Dietz, M., Roßteutscher, S., Scherer, P. & Stövsand, L.-Ch., 2023: Rally Effect in the Covid-19 Pandemic: The Role of Affectedness, Fear, and Partisanship, in: *German Politics* 32(4), S. 643–663.
Di Fabio, U., 2021: *Coronabilanz. Lehrstunde der Demokratie*, München.

Dionne, K. Y. & Turkmen, F. F., 2020: The Politics of Pandemic Othering: Putting COVID-19 in Global and Historical Context, in: *International Organization* 74(S1), S. E213–E30.

Ejsing, M. & Denman, D., 2022: Democratic politics in virulent times: three vital lessons from the COVID-19 pandemic, in: *Distinktion. Journal of Social Theory* 23(2-3), S. 398–420.

Ewert, B. & Loer, K., 2023: COVID-19 as a Catalyst for Policy Change: The Role of Trigger Points and Spillover Effects, in: *German Politics* 32(4), S. 738–761.

Ferejohn, J. & Pasquino, P., 2004: The Law of the Exception: A Typology of Emergency Powers, in: *International Journal of Constitutional Law* 2(2), S. 210–239.

Feustel, R., 2014: ›A Measure of Disorder‹ – Entropie als Metapher für das Andere der Ordnung, in: *Behemoth. A Journal on Civilisation* 7(1), S. 118–139.

Florack, M., Korte, K.-R. & Schwanholz, J., 2021: ›Coronakratie‹: Konturen einer neuen demokratischen Normalität, in: dies. (Hg.), *Coronakratie. Demokratisches Regieren in Ausnahmezeiten*, Frankfurt a.M., S. 11–22.

Foucault, M., 2006: *Geschichte der Gouvernementalität, Band I und II*, Frankfurt a.M.

Frankenberg, G., 1996: *Die Verfassung der Republik*, Frankfurt a.M.

Gauchet, M., 1990: Die totalitäre Erfahrung und das Denken des Politischen, in: Rödel, U. (Hg.), *Autonome Gesellschaft und libertäre Demokratie*, Frankfurt a.M., S. 207–238.

Graeber, D. & Wengrow, D., 2022: *Anfänge. Eine neue Geschichte der Menschheit*, Stuttgart.

Green, J. E., 2010: *The Eyes of the People: Democracy in an Age of Spectatorship*, Oxford.

Habermas, J., 1996: Eine genealogische Betrachtung zum kognitiven Gehalt der Moral, in: ders., *Die Einbeziehung des Anderen. Studien zur politischen Theorie*, Frankfurt a.M., S. 11–64.

Habermas, J., 1992: *Faktizität und Geltung. Beiträge zur Diskurstheorie des Rechts und des demokratischen Rechtsstaats*, Frankfurt a.M.

Harambam, J. & Voss, E., 2023: The Corona Truth Wars: Epistemic Disputes and Societal Conflicts around a Pandemic. An Introduction to the Special Issue, in: *Minerva* 61, S. 299–313.

Haraway, D., 1988: Situated Knowledge: The Science Question in Feminism and the Privilege of Partial Perspective, in: *Feminist Studies* 14(3), S. 575–599.

Hawking, S., 1988: *Eine kurze Geschichte der Zeit*, Reinbek bei Hamburg.

Honig, B., 2020: American Quarantine. The Right to Housing in a Pandemic, in: *Democratic Theory* 7(2), 143–151.

Honig, B., 2014: Three Model of Emergency Politics, in: *boundary* 2 41(2), S. 45–70.

Honig, B., 2009: *Emergency Politics. Paradox, Law, Democracy*, Princeton/Oxford.

Hulme, M., 2019: Climate Emergency Politics Is Dangerous, in: *Issues in Science and Technology* 36.1, S. 23–25.

Kenwick, M. R. & Simmons, B. A., 2020: Pandemic Response as Border Politics, in: *International Organization* 74(S1), S. E36–E58.

Kersten, J. & Rixen, S., 2021: *Der Verfassungsstaat in der Corona-Krise*, München.

Kirsten, C., Unrath, M., Lück, C., et al., 2020: SARS-CoV-2 seroprevalence in students and teachers: a longitudinal study from May to October 2020 in German secondary schools *BMJ Open* 2021;11:e049876. DOI: https://doi.org/10.1136/bmjopen-2021-049876 (abgerufen am 03.05.2024).

Klein, U., 2021: *Experten in der Corona-Krise und Geschichte.* Berlin: Max-Planck-Institut für Wissenschaftsgeschichte, online unter: https://hdl.handle.net/21.11116/0000-0008-5441-0 (abgerufen am 08.05.2024).

Kneuer, M. & Wallaschek, S., 2023: Framing COVID-19: Public Leadership and Crisis Communication By Chancellor Angela Merkel During the Pandemic in 2020, in: *German Politics* 32(4), S. 686–709.

Korte, K.-R., 2021: Kuratiertes Regieren. Bausteine der Resilienz, in: Florack, M., Korte, K.-R. & Schwanholz, J., 2021 (Hg.), *Coronakratie. Demokratisches Regieren in Ausnahmezeiten*, Frankfurt a.M., S. 25–42.

Krug, M., Kuhn, P., Lauschner, L., Mercsak, A. & Schulte-Zweckel, N., 2021: Von Umwelt zu Corona: Der Schwerpunktwechsel in der Berichterstattung während der ersten Welle der Coronapandemie in Deutschland, in: *Momentum Quarterly* 10(3), S. 130–149.

Landwehr, C. & Schäfer A., 2021: Repräsentation. Zwischen technokratischer und populistischer Versuchung, in: Florack, M., Korte, K.-R. & Schwanholz, J., 2021 (Hg.), *Coronakratie. Demokratisches Regieren in Ausnahmezeiten*, Frankfurt a.M., S. 135–145.

Latour, B., 2017: *Kampf um Gaia. Acht Vorträge über das Neue Klimaregime*, Berlin.

Latour, B., 2014: *Existenzweisen. Eine Anthropologie der Modernen*, Berlin.

Latour, B., 2013: Versuch eines ›Kompositionistischen Manifests‹, in: *Zeitschrift für Theoretische Soziologie* 2(1), S. 8–30.

Latour, B., 2008a: *Wir sind nie modern gewesen*, Frankfurt a.M.

Latour, B., 2008: Préface: Le fantôme de l'ésprit public. Des illusions de la démocratie aux réalités de ses apparitions, in: Lippmann, W., *Le Public Fantôme*, Paris, S. 3–44.

Latour, B., 2007: Turning Around Politics: A Note on Gerard de Vries' Paper, in: *Social Studies of Sciences* 37(5), S. 811–820.

Latour, B., 2005: From Realpolitik to Dingpolitik or How to Make Things Public, in ders. & Weibel, P. (Hg.), *Making Things Public. Atmospheres of Democracy*. Cambridge, MA/London, S. 14–41.

Latour, B., 2003: What if We Talked Politics a Little?, in: *Contemporary Political Theory* 2(2), S. 143–164.

Latour, B., 2001: *Das Parlament der Dinge. Für eine politische Ökologie*, Frankfurt a.M.

Leanza, M., 2020: Biopolitische Kollektive. Theoretische Reflexionen zur Covid-19-Pandemie, in: *Zeitschrift für Politische Theorie* 11(1), S. 155–165.

Lefort, C., 1999: *Fortdauer des Theologisch-Politischen?* Wien.

Lefort, C. & Gauchet, M., 1990: Über die Demokratie. Das Politische und die Instituierung des Politischen, in: Rödel, U. (Hg.), *Autonome Gesellschaft und libertäre Demokratie*, Frankfurt a.M., S. 89–122.

Lemke, M., 2021: *Deutschland im Notstand? Politik und Recht während der Corona-Krise*, Frankfurt a.M./New York.

Lemke, M., 2018: What does state of exception mean? A definitional and analytical approach, in: *Zeitschrift für Politikwissenschaft* 28(4), S. 373–383.

Llanque, M., 2014: Metaphern, Meta-Narrative und Verbindlichkeitsnarrationen. Narrative in der Politischen Theorie, in: Hofmann, W., Renner, J. & Teich, K. (Hg.): *Narrative Formen der Politik*, Wiesbaden, S. 7–29.

Locke, J., 2007: *Zweite Abhandlung über die Regierung*, Frankfurt a.M.

Luhmann, N., 1984: *Soziale Systeme. Grundriß einer allgemeinen Theorie*, Frankfurt a.M.

Machiavelli, N., 1977: *Discorsi. Gedanken über Politik und Staatsführung*, Stuttgart.

Maduro, M. P. & Kahn, P. W., 2020: Introduction. A New Beginning, in: dies. (Hg.), *Democracy in Times of Pandemic: Different Futures imagined*. Cambridge, UK, S. 1–18.

Manin, B., 1997: *The Principles of Representative Government*. Cambridge, UK.

Marchart, O., 2010: *Die politische Differenz. Zum Denken des Politischen bei Nancy, Lefort, Badiou, Laclau und Agamben*, Berlin.

McMahon, B. J., Morand, S. & Gray, J. S., 2018: Ecosystem change and zoonoses in the Anthropocene, in: *Zoonoses Public Health* 65, S. 755–765.

Mouffe, C. 2014: *Agonistik. Die Welt politisch denken*, Berlin.

Mouffe, C. 2010: *Das demokratische Paradox*, Wien/Berlin.

Münkler, H., 1987: *Machiavelli. Die Begründung des politischen Denkens der Neuzeit in der Krise der Republik Florenz*, Frankfurt a.M.

Newton, I., 1872: *Mathematische Prinzipien der Naturlehre*, Berlin.

Nicolaidis, K., 2020: Reimagined Democracy in Times of Pandemic, in: Maduro, M. P. & Kahn, P. W. (Hg.), *Democracy in Times of Pandemic: Different Futures imagined*, Cambridge, UK: Cambridge University Press, S. 168–181.

Nohl, A.-M., 2023: From science journalism to educating a pandemic-wise public: Inquiries into the ›NDR coronavirus-update‹ podcast, in: *Journalism* 24(12), S. 2781–2798, DOI: https://doi.org/10.1177/14648849231184158 (abgerufen am 06.03.2024).

Nowotny, H., 1989: *Eigenzeit. Entstehung und Strukturierung eines Zeitgefühls*, Frankfurt a.M.

Nullmeier, F., 2020: Covid-19-Pandemie und soziale Freiheit, in: *Zeitschrift für Politische Theorie* 11(1), S. 127–154.

Pasternack, P. & Beer, A., 2022: *Die externe Kommunikation der Wissenschaft in der bisherigen Corona-Krise (2020/2021). Eine kommentierte Rekonstruktion*, HoF-Arbeitsbericht 118, Halle & Wittenberg, online unter: https://www.hof.uni-halle.de/web/dateien/pdf/ab_118.pdf (abgerufen am 08.03.2024).

Pleyers, G., 2020: The Pandemic is a battlefield. Social movements in the COVID-19 lockdown, in: *Journal of Civil Society* 16(4), S. 295–312.

Portschy, J., 2019: Biopolitik der Zeit, in: Gerhards, H. & Braun, K. (Hg.), *Biopolitiken – Regierungen des Lebens heute*, Wiesbaden, S. 67–93.

Reiser, M. et al., 2024: *Politische Kultur und Arbeitswelt in Zeiten von Polykrise und Fachkräftemangel. Ergebnisse des THÜRINGEN-MONITORs 2023*, Jena, online unter: https://thueringen.de/fileadmin/user_upl

oad/Landesregierung/2024_04_17_TM2023_NN.pdf (abgerufen am 20.05.2024).

Rinderspacher, J. P., 2024: *Politik im Zeitnotstand. Katastrophen, Krisen, Kriege, Transformationsprozesse*, Opladen.

Rinderspacher, J. P., 2022: *Zeiten der Pandemie. Wie Corona unseren Umgang mit der Zeit verändert*, Opladen.

Rödel, U., Frankenberg, G. & Dubiel, H., 1989: *Die demokratische Frage*, Frankfurt a.M.

Roepert, L., 2023: Ordnung, Verfall, Ausnahmezustand. Zur Zeitstruktur rechter Krisenmythen, in: *Zeitschrift für Politische Theorie* 14(2), S. 253–274.

Rosa, H., 2020: Pfadabhängigkeit, Bifurkationspunkte und die Rolle der Soziologie. Ein soziologischer Deutungsversuch der Corona-Krise, in: *Berliner Journal für Soziologie* 30(2), S. 191–213.

Rosanvallon, P., 2010: *Demokratische Legitimität. Unparteilichkeit – Reflexivität – Nähe*. Hamburg.

Sarasin, P., 2020: Mit Foucault die Pandemie verstehen?, in: *Geschichte der Gegenwart*, 25. März 2020, online unter: https://geschichtedergegenwart.ch/mit-foucault-die-pandemie-verstehen/ (abgerufen am 07.06.2024).

Sarasin, P., 2009: Smallpox Liberalism. Michel Foucault und die Infektion, in: Pias, C. (Hg.), *Abwehr. Modelle – Strategien – Medien*, Bielefeld, S. 27–37.

Schäfer, M. S., 2008: Diskurskoalitionen in den Massenmedien. Ein Beitrag zur theoretischen und methodischen Verbindung von Diskursanalyse und Öffentlichkeitssoziologie, in: *Kölner Zeitschrift für Soziologie und Sozialpsychologie* 60(2), S. 367–397.

Schmid, B., 2023:Paradoxien der Ausnahmezeit. Überlegungen zu einem alternativen Paradigma des Regierens und Regiert-Werdens, in: *Zeitschrift für Politische Theorie* 14(2), S. 185–205.

Schmitt, C., 2021: *Politische Theologie. Vier Kapitel zur Lehre von der Souveränität*, Berlin.

Schmitt, C., 2006: *Theorie des Partisanen, Zwischenbemerkung zum Begriff des Politischen*, Berlin.

Schmitt, C., 2002: *Der Begriff des Politischen. Text von 1932 mit einem Vorwort und drei Corollarien*, Berlin.

Schmitt, C., 1978: *Die Diktatur. Von den Anfängen des modernen Souveränitätsgedankens bis zum proletarischen Klassenkampf*, Berlin.

Schnabel, J., Freiburghaus, R. & Hegele, Y., 2022: Crisis management in federal states: the role of peak intergovernmental councils in Germany and Switzerland during the COVID-19 Pandemic, in: *dms – der moderne staat* 15(1), S. 42–61.

Schölzel, H., 2024: Ausnahmepolitik im Anthropozän?, in: *Trajectoires. Revue de la Jeune Recherche Franco-Allemande* No. 17, online unter: https://doi.org/10.4000/trajectoires.10172 (abgerufen am 14.06.2024).

Schölzel, H., 2021b: Questions by a political sociologist. Rapid response to the study »SARS-CoV-2 seroprevalence in students and teachers: a longitudinal study from May to October 2020 in German secondary schools« by Carolin Kirsten, Manja Unrath, Christian Lück, Alexander H Dalpke, Reinhard Berner, & Jakob Armann, online unter: https://bmjopen.bmj.com/content/11/6/e049876.responses#questions-by-a-political-sociologist (abgerufen am 03.05.2024).

Schölzel, H., 2021a: Infektiologie und Schulpolitik. Episoden zur Postfaktizität in der Corona-Krise, in: *Kulturrevolution* 81, S. 22–27.

Schölzel, H., 2021: Die Konstruktion legitimer Öffentlichkeiten. Über zeitgenössische Krisendiagnosen, die Theorie der Akteur-Netzwerk-Öffentlichkeiten und die Kontroverse um die Klimaerwärmung, in: Hahn, K. & Langenohl, A. (Hg.), *Protestkommunikation: Konflikte um die Legitimität politischer Öffentlichkeit*, Wiesbaden, S. 31–56.

Schölzel, H., 2020b: »Silent Hotspots« – Über wissenschaftliche Studien und strategische Kommunikation in der Corona-Pandemie, in: *Diskursmonitor* vom 18.12.2020, online unter: https://diskursmonitor.de/review/corona-hs-3/ (abgerufen am 01.03.2024).

Schölzel, H., 2020a: PR, Punk oder Provinz: Wie Corona-Forschung die Öffentlichkeit (nicht) erregt, in: *Diskursmonitor* vom 23.07.2020, online unter: https://diskursmonitor.de/review/corona-hs-2/ (abgerufen am 01.03.2024);

Schölzel, H., 2013: *Guerillakommunikation. Genealogie einer politischen Konfliktform*, Bielefeld.

Schölzel, H. & Nothhaft, H., 2016: The establishment of facts in public discourse: Actor Network-Theory as a methodological approach in PR-research, in: *Public Relations Inquiry* 5(1), S. 53–69.

Schulze Heuling, D., 2020: Steuerung und Freiheit. Eine Antwort auf Frank Nullmeier, in: *Zeitschrift für Politische Theorie* 11(2), S. 291–306.

Shklar, J., 1989: The liberalism of fear, in: Rosenblum, N. L. (Hg.), *Liberalism and the moral life*, Cambridge, MA, S. 21–38.

Siefken, S. T., 2023: The Bundestag in the Pandemic Year 2020/21 – Continuity and Challenges in the Covid-19 Crisis, in: *German Politics* 32(4), S. 664–685.

Streeck, H., et al.: Infection fatality rate of SARS-CoV-2 infection in a German community with a super-spreading event, in: *medRxiv* 2020.05.04.20090076, DOI: https://doi.org/10.1101/2020.05.04.20090076 (abgerufen am 20.02.2024).

Streeck, H. et al., 2020: Infection fatality rate of SARS-CoV2 in a super-spreading event in Germany, in: *Nature Communications* 11, Article number 5829, DOI: https://doi.org/10.1038/s41467-020-19509-y (abgerufen am 29.02.2024).

Streeck, W., 2021: Wissenschaftlern folgen? Ja doch, aber welchen?, in: *F.A.Z.* vom 11.01.2021, S. 13.

Sunstein, C. R., 2001: *Designing Democracy. What Constitutions can do*. Oxford.

Voss, E., 2023: Conjuration and Conspiracy. The Controversy over the German Covid Policy as a Mediumistic Trial, or: The Medium is the Mess, *Minerva* 61, S. 435–458.

Weingart, P., 2001: *Die Stunde der Wahrheit? Zum Verhältnis der Wissenschaft zu Politik, Wirtschaft und Medien in der Wissensgesellschaft*, Weilerswist.

White, J., 2024: *In the long run. The future as a political idea*, London.

Zavattaro, S. M., Entress, R., Tyler, J. & Sadiq, A.-A., 2021: When Deaths Are Dehumanized: Deathcare During COVID-19 as a Public Value Failure, in: *Administration & Society* 53(9), S. 1443–1462.

Anmerkungen

Einleitung: Von der Stunde der Exekutive zur demokratischen Auszeit

1 Bspw. Ejsing, M. & Denman, D., 2022: Democratic politics in virulent times: three vital lessons from the COVID-19 pandemic, in: *Distinktion. Journal of Social Theory* 23(2-3), S. 398–420; McMahon, B. J., Morand, S. & Gray, J. S., 2018: Ecosystem change and zoonoses in the Anthropocene, in: *Zoonoses Public Health* 65, S. 755–765.

2 Guterres, A., 2022: »Our way of life – based on producing, consuming, discarting & polluting – has led to the planetary emergency we face. Now is the time to transform our relationship with nature«, twitter-Post vom 20.07.2022, online unter: https://x.com/antonioguterres/status/1549557702019297280 (abgerufen am 17.05.2024).

3 Climateemergencydeclaration.org, 2024: »Climate emergency declarations in 2,356 jurisdictions and local governments cover 1 billion citizens«, vom 22.04.2024, online unter: https://climateemergencydeclaration.org/climate-emergency-declarations-cover-15-million-citizens/ (abgerufen am 17.05.2024).

4 Hickman, L., 2010: James Lovelock on the value of sceptics and why Copenhagen was doomed, in: *The Guardian* vom 29.05.2010, online unter: https://www.theguardian.com/environment/blog/2010/mar/29/james-lovelock (abgerufen am 17.05.2024).

5 Hulme, M., 2019: Climate Emergency Politics Is Dangerous, in: *Issues in Science and Technology* 36.1, S. 23–25, hier: S. 25.

6 Vgl. auch Chakrabarty, D., 2021: The chronopolitics of the Anthropocene: The pandemic and our sense of time, in: *Contributions to Indian Sociology* 55(3), S. 324–348.

7 Afsahi, A. et al., 2020: Democracy in Global Emergency. Five Lessons from the COVID-19 pandemic. *Democratic Theory* 7(2): S. v-xix, hier: S. viii.

Elemente einer Theorie der demokratischen Auszeit

1 Bundesministerium für Gesundheit, 2020: Gesundheitsminister Jens Spahn zur Ausbreitung des Coronavirus, online unter: https://www.youtube.com/watch?v=Fea1VY33ojE (abgerufen am 11.12.2023).

2 Norddeutscher Rundfunk, 2020: Das Coronavirus-Update von NDR Info, online unter: https://www.ndr.de/nachrichten/info/podcast4684.html (abgerufen am 24.05.2024).

3 Agamben, G., 2021: *An welchem Punkt stehen wir? Die Epidemie als Politik*, Wien, S. 15 u. 16.

4 Lemke, M., 2021: *Deutschland im Notstand? Politik und Recht während der Corona-Krise*, Frankfurt a.M./New York, S. 227.

5 Schmitt, C., 2021: *Politische Theologie. Vier Kapitel zur Lehre von der Souveränität*, Berlin, S. 13.

6 Agamben, G., 2004: *Ausnahmezustand*, Frankfurt a.M., S. 9.

7 Lemke, M., 2018: What does state of exception mean? A definitional and analytical approach, in: *Zeitschrift für Politikwissenschaft* 28(4), S. 373–383, hier S. 376. Es findet sich sogar der etwas paradoxe Gedanke, dass es zur Rettung der Demokratie vor den Gefahren des Ausnahmezustands notwendig sein könnte, letzteren nicht nur praktisch zu vermeiden, sondern auch terminologisch oder diskursiv zu tabuisieren. Typische Subjektpositionen in Bezug auf den Ausnahmezustand befinden sich ebenfalls in Distanz zur Demokratie oder in einer unbestimmten Zone an den Grenzen der Demokratie. Dies gilt sowohl für Carl Schmitts Figur eines souveränen Entscheidungsträgers (Schmitt, 2021: S. 13), als auch für die nach Giorgio Agamben (2002: *Homo sacer. Die souveräne Macht und das nackte Leben*, Frankfurt a.M.) auf das »nackte Leben« reduzierten Menschen, wie z.B. die Armen oder die Unterdrückten, die die Ausnahme als ihre Regel erfahren (vgl. Benjamin, W., 1991: Über den Begriff der Geschichte, in: ders., *Gesammelte Schriften*, Frankfurt a.M., S. 691–704, hier: S. 697).

8 Siehe z.B. Maduro, M. P. & Kahn, P. W., 2020: Introduction. A New Beginning, in: dies. (Hg.), *Democracy in Times of Pandemic: Different Futures imagined*, Cambridge, UK, S. 1–18.

9 Wie die Beobachtung einer ›Dauerkrise‹ narrativ erzeugt wird, zeigt Brodocz, A., 2018: »Enttäuscht Euch!« Wie Krisen-Narrative einen normativen Formwandel der Demokratie blockieren, in: Thaa, W. & Volk, C. (Hg.), *Formwandel der Demokratie*, Baden-Baden, S. 57–79.

10 Crouch, C., 2008: *Postdemokratie*, Berlin.

11 Agamben, 2004.

12 Adey, P., Anderson, B. & Graham, S., 2015: Introduction: Governing Emergencies: Beyond Exceptionality, in: *Theory, Culture & Society* 32(3), S. 3–7.

13 Marchart, O., 2010: *Die politische Differenz. Zum Denken des Politischen bei Nancy, Lefort, Badiou, Laclau und Agamben*, Berlin.

14 Für die Idee einer Regierung von Notfällen sowie die anlassbezogene Neubegründung politischer Ordnung jeweils ohne Rückgriff auf Ideen des Exzeptionalismus, siehe: Adey, Andersen & Graham, 2015 sowie Celikates, R., 2019: Constituent power beyond exceptionalism: Irregular migration, disobedience, and (re-)constitution, in: *Journal of International Political Theory* 15(1), S. 67–81. Für eine Deutung der deutschen Corona-Politik als verfassungsmäßige Krisenbewältigung ohne staatsrechtlichen Ausnahmezustand, vgl. Kersten, J. & Rixen, S., 2021: *Der Verfassungsstaat in der Corona-Krise*, München.

15 Für eine Deutung der Corona-Krise als pandemischer Notstand und Anlass für Veränderungsprozesse in der Demokratie, vgl. Di Fabio, U., 2021: *Coronabilanz. Lehrstunde der Demokratie*, München. Für erste Analysen »eines andersartigen Modus des Regierens unter den Bedingungen des pandemischen Ausnahmezustands« ohne eine »normative Überhöhung im Sinne eines erforderlichen oder erwünschten fundamentalen Wandels der Demokratie«, vgl. Florack, M., Korte, K.-R. & Schwanholz, J., 2021: ›Coronakratie‹: Konturen einer neuen demokratischen Normalität, in: dies. (Hg.), *Coronakratie. Demokratisches Regieren in Ausnahmezeiten*, Frankfurt a.M., S. 11–22, hier: S. 12.

16 Agamben, 2004: S. 43.

17 Ebd.: S. 47.

18 Lemke, 2021: S. 158.

19 Ebd.: S. 197 und 205.
20 Ebd.: S. 209–210.
21 Agamben, 2021: S. 15–16.
22 Ebd.: S. 15.
23 Ebd.: S. 71.
24 Ebd.: S. 15–16. Zu Agambens Auseinandersetzung mit Debords Theorie siehe z.B. Agamben, 2002, S. 20 sowie ders., 2010: *Herrschaft und Herrlichkeit. Zur theologischen Genealogie von Ökonomie und Regierung*, Berlin, S. 302–309. Zum Konzept des Spektakels als diskursive Ordnung vgl. auch Schölzel, H., 2013: *Guerillakommunikation. Genealogie einer politischen Konfliktform*, Bielefeld, S. 175–182.
25 Manin, B., 1997: *The Principles of Representative Government*, Cambridge, UK, Kap. 6.
26 Latour, B., 2001: *Das Parlament der Dinge. Für eine politische Ökologie*, Frankfurt a.M., S. 147.
27 Ebd.; ders., 2003: What if We Talked Politics a Little?, in: *Contemporary Political Theory* 2(2), S. 143–164; ders., 2005: From Realpolitik to Dingpolitik or How to Make Things Public, in: ders. & Weibel, P. (Hg.), *Making Things Public. Atmospheres of Democracy*. Cambridge, MA/London, S. 14–41; ders., 2007: Turning Around Politics: A Note on Gerard de Vries' Paper, in: *Social Studie of Sciences* 37(5), S. 811–820.
28 Latour, B., 2013: Versuch eines ›Kompositionistischen Manifests‹, in: *Zeitschrift für Theoretische Soziologie* 2(1), S. 8–30.
29 Latour, 2001: S. 260–261, S. 288 sowie S. 346–347, Fn. 54.
30 Bundesregierung, 2020: Fernsehansprache von Bundeskanzlerin Angela Merkel, online unter: https://www.bundesregierung.de/breg-de/aktuelles/fernsehansprache-von-bundeskanzlerin-angela-merkel-1732134 (abgerufen am 11.12.2023).
31 Bundesministerium für Gesundheit, 2020.
32 Latour, B., 2017: *Kampf um Gaia. Acht Vorträge über das Neue Klimaregime*, Berlin, S. 386.
33 Latour, B., 2014: *Existenzweisen. Eine Anthropologie der Modernen*, Berlin, S. 475–476.
34 Latour, B., 2008: Préface: Le fantôme de l'ésprit public. Des illusions de la démocratie aus réalités de ses apparitions, in: Lippmann, W., *Le Public Fantôme*, Paris, S. 3–44, hier: S. 14–15, unsere Übersetzung, Original kursiv.
35 Latour, 2008: S. 14, unsere Übersetzung.

36 Bspw. Rosa, H., 2020: Pfadabhängigkeit, Bifurkationspunkte und die Rolle der Soziologie. Ein soziologischer Deutungsversuch der Corona-Krise, in: *Berliner Journal für Soziologie* 30(2), S. 191–213.

37 Nullmeier, F., 2020: Covid-19-Pandemie und soziale Freiheit, in: *Zeitschrift für Politische Theorie* 11(1), S. 127–154, hier: S. 132 und 135.

38 Schmitt, C., 2002: *Der Begriff des Politischen. Text von 1932 mit einem Vorwort und drei Corollarien*, Berlin, S. 27; vgl. Latour, 2017: S. 398.

39 Vgl. dazu ausführlich Kap. 4.

40 Dies rekonstruieren wir unten sehr detailliert in Kap. 5.

41 Latour, 2001: S. 154.

42 Vgl. ausführlich dazu Kap. 4.

43 Siehe dazu ausführlich Kap. 5.

44 Vgl. zur Unterscheidung dieser beiden Phasen Kap. 4.

45 Bauman, Z., 2000: *Die Krise der Politik. Fluch und Chance einer neuen Öffentlichkeit*, Hamburg, S. 15. Ähnlich, aber anders akzentuiert als Gleichursprünglichkeit von individueller und kollektiver Autonomie auch Habermas, J., 1992: *Faktizität und Geltung. Beiträge zur Diskurstheorie des Rechts und des demokratischen Rechtsstaats*, Frankfurt a.M., S. 151ff.

46 Bauman, 2000: S. 119–120.

47 Bauman, 2000: S. 128–147.

48 Ebd.: S. 10; kursiv im Original.

49 Ebd.: S. 19–87.

50 Bauman, 2000: S. 129.

51 Green, J. E., 2010: *The Eyes of the People: Democracy in an Age of Spectatorship*, Oxford, S. 4, kursiv im Original.

52 Rosanvallon, P., 2010: *Demokratische Legitimität. Unparteilichkeit – Reflexivität – Nähe*, Hamburg.

53 Ebd.: S. 11.

54 Zum »arbeitenden Verfassungsstaat« während der Corona-Krise siehe Kersten & Rixen, 2021: S. 91; vgl. in diesem Sinne auch ebd., S. 74.

55 Schulze Heuling, D., 2020: Steuerung und Freiheit. Eine Antwort auf Frank Nullmeier, in: *Zeitschrift für Politische Theorie* 11(2), S. 291–306.

56 Nullmeier, 2020.

57 Latour, 2001: S. 288.

58 Schmitt, C., 2006: *Theorie des Partisanen, Zwischenbemerkung zum Begriff des Politischen*, Berlin, S. 88.

59 Zum demokratischen Meta-Kreislauf siehe unten Kap. 5.

60 Nicolaidis, K., 2020: Reimagined Democracy in Times of Pandemic, in: Maduro, M. P. & Kahn, P. W. (Hg.), *Democracy in Times of Pandemic: Different Futures imagined*, Cambridge, UK, S. 168–181, hier: S. 169.

61 Crouch, 2008.

62 Vgl. dazu ausführlich Kap. 6.

Warum Zeit in den Debatten zum Ausnahmezustand nicht ausreichend berücksichtigt wurde

1 Bundesregierung, 2020: Fernsehansprache von Bundeskanzlerin Angela Merkel, online unter: https://www.bundesregierung.de/breg-de/aktuelles/fernsehansprache-von-bundeskanzlerin-angela-merkel-1732134 (abgerufen am 11.12.2023).

2 Ebd.

3 Ebd.

4 Ebd.

5 Ebd.

6 Leanza, M., 2020: Biopolitische Kollektive. Theoretische Reflexionen zur Covid-19-Pandemie, in: *Zeitschrift für Politische Theorie* 11(1), S. 155–165.

7 Bundesregierung, 2020.

8 Vgl. Rinderspacher, J. P., 2022: *Zeiten der Pandemie. Wie Corona unseren Umgang mit der Zeit verändert*, Opladen, insb. Kap. 3 »›Lockdown‹ – Ausnahmezustand als Zeitproblem«; ders., 2024: *Politik im Zeitnotstand. Katastrophen, Krisen, Kriege, Transformationsprozesse*, Opladen.

9 Vgl. dazu den Themenschwerpunkt und die Einleitung »Temporalstrukturen des Ausnahmezustands« in der Zeitschrift für Politische Theorie: Brodocz, A., Schölzel, H. & Suntrup, J. Ch. (2023): Temporalstrukturen des Ausnahmezustands, in: *Zeitschrift für Politische Theorie* 14(2), S. 171–183.

10 Bspw. White, J., 2024: *In the long run. The future as a political idea*, London, insb. Kap. 7 »In an age of emergencies«. Zum Zögern als einem alternativen Paradigma des Regierens und Regiert-Werdens im Ausnahmezustand vgl. jedoch Schmid, B., 2023:Paradoxien der Ausnahmezeit. Überlegungen zu einem alternativen Paradigma des Regierens und Regiert-Werdens, in: *Zeitschrift für Politische Theorie* 14(2), S. 185–205.

11 Ferejohn, J. & Pasquino, P., 2004: The Law of the Exception: A Typology of Emergency Powers, in: *International Journal of Constitutional Law* 2(2), S. 210–239.

12 Machiavelli, N., 1977: *Discorsi. Gedanken über Politik und Staatsführung*, Stuttgart, S. 96 [I, 34].

13 Vgl. Münkler, H., 1987: *Machiavelli. Die Begründung des politischen Denkens der Neuzeit in der Krise der Republik Florenz*, Frankfurt a.M., S. 247ff.

14 Locke, J., 2007: *Zweite Abhandlung über die Regierung*, Frankfurt a.M., S. 132 [§160].

15 Ebd.: S. 130 [§158].

16 Ebd.: S. 131 [§159].

17 Schmitt, C., 2021: *Politische Theologie. Vier Kapitel zur Lehre von der Souveränität*, Berlin, S. 19; ders., 1978: *Die Diktatur. Von den Anfängen des modernen Souveränitätsgedankens bis zum proletarischen Klassenkampf*, Berlin, S. 136.

18 Agamben, G., 2004: *Ausnahmezustand. (Homo sacer II.I)*, Frankfurt a.M.; vgl. Collier, S. & Lakoff, A., 2021: *The Government of Emergency. Vital Systems, Expertise, and the Politics of Security*, Princeton, NJ.

19 Agamben, 2004: S. 8f.

20 Agamben, G., 2021: *An welchem Punkt stehen wir? Die Epidemie als Politik*, Wien, S. 15f.

21 Honig, B., 2014: Three Models of Emergency Politics, in: *boundary 2* 41(2), S. 45–70.

22 Robert Koch-Institut, 2017: Nationaler Pandemieplan Teil 1. Strukturen und Maßnahmen, online unter: https://edoc.rki.de/bitstream/handle/176904/187/28Zz7BQWW2582iZMQ.pdf (abgerufen am 04.06.2024); Robert Koch-Institut, 2016: Nationaler Pandemieplan Teil 2. Wissenschaftliche Grundlagen, online unter: https://edoc.rki.de/bitstream/handle/176904/174/29x3vlR5Miwxa6.pdf (abgerufen am 04.06.2024).

23 Beispielsweise stellte die *Bild*-Zeitung drei Wissenschaftlerinnen und Wissenschaftler als »Die Lockdown-Macher« an den medialen Pranger, worauf jedoch *Die Zeit* zahlreiche Stimmen versammelte, die für das auf wissenschaftliche Erkenntnisse gestützte kollektive Lernen und auch für vorbeugendes Handeln eintraten. Vgl. Bild, 2021: Die Lockdown-Macher, in: *Bild Online* vom 04.12.2021, online unter: https://www.bild.de/politik/inland/politik-inland/experten-trio-die-lockdown-macher-78437086.bild.html (abgerufen am

14.05.2024); Zeit Online, 2021: Wenn wir nichts ändern, hat unsere Demokratie ein Problem, in: *Zeit Online* vom 19.12.2021, online unter: https://www.zeit.de/wissen/2021-12/freiheit-wissenschaft-bedroht-corona-klima-medien (abgerufen am 14.05.2024).

24 Honig, 2014.

25 Honig, B., 2020: American Quarantine. The Right to Housing in a Pandemic, in: *Democratic Theory* 7(2), 143–151.

26 Bundesregierung, 2020 (Hervorhebung im Original).

27 Benjamin, W., 1991: Über den Begriff der Geschichte, in: ders., *Gesammelte Schriften*, Frankfurt a.M., S. 691–704. S. 697. Vgl. Bredekamp, H., 1998: Von Walter Benjamin zu Carl Schmitt, via Thomas Hobbes, in: *Deutsche Zeitschrift für Philosophie* 46(6), S. 901–916.

28 Barbehön, M., 2022: Die Realität der Zeit und die Ereignishaftigkeit der Demokratie, in: *Zeitschrift für Politische Theorie* 13(1-2), S. 91–112; hier: S. 92.

29 Bredekamp, 1998: S. 915.

30 Barbehön, 2022: S. 92.

31 Newton, I., 1872: *Mathematische Prinzipien der Naturlehre,* Berlin, S. 25.

32 Ebd.

33 Hawking, S., 1988: *Eine kurze Geschichte der Zeit,* Reinbek bei Hamburg.

34 Feustel, R., 2014: ›A Measure of Disorder‹ – Entropie als Metapher für das Andere der Ordnung, in: *Behemoth. A Journal on Civilisation* 7(1), S. 118–139.

35 Ebd.: S. 126.

36 Barbehön, 2022: S. 92.

37 Ebd.: S. 93.

38 Ebd.: S. 93.

39 Ebd.: S. 96–100.

40 Barbehön, M., 2023: Riskante Ausnahmen: Zur Performativität kommunikativer Grenzziehungen zwischen politischer Ausnahme- und Normalzeit, in: *Zeitschrift für Politische Theorie* 14(2), S. 231–252.

41 Ebd.: S. 241.

42 Foucault, M., 2006: *Geschichte der Gouvernementalität, Band I und II,* Frankfurt a.M.

43 Sarasin, P., 2020: Mit Foucault die Pandemie verstehen?, in: *Geschichte der Gegenwart,* 25. März 2020, online unter: https://gesc

hichtedergegenwart.ch/mit-foucault-die-pandemie-verstehen/ (abgerufen am 07.06.2024); vgl. ders., 2009: Smallpox Liberalism. Michel Foucault und die Infektion, in: Pias, C. (Hg.), *Abwehr. Modelle – Strategien – Medien*, Bielefeld, S. 27–37.

44 Barbehöen, M. & Folberth, A., 2019: Die Temporalität der Biopolitik – Eine systemtheoretische Perspektive auf die Regierung ›symptomfreier Kranker‹, in: Gerhards, H. & Braun, K. (Hg.), *Biopolitiken – Regierungen des Lebens heute*, Wiesbaden, S. 97–120, hier: S. 101; vgl. Braun, K. & Gerhards, H., 2019: Leben, Zeit, Regierung – Eine sozialtheoretische und konstruktivistische Neubestimmung des Konzepts der Biopolitik, in: dies., a.a.O., S. 3–40.

45 Portschy, J., 2019: Biopolitik der Zeit, in: Gerhards, H. & Braun, K. (Hg.): *Biopolitiken – Regierungen des Lebens heute*, Wiesbaden, S. 67–93.

46 Für die folgenden Ausführungen vgl. Schölzel, H., 2024: Ausnahmepolitik im Anthropozän?, in: *Trajectoires. Revue de la Jeune Recherche Franco-Allemande* No. 17, online unter: https://doi.org/10.4000/trajectoires.10172 (abgerufen am 14.06.2024).

47 Schmitt, 2021: S. 13.

48 Schmitt bezieht sich dabei direkt auf Hobbes' Konzept politischer Autorität: »Auctoritas, non veritas fecit legem« (Schmitt, 2021: S. 39).

49 Agamben, G., 2002: *Homo Sacer. Die souveräne Macht und das nackte Leben*, Frankfurt a.M., S. 48.

50 Ebd.

51 Agamben, 2002: S. 46.

52 Agamben, 2004: S. 9.

53 Ebd.: S. 8–9.

54 Agamben, 2021: S. 52–53.

55 Ebd.: S. 15ff.

56 Lemke, M., 2021: *Deutschland im Notstand? Politik und Rechte während der Corona-Krise*, Frankfurt a.M., S. 215f.

57 Honig, B., 2009: *Emergency Politics. Paradox, Law, Democracy*, Princeton/Oxford, S. 10 (Hervorhebung im Original).

58 Latour, B., 2001: *Das Parlament der Dinge*, Frankfurt a.M., S. 237–245.

59 Latour, B., 2008a: *Wir sind nie modern gewesen*, Frankfurt a.M., S. 99.

60 In Latours Schriften bleibt weitgehend unbestimmt, wer genau ›die Modernen‹ sind. Deutlicher wird, was sie ausmacht, nämlich, dass sie die Träger der modernen, dichotomen Wissensordnung sind,

die ›Natur‹ und ›Gesellschaft‹ als zwei ontologisch verschiedene Bereiche strikt unterscheiden und im Rahmen dieser Unterscheidung ein umfassendes Arsenal an Begriffen und Theorien sowie Praktiken und Apparaturen für alle möglichen (natürlichen und gesellschaftlichen) Phänomene entwickeln.

61 Latour, 2001: S. 238.

62 Ebd.

63 Ebd.

64 Ebd.: S. 239.

65 Latour, 2008a: S. 98.

66 Latour, 2001: S. 238f.

67 Ebd.: S. 240.

68 Latour, 2008a: S. 100.

69 Latour, 2001: S. 241.

70 Ebd.

71 Latour 2001, S. 245ff.

72 Vgl. Schölzel, H., 2021: Die Konstruktion legitimer Öffentlichkeiten. Über zeitgenössische Krisendiagnosen, die Theorie der Akteur-Netzwerk-Öffentlichkeiten und die Kontroverse um die Klimaerwärmung, in: Hahn, K. & Langenohl, A. (Hg.), *Protestkommunikation: Konflikte um die Legitimität politischer Öffentlichkeit*, Wiesbaden, S. 31–56.

Zeitfragen der pandemischen Politik- und Öffentlichkeitsberatung

1 Streeck, W., 2021: Wissenschaftlern folgen? Ja doch, aber welchen?, in: *F.A.Z.* vom 11.01.2021, S. 13.

2 Ebd.

3 Ebd.

4 Ebd.

5 Haraway, D., 1988: Situated Knowledge: The Science Question in Feminism and the Privilege of Partial Perspective, in: *Feminist Studies* 14(3), S. 575–599.

6 Eine Chronologie der »Corona-bezogenen Wissenschaftskommunikation« findet sich bei Pasternack, P. & Beer, A., 2022: *Die externe Kommunikation der Wissenschaft in der bisherigen Corona-Krise (2020/2021). Eine kommentierte Rekonstruktion*, HoF-Arbeitsbericht

118, Halle & Wittenberg, online unter: https://www.hof.uni-halle.de/web/dateien/pdf/ab_118.pdf (abgerufen am 08.03.2024).

7 Frühere Diskussionen der Fälle finden sich in Schölzel, H., 2020a: PR, Punk oder Provinz: Wie Corona-Forschung die Öffentlichkeit (nicht) erregt, in: *Diskursmonitor* vom 23.07.2020, online unter: https://diskursmonitor.de/review/corona-hs-2/ (abgerufen am 01.03.2024); ders., 2020b: »Silent Hotspots« – Über wissenschaftliche Studien und strategische Kommunikation in der Corona-Pandemie, in: *Diskursmonitor* vom 18.12.2020, online unter: https://diskursmonitor.de/review/corona-hs-3/ (abgerufen am 01.03.2024); ders., 2021a: Infektiologie und Schulpolitik. Episoden zur Postfaktizität in der Corona-Krise, in: *Kulturrevolution* 81, S. 22–27.

8 Vgl. bspw. den gleichnamigen Twitter-Account unter https://twitter.com/hbergprotokoll (abgerufen am 20.07.2020).

9 RND/dpa, 2020: *Heinsberg-Studie: Drosten fordert schriftliche Ergebnisse*, 13.03.2020, online unter: https://www.rnd.de/gesundheit/heinsberg-studie-drosten-fordert-schriftliche-ergebnisse-CFXXU2FXUURGVVHG4GWY3BHDAU.html (abgerufen am 04.03.2024).

10 Vgl. https://twitter.com/hbergprotokoll (abgerufen am 20.07.2020).

11 WELT Nachrichtensender, 2020: *CORONA-STUDIE HEINSBERG: Virologe Streeck und Armin Laschet stellen Zwischenergebnis vor*, 09.04.2020, online unter: https://www.youtube.com/watch?v=kqMpfGckceo (abgerufen am 01.03.2024).

12 Ebd.

13 Ebd.

14 RND/dpa, 2020.

15 Das Preprint wurde zuerst am 08.05.2020, in überarbeiteter Version dann am 02.06.2020 vor-publiziert: Streeck, H., et al.: Infection fatality rate of SARS-CoV-2 infection in a German community with a super-spreading event, in: *medRxiv* 2020.05.04.20090076, DOI: https://doi.org/10.1101/2020.05.04.20090076 (abgerufen am 20.02.2024). Letztendlich wurde die begutachtete Studie am 17.11.2020 publiziert: Streeck, H. et al., 2020: Infection fatality rate of SARS-CoV2 in a super-spreading event in Germany, in: *Nature Communications* 11, Article number 5829, DOI: https://doi.org/10.1038/s41467-020-19509-y (abgerufen am 29.02.2024).

16 RND/dpa, 2020.

17 Ebd. Vgl. Deutsche Gesellschaft für Krankenhaushygiene, 2020a: *Lageeinschätzung der Deutschen Gesellschaft für Krankenhaushygiene (DGKH)*, 30. März 2020, online unter: https://www.krankenhaushygiene.de/pdfdata/2020_03_31_DGKH_Einladug_Lageeinschaetzung.pdf (abgerufen am 01.03.2024).

18 Deutsche Gesellschaft für Krankenhaushygiene, 2020a.

19 Deutsche Gesellschaft für Krankenhaushygiene, 2020b: *Konzept für Strategien zur Folgenminderung (Mitigierung) und zum Schutz gefährdeter Bevölkerungsgruppen (Protection) durch die COVID-19 Epidemie unter Berücksichtigung der Verhältnismäßigkeit*, online unter: https://www.krankenhaushygiene.de/pdfdata/2020_03_22_DGKH_Mitteilung_Ausgangssperre_RKG_Konzept.pdf (abgerufen am 01.03.2024; Rechtschreibfehler »soweit« statt »so weit« im Original).

20 RND/dpa, 2020.

21 Eine zusammenfassende Diskussion findet sich etwa im Online-Portal wissenschaftskommunikation.de unter: https://www.wissenschaftskommunikation.de/open-science-aber-richtig-was-wir-aus-der-heinsberg-studie-lernen-koennen-40539/ (abgerufen am 04.06.2024).

22 DRPR, 2020: *DRPR-Verfahren 01–2020, Fall: Heinsberg-Protokolle*, online unter: https://drpr-online.de/wp-content/uploads/2020/06/2020-06-04_Beschluss_01-20_Heinsberg-Protokoll.pdf (abgerufen am 04.06.2024).

23 Ebd.

24 Dies gilt zumindest für den Kontext der Pandemie. Im Allgemeinen datiert bspw. Peter Weingart den Verlust dieser Illusion auf den 28. März 1979, als der amerikanische Fernsehsender CBS die »Konfusion« widerstreitender Informationen angesichts des Unglücks im Three-Mile-Island-Kernreaktor darstellte: »[E]ines der ersten Opfer des Nuklearunfalls sei die wissenschaftliche Glaubwürdigkeit gewesen«. Vgl. Weingart, P., 2001: *Die Stunde der Wahrheit? Zum Verhältnis der Wissenschaft zu Politik, Wirtschaft und Medien in der Wissensgesellschaft*, Weilerswist, S. 127.

25 Klein, U., 2021: *Experten in der Corona-Krise und Geschichte*, Berlin: Max-Planck-Institut für Wissenschaftsgeschichte, online unter: https://hdl.handle.net/21.11116/0000-0008-5441-0 (abgerufen am 08.05.2024).

26 Lau, M., 2020: Ist das unser neuer Kanzler? Die Wissenschaft gibt jetzt der Politik die Richtung vor. Was heißt das für die Demokra-

tie?, in: *Die Zeit*, 18.03.2020, online unter: https://www.zeit.de/2020/13/coronavirus-wissenschaft-auswirkung-auf-politik-virologen-christian-drosten-alexander-kekule (abgerufen am 06.03.2024).

27 Schumann, F., 2020: Wir müssen jetzt die Fälle senken. Sonst schaffen wir es nicht, in: *Die Zeit*, 20.03.2020, online unter: https://www.zeit.de/wissen/gesundheit/2020-03/christian-drosten-coronavirus-pandemie-deutschland-virologe-charite/komplettansicht (abgerufen am 06.03.2024).

28 Rehländer, J., 2020: Unterschiedliche Logiken, in: *DUZ – Magazin für Wissenschaft und Gesellschaft*, 09.04.2020, online unter: https://www.duz.de/beitrag/!/id/772/unterschiedliche-logiken (abgerufen am 06.03.2024).

29 Nohl, A.-M., 2023: From science journalism to educating a pandemic-wise public: Inquiries into the ›NDR coronavirus-update‹ podcast, in: *Journalism* 24(12), S. 2781–2798, DOI: https://doi.org/10.1177/14648849231184158 (abgerufen am 06.03.2024).

30 Schumann, 2020.

31 Jens Rehländer, Journalist und Leiter der Kommunikationsabteilung der VolkswagenStiftung, einer der großen deutschen Institutionen der Wissenschaftsförderung, kritisierte im April 2020, dass »nach der reinen Lehre [...] Drostens Podcast Wissenschafts-PR« sei, da »[s]eine Aussagen [...] nicht hinterfragt, eingeordnet oder bewertet [werden] von jenen, die die Expertise hätten, mit ihm auf Augenhöhe zu kommunizieren« (Rehländer, 2020).

32 Rehländer, 2020.

33 Schumann, F., 2020a: Genauer, leiser – aber die Kernaussage bleibt, in: *Die Zeit* vom 03.06.2020, online unter: https://www.zeit.de/wissen/gesundheit/2020-06/christian-drosten-studie-ansteckungsgefahr-durch-kinder-schuloeffnung-kritik/komplettansicht (abgerufen am 12.03.2024).

34 Hanfeld, M., 2020: Die versuchte Vernichtung, in: *F.A.Z.* vom 26.05.2020, online unter: https://www.faz.net/aktuell/feuilleton/debatten/bild-gegen-den-virologen-drosten-versuch-einer-vernichtung-16787133.html (abgerufen am 04.06.2024).

35 Deutscher Presserat, 2020: *12 Rügen – u.a. für Bericht über Corona-Studie*, 11.09.2020, online unter: https://www.presserat.de/presse-nachrichten-details/rüge-für-bericht-über-corona-studie.html (abgerufen am 12.03.2024).

36 ZSK Berlin, 2020: *Ich habe besseres zu tun*, online unter: https://www.youtube.com/watch?v=5OZdKwFSWZw&feature=youtu.be (abgerufen am 12.03.2024).

37 Wartke, B., 2020: *Christian Drosten*, online unter: https://www.youtube.com/watch?v=_ET84X6m8P0 (abgerufen am 30.04.2024).

38 Die »bescheidenen Anfänge von Souveränität« wurden in prähistorischen »›heroische[n]‹ Gesellschaften« lokalisiert, vgl. Graeber, D. & Wengrow, D., 2022: *Anfänge. Eine neue Geschichte der Menschheit*, Stuttgart, S. 389 und 391.

39 Bröckling, U., 2020: *Postheroische Helden. Ein Zeitbild*, Berlin.

40 Wiarda, J.-M., 2020: Die Kinder dürfen in der Krise nicht unter die Räder kommen, in: *Wiarda-Blog*, 14.05.2020, online unter: https://www.jmwiarda.de/2020/05/14/die-kinder-dürfen-in-der-krise-nicht-unter-die-räder-kommen/ (abgerufen am 02.05.2024).

41 Datt, T., 2020: Das Corona-Experiment, in: *Kreuzer*, 17.05.2020, online unter: https://kreuzer-leipzig.de/2020/05/17/das-corona-experiment (abgerufen am 02.05.2024).

42 FreistaatSachsen, 2020: *Pressebriefing der Sächsischen Staatsregierung – aktueller Stand zum Coronavirus in Sachsen 08.05.20*, online unter: https://www.youtube.com/watch?v=SWYmT6fBZT0 (abgerufen am 02.05.2024).

43 Wiarda 2020.

44 Wiarda 2020.

45 dpa & Skolimowska, M., 2020: Dresdner Arzt plädiert für Kita-Öffnung, in: *Sächsische.de*, 28.04.2020, online unter: https://www.saechsische.de/corona-dresdner-arzt-reinhard-berner-plaediert-fuer-kita-oeffnung-5198750.html (abgerufen am 04.05.2024).

46 Reelfs, D., 2020: Ansteckungsquellen sind nicht in Kita oder Schulen zu finden, in: *SMK-Blog*, 11.05.2020, online unter: https://www.bildung.sachsen.de/blog/index.php/2020/05/11/ansteckungsquellen-sind-nicht-in-kita-oder-schulen-zu-finden/ (abgerufen am 04.05.2024).

47 Ebd.

48 Im Dezember 2021 wurde Berner zudem in den Corona-ExpertInnenrat der Bundesregierung berufen, vgl. https://www.bundesregierung.de/breg-de/bundesregierung/bundeskanzleramt/corona-expertinnenrat-der-bundesregierung (abgerufen am 03.05.2024).

49 Ein erstes Preprint zu der Studie wurde am 17.07.2020 veröffentlicht; drei weitere Versionen folgten bis zum 29.11.2020. Die ersten

drei Versionen repräsentieren die Ergebnisse der ersten Datenerhebung, die vierte Version beinhaltet auch Ergebnisse der zweiten Datenerhebung. Alle Versionen des Preprints: Armann, J. P., Unrath. M., Kirsten, C., et al., 2020: SARS-CoV-2 IgG antibodies in adolescent students and their teachers in Saxony, Germany (SchoolCoviDD19): persistent low seroprevalence and transmission rates between May and October 2020, in: *medRxiv*; DOI: https://doi.org/10.1101/2020.07.16.20155143 (abgerufen am 03.05.2024). Die finale Publikation von Juni 2021: Kirsten, C., Unrath, M., Lück, C., et al., 2020: SARS-CoV-2 seroprevalence in students and teachers: a longitudinal study from May to October 2020 in German secondary schools *BMJ Open* 2021;11:e049876. DOI: https://doi.org/10.1136/bmjopen-2021-049876 (abgerufen am 03.05.2024).

50 FreistaatSachsen, 2020a: *Pressekonferenz des Sächsischen Staatsministeriums für Kultus – Ergebnisse der Corona-Schulstudie vom 13. Juli 2020*, online unter: https://www.youtube.com/watch?v=c0CsjbobMA4 (abgerufen am 02.05.2024).

51 Locke, S., 2020: Kinder wirken eher als Bremsklötze der Infektion, in: *F.A.Z.* vom 13.07.2020, online unter: https://www.faz.net/aktuell/politik/inland/corona-studie-anschulen-kinder-eher-bremskloetze-der-infektion-16858827.html?GEPC=s3 (abgerufen am 03.05.2024). Berndt, C., 2020: Kinder bremsen laut Studie das Virus aus, in: *Süddeutsche Zeitung*, 13.07.2020, online unter: https://www.sueddeutsche.de/gesundheit/schulen-kinder-sachsen-corona-normalbetrieb-1.4965841?reduced=true (abgerufen am 03.05.2024).

52 Hennig, K. & Drosten, Ch., 2020: *Coronavirus-Update. Folge 66*, online unter: https://www.ndr.de/nachrichten/inDo/coronaskript246.pdD (abgerufen am 03.05.2024). Vgl. zu Fragen nach der Qualität der wissenschaftlichen Untersuchung Schölzel, H., 2021b: Questions by a political sociologist. Rapid response to the study »SARS-CoV-2 seroprevalence in students and teachers: a longitudinal study from May to October 2020 in German secondary schools« by Carolin Kirsten, Manja Unrath, Christian Lück, Alexander H Dalpke, Reinhard Berner, & Jakob Armann, online unter: https://bmjopen.bmj.com/content/11/6/e049876.responses#questions-by-a-political-sociologist (abgerufen am 03.05.2024).

53 FreistaatSachsen, 2021: *Kabinettspressekonferenz der Sächsischen Staatsregierung vom 05.01.2021*, online unter: https://www.youtube.com/watch?v=P8AGPevUc08 (abgerufen am 03.05.2024).

54 Sächsische.de, 2021: *CoronaCast aus Dresden. Wissenschaft und Politik in Zeiten von Corona. Wieviel Nähe ist gesund?*, 03.02.2021, online unter: https://music.amazon.de/podcasts/34be78ed-2440-4595-9ef4-e5f5a70e8739/episodes/cd607f86-ebe2-4a7c-9b13-7ebde34ad3e2/coronacast-aus-dresden-wissenschaft-und-politik-in-zeiten-von-corona-wie-viel-nähe-ist-gesund (abgerufen am 03.05.2024), vgl. auch Deicke, F., 2021: CoronaCast: Sind Schulen Hotspots?, in *Sächsische.de*, 03.02.2021, online unter: https://www.saechsische.de/coronavirus/coronacast-berner-schoelzel-kinder-schule-kita-schuloeffnung-studie-antikoerpersachsen-tu-dresden-5370724.html (abgerufen am 03.05.2024).

55 Sächsische.de, 2021.

56 Ebd.

57 Konkret erfolgte die Klarstellung im Rahmen einer durch die *Sächsische Zeitung* aufgezeichneten Podcast-Diskussion zwischen Reinhard Berner und einem der Autoren dieses Buches, Hagen Schölzel (Sächsische.de, 2021).

58 News4teachers.de, 2020: Massentest an Bremer Schulen widerlegt die These, dass Kinder und Jugendliche sich seltener infizieren als Erwachsene, in: *News4Teachers*, 24.01.2021, online unter: https://www.news4teachers.de/2021/01/positiv-quote-031-prozent-massentest-an-bremer-schulen-widerlegt-die-these-dass-kinder-und-jugendliche-sich-seltener-infizieren-als-erwachsene/ (abgerufen am 03.05.2024).

59 Von Bredow, R. & Hackenbroch, V., 2021: Ich habe schlimme Befürchtungen, was sonst im Frühjahr und Sommer passieren könnte, in: *Spiegel Online*, 22.01.2021, online unter: https://www.spiegel.de/wissenschaft/medizin/christian-drosten-wir-muessen-durchhaltenund-vor-allem-auf-die-bremse-treten-a-9268683b-0415-4f09-b9f5-773bf2215cc1 (abgerufen am 03.05.2024).

60 Schäfer, M. S., 2008: Diskurskoalitionen in den Massenmedien. Ein Beitrag zur theoretischen und methodischen Verbindung von Diskursanalyse und Öffentlichkeitssoziologie, in: *Kölner Zeitschrift für Soziologie und Sozialpsychologie* 60(2), S. 367–397.

61 Walger, P., Huppertz, I., Hübner, J., et al., 2021: *Kinder in der COVID-19 Pandemie*, 05.02.2021, online unter: https://dgpi.de/wp-con

tent/uploads/2021/02/DGPI_DGKH_zu_Kindern_COVID19__05_0 2_2021.pdf (abgerufen am 03.05.2024).

62 Walger et al., 2021.

63 Walger et al., 2021.

64 Schölzel, H. & Nothhaft, H., 2016: The establishment of facts in public discourse: Actor Network-Theory as a methodological approach in PR-research, in: *Public Relations Inquiry* 5(1), S. 53–69.

65 Lemke, M., 2021: *Deutschland im Notstand? Politik und Recht während der Corona-Krise*, Frankfurt a.M., S. 212–214.

Wie Ausnahmemaßnahmen eine permanente öffentliche Diskussion erzeugten

1 Süddeutsche Zeitung: *Coronavirus verhindert chinesisches Fest*, vom 29.1.2020, S. R7.

2 Vgl. zu dieser Entwicklung von Oktober 2019 bis Mai 2020 Krug, M., Kuhn, P., Lauschner, L., Mercsak, A. & Schulte-Zweckel, N., 2021: Von Umwelt zu Corona: Der Schwerpunktwechsel in der Berichterstattung während der ersten Welle der Coronapandemie in Deutschland, in: *Momentum Quarterly* 10(3), S. 130–149.

3 Vgl. das COSMO – COVID-19 Snapshot Monitoring zu »Informationsverhalten«, hier vor allem Kap. 1.1 und 2.3; online unter https://projekte.uni-erfurt.de/cosmo2020/web/topic/wissen-verhalten/10-informationsverhalten/#corona-als-medien-hype-stand-14.12.21 (aufgerufen am 26.04.2024).

4 Vgl. Shklar, J., 1989: The liberalism of fear, in: Rosenblum, N. L. (Hg.), *Liberalism and the moral life*, Cambridge, MA, S. 21–38, hier: S. 29. Zu den demokratiefördernden Aspekten der Angst siehe auch Degerman, D., Flinders, M. & Johnson, M. T., 2023: In defence of fear: COVID-19, crises and democracy, in: *Critical Review of International Social and Political Philosophy* 26(6), S. 788–809.

5 Siehe zu solchen Narrativen am Beispiel der USA Zavattaro, S. M., Entress, R., Tyler, J. & Sadiq, A.-A., 2021: When Deaths Are Dehumanized: Deathcare During COVID-19 as a Public Value Failure, in: *Administration & Society* 53(9), S. 1443–1462.

6 Degen, M., 2021: Aus der Schockstarre zur Akteurszentrierung – die Phasen der Pandemie-Berichterstattung, in: *Zeitschrift für Politikwissenschaft* 31, S. 125–131, hier: S. 127.

7 Vgl. zu diesem an Latour und Bauman anschließenden Modell des demokratischen Kreislaufs ausführlich bereits Kap. 1.

8 Vgl. Korte, K.-R., 2021: Kuratiertes Regieren. Bausteine der Resilienz, in: Florack, M., Korte, K.-R. & Schwanholz, J., 2021 (Hg.), *Coronakratie. Demokratisches Regieren in Ausnahmezeiten*, Frankfurt a.M., S. 25–42, hier: S. 26; Landwehr, C. & Schäfer A., 2021: Repräsentation. Zwischen technokratischer und populistischer Versuchung, in: Florack, M., Korte, K.-R. & Schwanholz, J., 2021 (Hg.), *Coronakratie. Demokratisches Regieren in Ausnahmezeiten*, Frankfurt a.M., S. 135–145, hier: S. 135.

9 Vgl. Kersten, J. & Rixen, S., 2021: *Der Verfassungsstaat in der Corona-Krise*, München, S. 76.

10 Siehe dazu bereits im April 2020 die Einschätzung des wissenschaftlichen Dienstes des Bundestags zum Sachstand »Befristung der Corona-Verordnungen«, Aktenzeichen: WD 3 – 3000 – 090/20; online unter https://www.bundestag.de/resource/blob/701870/2cb3d3d878bb63032a7c36ca1a5cf113/WD-3-090-20-pdf-data.pdf (aufgerufen am 22.05.2024).

11 Luhmann, N., 1984: *Soziale Systeme. Grundriß einer allgemeinen Theorie*, Frankfurt a.M., S. 420.

12 Vgl. zur Funktionsweise der Ministerpräsidentenkonferenzen Behnke, N., 2021: Deutschland: Föderales Krisenmanagement und die Rolle der Ministerpräsidentenkonferenz, in: Europäisches Zentrum für Föderalismus-Forschung Tübingen (EZFF) (Hg.): *Jahrbuch des Föderalismus 2021. Föderalismus, Subsidiarität und Regionen in Europa*. Baden-Baden, S. 39–52, hier: S. 42–46. Zur Effektivität der Ministerpräsidentenkonferenz in der Pandemiepolitik siehe auch Schnabel, J., Freiburghaus, R. & Hegele, Y., 2022: Crisis management in federal states: the role of peak intergovernmental councils in Germany and Switzerland during the COVID-19 Pandemic, in: *dms – der moderne staat* 15(1), S. 42–61.

13 Behnke, 2021: S. 48.

14 Zu den einzelnen im Folgenden genannten Maßnahmen vgl. die Ministerpräsidentenkonferenz vom 12.03.2020; online unter https://www.bundesregierung.de/breg-de/themen/coronavirus/beschluss-zu-corona-1730292 (abgerufen am 02.06.2024).

15 Vgl. BayMBl. 2020 Nr. 164, Vollzug des Infektionsschutzgesetzes (IfSG), des Bayerischen Krankenhausgesetzes (BayKrG) sowie des Bayerischen Katastrophenschutzgesetzes (BayKSG). Notfallplan

Corona-Pandemie: Allgemeinverfügung zur Bewältigung erheblicher Patientenzahlen in Krankenhäusern. Bekanntmachung des Bayerischen Staatsministeriums des Innern, für Sport und Integration sowie des Bayerischen Staatsministeriums für Gesundheit und Pflege vom 24. März 2020, Az. D4-2484-2-7 und G24-K9000-2020/134 (hier: 3.); GVBl. Thüringen Nr. 6/2020, Thüringer Verordnung über erforderliche Maßnahmen zur Eindämmung der Ausbreitung des Coronavirus SARS-CoV-2 (Thüringer SARS-CoV-2-Eindämmungsmaßnahmenverordnung – ThürSARS-CoV-2-EindmaßnVO). Vom 26. März 2020 (hier: § 9).

16 GVBl. Thüringen Nr. 6/2020 (hier: § 4), BayMBl. 2020 Nr. 187, Vollzug des Infektionsschutzgesetzes (IfSG). Notfallplan Corona-Pandemie: Regelungen für Pflegeeinrichtungen. Bekanntmachung des Bayerischen Staatsministeriums für Gesundheit und Pflege vom 3. April 2020, Az. GZ6a-G8000-2020/122-183.

17 Zu den einzelnen im Folgenden genannten Maßnahmen vgl. die Ministerpräsidentenkonferenz vom 16.03.2020; online unter: https://www.bundesregierung.de/breg-de/service/archiv/leitlinien-zum-kampf-gegen-die-corona-epidemie-vom-16-03-2020-1730942 (abgerufen am 03.06.2024).

18 BayMBl. 2020 Nr. 143, Vollzug des Infektionsschutzgesetzes (IfSG). Vollzug des Ladenschlussgesetzes (LadSchlG). Veranstaltungsverbote und Betriebsuntersagungen anlässlich der Corona-Pandemie. Bekanntmachung der Bayerischen Staatsministerien für Gesundheit und Pflege sowie für Familie, Arbeit und Soziales vom 16. März 2020, Az. 51-G8000-2020/122-67; BayMBl. 2020 Nr. 148, Vollzug des Infektionsschutzgesetzes (IfSG). Corona-Pandemie: Allgemeinverfügung zur Änderung der Allgemeinverfügung über Veranstaltungsverbote und Betriebsuntersagungen anlässlich der Corona-Pandemie vom 16. März 2020, Az. 51-G8000-2020/122-67. Bekanntmachung des Bayerischen Staatsministeriums für Gesundheit und Pflege vom 17. März 2020, Az. Z6a-G8000-2020/122-83.

19 GVBl. Thüringen Nr. 6/2020 (hier: § 3).

20 In Bayern wurden Gastronomiebetriebe jeglicher Art untersagt: »Ausgenommen hiervon sind in der Zeit von 6.00 bis 15.00 Uhr Betriebskantinen sowie Speiselokale und Betriebe, in denen überwiegend Speisen zum Verzehr an Ort und Stelle abgegeben werden.« (BayMBl. 2020 Nr. 143). Außerdem war To-Go Essen unabhängig davon weiterhin erlaubt, sowie Hotels für Übernachtungsgäste.

Alle mussten jedoch Infektionsregeln beachten. Siehe generell zur unterschiedlichen Restriktivität bei den Umsetzungen Behnke, N. & Person, C., 2022: Föderalismus in der Krise – Restriktivität und Variation der Infektionsschutzverordnungen der Länder, in: *dms – der moderne staat* 15(1), S. 62–83.

21 Zu den einzelnen im Folgenden genannten Maßnahmen vgl. Ministerpräsidentenkonferenz vom 22.03.2020; online unter https://www.bundesregierung.de/resource/blob/975226/1733246/e6d6ae0e89a7ffea1ebf6f32cf472736/2020-03-22-mpk-data.pdf?download=1 (abgerufen am 03.06.2024).

22 GVBl. Thüringen Nr. 5/2020, Vorläufige Thüringer Grund-Verordnung zur Eindämmung der Corona-Pandemie (Corona EindämmungsVO). Vom 24. März 2020 (hier: § 2); BayMBl. 2020 Nr. 162, Verordnung zur Änderung der Bayerischen Infektionsschutzmaßnahmenverordnung vom 31. März 2020. BayMBl Nr. 162.

23 Zu den einzelnen im Folgenden genannten Maßnahmen vgl. Ministerpräsidentenkonferenz vom 15.04.2020; online unter https://www.bundesregierung.de/resource/blob/975226/1744226/bcf47533c99dc84216eded8772e803d4/2020-04-15-beschluss-bund-laender-data.pdf?download=1 (abgerufen am 03.06.2024).

24 GVBl. Thüringen Nr. 9/2020, S. 135ff., Thüringer Verordnung zur Verlängerung und Änderung der erforderlichen Maßnahmen zur Eindämmung der Ausbreitung des Coronavirus SARS-CoV-2. Vom 18. April 2020 (hier: § 8). BayMBl. 2020 Nr. 304, Fünfte Bayerische Infektionsschutzmaßnahmenverordnung (5. BayIfSMV) vom 29. Mai 2020 (hier: § 15).

25 GVBl. Thüringen Nr. 9/2020, S. 135ff. (hier: § 8); Bay MBl. 2020 Nr. 250, Vollzug des Infektionsschutzgesetzes (IfSG). Maßnahmen anlässlich der Corona-Pandemie im Bereich der Kindertageseinrichtungen und Kindertagespflegestellen. Bekanntmachung des Bayerischen Staatsministeriums für Gesundheit und Pflege vom 8. Mai 2020, Az. GZ6a-G8000-2020/122-295.

26 Für Bayern haben wir dies zumindest bis Juli 2020 nicht feststellen können. Zu Thüringen vgl. GVBl. Thüringen Nr. 9/2020, S. 135ff. (hier: § 4).

27 Zu den einzelnen im Folgenden genannten Maßnahmen vgl. Ministerpräsidentenkonferenz vom 30.04.2020; online unter https://www.bundesregierung.de/resource/blob/975226/1749804/5a0bd6

bd8cf1af27f15b1498e379c592/2020-04-30-beschluss-bund-laender-data.pdf?download=1 (abgerufen am 03.06.2024).

28 GVBl. Thüringen Nr. 11/2020, Zweite Thüringer Verordnung zur Verlängerung und Änderung der erforderlichen Maßnahmen zur Eindämmung der Ausbreitung des Coronavirus SARS-CoV-2. Vom 2. Mai 2020; BayMBl. 2020 Nr. 240, Vierte Bayerische Infektionsschutzmaßnahmenverordnung (4. BayIfSMV) vom 5. Mai 2020 (hier: § 10).

29 Zu den einzelnen im Folgenden genannten Maßnahmen vgl. Ministerpräsidentenkonferenz vom 06.05.2020; online unter https://www.bundesregierung.de/resource/blob/975226/1750986/8689a57b635d9f2d602e94f94dd48c51/2020-05-06-mpk-beschluss-data.pdf?download=1 (abgerufen am 03.06.2024).

30 BayMBl. 2020 Nr. 247, Verordnung zur Änderung der Dritten Bayerischen Infektionsschutzmaßnahmenverordnung und der Vierten Bayerischen Infektionsschutzmaßnahmenverordnung vom 7. Mai 2020 (hier §§ 1 und 2).

31 GVBl. Thüringen Nr. 12/2020, Thüringer Verordnung zur Freigabe bislang beschränkter Bereiche und zur Fortentwicklung der erforderlichen Maßnahmen zur Eindämmung der Ausbreitung des Coronavirus SARS-CoV-2 (Thüringer SARS-CoV-2-Maßnahmenfortentwicklungsverordnung -ThürSARS-CoV-2-MaßnFortentwVO-). Vom 12. Mai 2020 (hier: § 12).

32 Erlassen wurde dies allerdings schon einen Tag vor der Ministerpräsidentenkonferenz (BayMBl. 2020 Nr. 240).

33 BayMBl. 2020 Nr. 270, Corona-Pandemie: Hygienekonzept Gastronomie. Gemeinsame Bekanntmachung der Bayerischen Staatsministerien für Gesundheit und Pflege und für Wirtschaft, Landesentwicklung und Energie vom 14. Mai 2020, Az. GZ6a-G8000-2020/122-315; BayMBl. 2020 Nr. 304 (hier: § 13).

34 BayMBl. 2020 Nr. 240.

35 BayMBl. 2020 Nr. 240 (hier: Teil 6); GVBl. Thüringen Nr. 12/2020 (hier: § 8).

36 GVBl. Thüringen Nr. 12/2020 (hier: § 12); BayMBl. 2020 Nr. 290, Corona-Pandemie: Hygienekonzept Beherbergung. Gemeinsame Bekanntmachung der Bayerischen Staatsministerien für Gesundheit und Pflege und für Wirtschaft, Landesentwicklung und Energie vom 22. Mai 2020, Az. 51b-G8000-2020/122-331.

37 GVBl. Thüringen Nr. 12/2020 (hier: § 12); BayMBl. 2020 Nr. 240 (hier: § 9); zu Bädern BayMBl. 2020 Nr. 304 (hier: § 9).

38 GVBl. Thüringen Nr. 12/2020 (hier: § 12).

39 BayMBl. 2020 Nr. 348, Sechste Bayerische Infektionsschutzmaßnahmenverordnung (6. BayIfSMV) vom 19. Juni 2020 (hier: § 19); GVBl. Thüringen Nr. 12/2020 (hier: § 8).

40 BayMBl. 2020 Nr. 250; GVBl. Thüringen Nr. 12/2020 (hier: § 7).

41 Kersten, J. & Rixen, S., 2021: *Der Verfassungsstaat in der Corona-Krise*, München, S. 315f.

42 Abb. 6 ist aus Gründen der besseren Darstellbarkeit nur online abrufbar unter https://www.transcript-verlag.de/978-3-8376-6890-2/demokratische-auszeit/ (unter »Weiteres«).

43 Abb. 7 ist aus Gründen der besseren Darstellbarkeit nur online abrufbar unter https://www.transcript-verlag.de/978-3-8376-6890-2/demokratische-auszeit/ (unter »Weiteres«).

44 Vgl. zu diesen Geltungsansprüchen Habermas, J., 1996: Eine genealogische Betrachtung zum kognitiven Gehalt der Moral, in: ders., *Die Einbeziehung des Anderen. Studien zur politischen Theorie*, Frankfurt a.M., S. 11–64, hier: S. 54f.

45 Mit Luhmann, 1984: S. 420, lässt sich dies als ein Beispiel dafür nehmen, »daß Sicherheit und Unsicherheit nicht einfach eine Funktion der Zeit sind.«

46 Im Folgenden haben wir die Maßnahmen berücksichtigt, die auch bereits vor der Ministerpräsidentenkonferenz in Geltung waren. Nicht berücksichtigt sind hier Maßnahmen, die auf Landesebene vor der Ministerpräsidentenkonferenz zwar schon verordnet wurden, aber erst danach in Kraft treten sollten.

47 Ministerpräsidentenkonferenz vom 12.03.2020.

48 BayMBl. 2020 Nr. 139, Allgemeinverfügung des StMGP zum Verbot von Veranstaltungen mit mehr als 1 000 Teilnehmern. Staatsministerium für Gesundheit und Pflege vom 11. März 2020, Az. 51b-G8000-2020/122-45; GVBl. Thüringen Nr. 5/2020 (hier: § 2).

49 Zu den einzelnen im Folgenden genannten Maßnahmen vgl. Ministerpräsidentenkonferenz vom 16.03.2020.

50 BayMBl. 2020 Nr. 111, Allgemeinverfügung des StMGP zum Besuch von Schulen, Kindertageseinrichtungen, Kindertagespflegestellen und Heilpädagogischen Tagesstätten. Staatsministerium für Gesundheit und Pflege vom 6. März 2020, Az. 51f-G8000-2020/122-35; GVBl. Thüringen Nr. 6/2020 (hier: § 11).

51 BayMBl. 2020 Nr. 143; GVBl. Thüringen Nr. 5/2020 (hier: §§ 6 und 7).

52 BayMBl. 2020 Nr. 143, hier: 6.

53 BayMBl. 2020 Nr. 159, Bußgeldkatalog »Corona-Pandemie«. Gemeinsame Bekanntmachung der Bayerischen Staatsministerien des Innern, für Sport und Integration und für Gesundheit und Pflege vom 27. März 2020, Az. C2-2101-2-7 und Z6a-G8000-2020/122-154.

54 GVBl. Thüringen Nr. 7/2020, Zweite Thüringer Verordnung über erforderliche Maßnahmen zur Eindämmung der Ausbreitung des Coronavirus SARS-CoV-2 (Zweite Thüringer SARS-CoV-2-Eindämmungsmaßnahmenverordnung -2. ThürSARS-CoV-2-EindmaßnVO-). Vom 7. April 2020 (hier: § 14).

55 GVBl. Thüringen Nr. 8/2020, Thüringer Verordnung zu Quarantänemaßnahmen für Ein- und Rückreisende zur Bekämpfung des Coronavirus SARS-CoV-2. Vom 9. April 2020 (hier: §§ 1 und 3); BayMBl. 2020 Nr. 192, Verordnung über Quarantänemaßnahmen für Einreisende zur Bekämpfung des Coronavirus (Einreise-Quarantäneverordnung – EQV) vom 9. April 2020.

56 GVBl. Thüringen Nr. 6/2020 (hier: § 6).

57 BayMBl. 2020 Nr. 147, Vollzug des Infektionsschutzgesetzes (IfSG) Corona-Pandemie: Betretungsverbot für Hochschulen. Bekanntmachung des Bayerischen Staatsministeriums für Gesundheit und Pflege vom 17. März 2020, Az. GZ6a-G8000-2020/122-78.

58 GVBl. Thüringen Nr. 6/2020 (hier: § 9); BayMBl. 2020 Nr. 187

59 Ministerpräsidentenkonferenz 30.04.2020.

60 GVBl. Thüringen Nr. 9/2020, S. 135ff. (hier: § 5); BayMBl. 2020 Nr. 240 (hier: § 20).

61 BayMBl. 2020 Nr. 240 (hier: § 1); GVBl. Thüringen Nr. 16/2020, Thüringer Verordnung zur Neuordnung der erforderlichen Maßnahmen zur Eindämmung der Ausbreitung des Coronavirus SARS-CoV-2 sowie zur Verbesserung der infektionsschutzrechtlichen Handlungsmöglichkeiten. Vom 9. Juni 2020 (hier: Art. 1, § 6).

62 Abb. 8 ist aus Gründen der besseren Darstellbarkeit nur online abrufbar unter https://www.transcript-verlag.de/978-3-8376-6890-2/demokratische-auszeit/ (unter »Weiteres«).

63 Vgl. zu diesem Begriff Nowotny, H., 1989: *Eigenzeit. Entstehung und Strukturierung eines Zeitgefühls*, Frankfurt a.M., S. 42; und zu dessen institutionentheoretischer Weiterentwicklung Brodocz, A., 2003:

Die Eigenzeit des Bundesverfassungsgerichts, in: *Zeitschrift für Rechtssoziologie* 24, S. 183–217.

64 Im Sinne von Latour, B., 2001: *Das Parlament der Dinge. Für eine politische Ökologie*, Frankfurt a.M., S. 148.

65 BayMBl. 2020 Nr. 164, BayMBl. 2020 Nr. 187.

66 BayMBl. 2020 Nr. 148.

67 Ebd.

68 BayMBl. 2020 Nr. 162.

69 BayMBl. 2020 Nr. 205, Zweite Bayerische Infektionsschutzmaßnahmenverordnung (2. BayIfSMV) vom 16. April 2020 (hier: § 2) und BayMBl. 2020 Nr. 210, Verordnung zur Änderung der Zweiten Bayerischen Infektionsschutzmaßnahmenverordnung vom 21. April 2020.

70 BayMBl. 2020 Nr. 250.

71 BayMBl. 2020 Nr. 304 (hier: § 15).

72 BayMBl. 2020 Nr. 240 (hier: § 20).

73 BayMBl. 2020 Nr. 247 (hier: §§ 1 und 2).

74 Vgl. BayMBl. 2020 Nr. 240; zur Kinderbetreuung BayMBl. 2020 Nr. 250.

75 BayMBl. 2020 Nr. 270.

76 BayMBl. 2020 Nr. 290.

77 BayMBl. 2020 Nr. 348 (hier: § 19).

78 Abb. 9 ist aus Gründen der besseren Darstellbarkeit nur online abrufbar unter https://www.transcript-verlag.de/978-3-8376-6890-2/demokratische-auszeit/ (unter »Weiteres«).

79 GVBl. Thüringen Nr. 5/2020 (hier: §§ 2 und 3).

80 GVBl. Thüringen Nr. 6/2020 (hier: § 9).

81 GVBl. Thüringen Nr. 6/2020 (hier: §§ 5, 6 und 7).

82 GVBl. Thüringen Nr. 5/2020 (hier: §§ 1 und 2).

83 GVBl. Thüringen Nr. 6/2020 (hier: §§ 6 und 7).

84 GVBl. Thüringen Nr. 9/2020, S. 135ff. (hier: §§ 6 und 8).

85 GVBl. Thüringen Nr. 9/2020, S. 135ff. (hier: § 6).

86 GVBl. Thüringen Nr. 12/2020 (hier: §§ 6, 7 und 12).

87 GVBl. Thüringen Nr. 12/2020 (hier: § 12).

88 GVBl. Thüringen Nr. 12/2020 (hier: § 8).

89 GVBl. Thüringen Nr. 12/2020 (hier: § 12).

90 Abb. 10 ist aus Gründen der besseren Darstellbarkeit nur online abrufbar unter https://www.transcript-verlag.de/978-3-8376-6890-2/demokratische-auszeit/ (unter »Weiteres«).

91 Ministerpräsidentenkonferenz vom 22.03.2020.
92 Ministerpräsidentenkonferenz vom 15.04.2020.
93 Zur Struktur als »*Auswahl* aus einer Vielzahl von kombinatorischen Möglichkeiten« vgl. Luhmann, 1984: S. 384 (unsere Hervorhebung).
94 Im Sinne von Latour, 2001: S. 142f.
95 Vgl. Luhmann, N., 1984: S. 469f.
96 Wie sich dies auf verschiedene Politikfelder auswirkte, zeigen Ewert, B. & Loer, K., 2023: COVID-19 as a Catalyst for Policy Change: The Role of Trigger Points and Spillover Effects, in: *German Politics* 32(4), S. 738–761.
97 Ähnlich sehen auch Kersten und Rixen (2021, S. 316) die »Konkurrenzen in der Anwendung von Bundesgesetzen« zwar als »Quelle des Dissenses«, was aber »keine Schwäche des Föderalismus« sei, sondern »zum Vorteil für die grundrechtlich geschützte Freiheit werden [kann].«

Wie Antagonismen in agonale Konflikte transformiert wurden

1 Bulletin Nr. 46–1 vom 23. April 2020/BKin – Regierungserklärung Covid-19-Pandemie, BT, online unter: https://www.bundesregierung.de/resource/blob/992814/1746928/b83a3a8571fd467c21f44bdb61acf5dc/46-1-bkin-reg-erkl-covid-19-pandemie-data.pdf (abgerufen am 05.06.2024), S. 1.
2 Ebd., S. 2.
3 Ebd., S. 3, unsere Hervorhebung.
4 Ebd., S. 11, unsere Hervorhebung.
5 Ebd., S. 12. Anders als andere Staatsoberhäupter oder Regierungschefs vermied Angela Merkel in dieser Zeit von einem ›Krieg gegen das Virus‹ zu sprechen und betonte vielmehr die nötige ›Solidarität‹; siehe dazu Kneuer, M. & Wallaschek, S., 2023: Framing COVID-19: Public Leadership and Crisis Communication By Chancellor Angela Merkel During the Pandemic in 2020, in: *German Politics* 32(4), S. 686–709.
6 Interview zum Start der ARD-Themenwoche »Wir gesucht – was hält uns zusammen?« von Tina Hassel mit Bundespräsident Frank-Walter Steinmeier, das am 6. November im Bericht aus Berlin gesendet wurde, online unter: https://www.bundespraesident.d

e/SharedDocs/Reden/DE/Frank-Walter-Steinmeier/Interviews/2022/221106-ARD-Interview-Themenwoche.html (abgerufen am 27.11.2023), unsere Hervorhebungen.

7 Arendt, H., 2007: *Vita activa oder vom tätigen Leben*, München, S. 213.

8 Rödel, U., Frankenberg, G. & Dubiel, H., 1989: *Die demokratische Frage*, Frankfurt a.M., S. 42; Frankenberg, G., 1996: *Die Verfassung der Republik*, Frankfurt a.M., S. 81.

9 Lefort, C. & Gauchet, M., 1990: Über die Demokratie. Das Politische und die Instituierung des Politischen, in: Rödel, U. (Hg.), *Autonome Gesellschaft und libertäre Demokratie*, Frankfurt a.M., S. 89–122, hier: S. 94; Lefort, C., 1999: *Fortdauer des Theologisch-Politischen?* Wien, S. 49.

10 Roepert, L., 2023: Ordnung, Verfall, Ausnahmezustand. Zur Zeitstruktur rechter Krisenmythen, in: *Zeitschrift für Politische Theorie* 14(2), S. 253–274.

11 Mouffe, C. 2014: *Agonistik. Die Welt politisch denken*, Berlin, S. 28ff.

12 Ebd., S. 31.

13 Vgl. generell zur Funktion von Narrativen zur Erzeugung politischer Verbindlichkeiten Llanque, M., 2014: Metaphern, Meta-Narrative und Verbindlichkeitsnarrationen. Narrative in der Politischen Theorie, in: Hofmann, W., Renner, J. & Teich, K. (Hg.): *Narrative Formen der Politik*, Wiesbaden, S. 7–29.

14 Ministerpräsidentenkonferenz vom 22.03.2020, Punkt I; online unter: https://www.bundesregierung.de/resource/blob/975226/1733246/e6d6ae0e89a7ffea1ebf6f32cf472736/2020-03-22-mpk-data.pdf (abgerufen am 03.06.2024).

15 Bundesregierung, 2020: Fernsehansprache von Bundeskanzlerin Angela Merkel, online unter: https://www.bundesregierung.de/breg-de/aktuelles/fernsehansprache-von-bundeskanzlerin-angela-merkel-1732134 (abgerufen am 11.12.2023).

16 Ausführlich dazu Brodocz, A. 2018: »Enttäuscht Euch!« Wie Krisen-Narrative einen normativen Formwandel der Demokratie blockieren, in: Thaa, W. & Volk, C. (Hg.), *Formwandel der Demokratie*, Baden-Baden, S. 57–79.

17 Mouffe, C. 2010: *Das demokratische Paradox*, Wien/Berlin, S. 29f.

18 Mouffe, 2010: S. 99.

19 Zur Eigenzeit von Institutionen vgl. Nowotny, H. 1989: *Eigenzeit. Entstehung und Struktur eines Zeitgefühls*, Frankfurt a.M., S. 150f.

20 Zu den Temporalstrukturen der Pandemiepolitik siehe bereits ausführlich Kap. 5.

21 Ministerpräsidentenkonferenz vom 12.03.2020, Punkt IV; online unter https://www.bundesregierung.de/breg-de/themen/coronavirus/beschluss-zu-corona-1730292 (abgerufen am 02.06.2024).

22 Ministerpräsidentenkonferenz vom 15.04.2020, Punkt 7; online unter https://www.bmi.bund.de/SharedDocs/downloads/DE/veroeffentlichungen/2020/corona/beschluss-bund-laender-kontaktbeschraenkungen-15-april.pdf?__blob=publicationFile&v=4 (abgerufen am 02.06.2024).

23 Im weltweiten Vergleich waren dann auch vor allem Gruppen verstärkt durch die Pandemiepolitik ihrer Regierungen benachteiligt, die bereits vor der Pandemie marginalisiert gewesen sind; siehe dazu Dionne, K. Y. & Turkmen, F. F., 2020: The Politics of Pandemic Othering: Putting COVID-19 in Global and Historical Context, in: *International Organization* 74(S1), S. E213–E30.

24 Ministerpräsidentenkonferenz vom 06.05.2020, Punkt 7; online unter https://www.bundesregierung.de/resource/blob/975226/1750986/8689a57b635d9f2d602e94f94dd48c51/2020-05-06-mpk-beschluss-data.pdf?download=1 (abgerufen am 03.06.2024).

25 Ministerpräsidentenkonferenz vom 22.03.2020 Punkt I.

26 Ebd., Punkt III.

27 Ebd., Punkt V.

28 Ministerpräsidentenkonferenz vom 01.04.2020; online unter https://www.bundesregierung.de/breg-de/service/archiv/telefonschaltkonferenz-der-bundeskanzlerin-mit-den-regierungschefinnen-und-regierungschefs-der-laender-am-1-april-2020-1738534 (abgerufen am 03.06.2020).

29 Ministerpräsidentenkonferenz vom 15.04.2020, Punkt 2.

30 Ministerpräsidentenkonferenz vom 06.05.2020, Punkt 2.

31 Erst zum Weihnachtsfest gab es hier für drei Tage etwas Entspannung, währenddessen »Treffen mit 4 über den eigenen Hausstand hinausgehenden Personen zuzüglich Kindern im Alter bis 14 Jahre aus dem engsten Familienkreis, also Ehegatten, Lebenspartnern und Partnern einer nichtehelichen Lebensgemeinschaft sowie Verwandten in gerader Linie, Geschwistern, Geschwisterkindern und deren jeweiligen Haushaltsangehörigen« erlaubt wurden; vgl. Ministerpräsidentenkonferenz vom 13.12.2020, Punkt 3; online unter https://www.bundesregierung.de/breg-de/service/archiv/te

lefonkonferenz-der-bundeskanzlerin-mit-den-regierungschefinnen-und-regierungschefs-der-laender-am-13-dezember-2020-1827392 (abgerufen am 03.06.2024).

32 Ministerpräsidentenkonferenz vom 12.03.2020, Punkt V.

33 Ministerpräsidentenkonferenz vom 15.04.2020, Punkt 8.

34 Ministerpräsidentenkonferenz vom 06.05.2020, Punkt 5.

35 BAnz AT 09.06.2020 V1, online unter: https://www.bundesgesundheitsministerium.de/fileadmin/Dateien/3_Downloads/C/Coronavirus/Corona-Test-VO_BAnz_AT_09.06.2020_V1.pdf (abgerufen am 07.12.2023).

36 Ministerpräsidentenkonferenz vom 16.07.2020, Punkt 6; online unter https://www.bundesregierung.de/breg-de/service/archiv/besprechung-des-chefs-des-bundeskanzleramtes-mit-den-chefinnen-und-chefs-der-staats-und-senatskanzleien-am-16-juli-2020-1769380 (abgerufen am 03.06.2024).

37 Ebd., Punkt 7.

38 Vgl. Ministerpräsidentenkonferenz vom 27.08.2020, Punkte 4 und 6; online unter https://www.bundesregierung.de/breg-de/service/archiv/telefonschaltkonferenz-der-bundeskanzlerin-mit-den-regierungschefinnen-und-regierungschefs-der-laender-am-27-august-2020-1780566 (abgerufen am 03.06.2024).

39 Ebd., Punkt 9.

40 Ministerpräsidentenkonferenz vom 14.10.2020, Punkt 11; online unter https://www.bundesregierung.de/breg-de/service/archiv/konferenz-der-bundeskanzlerin-mit-den-regierungschefinnen-und-regierungschefs-der-laender-am-14-oktober-2020-in-berlin-1799024 (abgerufen am 03.06.2024). Dass zu diesen Gruppen auch »Menschen mit Behinderungen« gezählt werden sollten, wird erst im Beschluss der Ministerpräsidentenkonferenz vom 19.01.2021 explizit hervorgehoben; vgl. Ministerpräsidentenkonferenz vom 19.01.2021, Punkt 6; online unter https://www.bundesregierung.de/resource/blob/974430/1840868/8e190fafc4ac9395b058bf1a4294ac0e/2021-01-19-mpk-data.pdf?download=1 (abgerufen am 03.06.2024).

41 Ministerpräsidentenkonferenz vom 16.11.2020, Punkt 6; online unter https://www.bundesregierung.de/breg-de/service/archiv/videoschaltkonferenz-der-bundeskanzlerin-mit-den-regierungschefinnen-und-regierungschefs-der-laender-am-16-november-2020-1811820 (abgerufen am 03.06.2024).

42 Ministerpräsidentenkonferenz vom 25.11.2020, Punkt 11; online unter https://www.bundesregierung.de/breg-de/service/archiv/videoschaltkonferenz-der-bundeskanzlerin-mit-den-regierungschefinnen-und-regierungschefs-der-laender-am-25-november-2020-1820110 (abgerufen am 03.06.2024).

43 Ministerpräsidentenkonferenz vom 19.01.2021, Punkt 6.

44 Ministerpräsidentenkonferenz vom 05.01.2021, S. 1; online unter https://www.bundesregierung.de/resource/blob/975226/1834306/75346aa9bba1050fec8025b18a4bb1a3/2021-01-05-beschluss-mpk-data.pdf (abgerufen am 03.06.2024).

45 Ebd., Punkt 8.

46 Ministerpräsidentenkonferenz vom 10.02.2021, Punkt 4; online unter https://www.bundesregierung.de/resource/blob/974430/1852514/a00034e7b5bba84c19fe8e13b04241cf/2021-02-10-mpk-data.pdf?download=1 (abgerufen am 03.06.2024).

47 Ebd., Punkt 9.

48 Vgl. zur unterschiedlichen Restriktivität im Umgang mit Reiserückkehrern und Migration während der Covid-19-Pandemie und deren Zusammenhang mit der im jeweiligen Staat bereits vorherrschenden »border orientation« Kenwick, M. R. & Simmons, B. A., 2020: Pandemic Response as Border Politics, in: *International Organization* 74(S1), S. E36–E58.

49 Ministerpräsidentenkonferenz vom 15.04.2020, 5. Absatz.

50 Bundesregierung, 2020: Fernsehansprache von Bundeskanzlerin Angela Merkel, online unter: https://www.bundesregierung.de/breg-de/aktuelles/fernsehansprache-von-bundeskanzlerin-angela-merkel-1732134 (abgerufen am 11.12.2023).

51 Vgl. Ministerpräsidentenkonferenz vom 15.04.2020, Punkt 17.

52 Ministerpräsidentenkonferenz vom 14.10.2020, Punkt 14.

53 Vgl. den Stufenplan der STIKO zur Priorisierung der COVID-19-Impfung, Stand: Februar 2021, online unter: https://www.rki.de/DE/Content/Infekt/Impfen/ImpfungenAZ/COVID-19/Stufenplan.pdf?__blob=publicationFile (abgerufen am 06.12.2023).

54 Zum Verlauf der COVID-19-Impfquote in Deutschland in 2021 vgl. Statistisches Bundesamt, 2021: Statistik Dossier: Daten zur COVID-19-Pandemie, Ausgabe 08/2021, S. 9, online unter: https://www.destatis.de/DE/Themen/Querschnitt/Corona/Downloads/dossier-covid-19.pdf?__blob=publicationFile (abgerufen am 06.12.2023).

55 Zu den COVID-19-Neuinfektionen in Deutschland nach Altersgruppen und Kalenderwochen vgl. ebd.: S. 7.

56 Die Bundesregierung war Anfang Dezember 2021 gewillt, eine allgemeine Impfpflicht einzuführen; das entsprechende Gesetz beschränkte dies dann aber nur auf bestimmte Einrichtungen und galt erst ab März 2022; vgl. Kersten, J. & Rixen, S., 2021: *Der Verfassungsstaat in der Corona-Krise*, München, S. 41.

57 Ministerpräsidentenkonferenz vom 18.11.2021, Punkt 1; https://www.bundesregierung.de/breg-de/service/archiv/videoschaltkonferenz-der-bundeskanzlerin-mit-den-regierungschefinnen-und-regierungschefs-der-laender-am-18-november-2021-1982916 (abgerufen am 03.06.2024).

58 Ebd.

59 Ebd., Punkt 8.

60 Ebd., Punkt 4.

61 Ebd., Punkt 5.

62 Ebd., Punkt 6.

63 Ebd., Punkt 8.

64 Neben dem Ausmaß des Vertrauens in die Sicherheit der Impfungen und der Abwägung ihrer Vor- und Nachteile, welche als Gründe für die meisten bei ihrer Entscheidung für oder gegen das Impfen am schwersten gewogen hatten, waren die Wahrnehmung des akuten Risikos zu erkranken, der mit der Impfung in Verbindung gebrachte Aufwand sowie die eigene Verantwortlichkeit für den Schutz aller anderen weitere Gründe, die sich auf die Impfentscheidung auswirkten. Vgl. zu deren Ausprägungen in den Jahren 2020 und 2021 das COSMO – COVID-19 Snapshot Monitoring zu »Impfungen«, hier vor allem Kap. 2, online unter: https://projekte.uni-erfurt.de/cosmo2020/web/topic/impfung/10-impfungen/ (abgerufen am: 12.02.2024).

65 Vgl. forsa, 2021: *Befragung von nicht geimpften Personen zu den Gründen für die fehlende Inanspruchnahme der Corona-Schutzimpfung. Ergebnisbericht*, 18.10.2021, Berlin, S. 9, online unter: https://www.bundesgesundheitsministerium.de/fileadmin/Dateien/3_Downloads/C/Coronavirus/Befragung_Nichtgeimpfte_-_Forsa-Umfrage_Okt_21.pdf (abgerufen am 07.12.2023).

66 Vgl. dazu für die Zeit von April 2021 bis Dezember 2022 das COSMO – COVID-19 Snapshot Monitoring zu »Demonstrationsbereitschaft und Reaktanz«, Kap. 2.1 und 6.2, online unter: https://projekte.uni

-erfurt.de/cosmo2020/web/topic/vertrauen-ablehnung-demos/20-demonstrationsbereitschaft/ (abgerufen am 12.02.2024).

67 Im September 2021 hat es 73 % der Bevölkerung eher gestört, dass sich manche Menschen nicht haben impfen lassen; vgl. das COSMO – COVID-19 Snapshot Monitoring zu »Impfungen«, Kap. 9.2, online unter: https://projekte.uni-erfurt.de/cosmo2020/web/topic/impfung/10-impfungen/ (abgerufen am 12.02.2024).

68 Zur Frage, wie Macht sich durch Zeit darstellt und erfahren wird, siehe Nowotny, 1989: S. 108.

69 Genau in Form dieser Zuspitzung sieht Carl Schmitt bekanntermaßen erst das Politische; vgl. Schmitt, C., 2002: *Der Begriff des Politischen. Text von 1932 mit einem Vorwort und drei Corollarien*, Berlin, S. 27.

Nach der Auszeit

1 Vgl. Sunstein, C. R., 2001: *Designing Democracy. What Constitutions can do*. Oxford, S. 58–61.

2 Ebd., S. 58.

3 Korte, K.-R., 2021: Kuratiertes Regieren. Bausteine der Resilienz, in: Florack, M., Korte, K.-R. & Schwanholz, J., 2021 (Hg.), *Coronakratie. Demokratisches Regieren in Ausnahmezeiten*, Frankfurt a.M., S. 25–42, hier: S. 36.

4 Weltweit konnten progressive soziale Bewegungen die Proteste gegen die Pandemiepolitik ihrer jeweiligen Regierungen für ihre eigenen Anliegen nutzen; vgl. dazu Pleyers, G., 2020: The Pandemic is a battlefield. Social movements in the COVID-19 lockdown, in: *Journal of Civil Society* 16(4), S. 295–312.

5 Harambam, J. & Voss, E., 2023: The Corona Truth Wars: Epistemic Disputes and Societal Conflicts around a Pandemic. An Introduction to the Special Issue, in: *Minerva* 61, S. 299–313; Voss, E., 2023: Conjuration and Conspiracy. The Controversy over the German Covid Policy as a Mediumistic Trial, or: The Medium is the Mess, *Minerva* 61, S. 435–458.

6 Bertelsmannstiftung, 2022: *Umfrage Februar 2022. Erschöpfte Gesellschaft: Auswirkungen von 24 Monaten Pandemie auf den gesellschaftlichen Zusammenhalt*, Gütersloh, S. 9.

7 Zur Unterscheidung zwischen autonomen Gesellschaften an sich und für sich vgl. Bauman, Z., 2000: *Die Krise der Politik. Fluch und Chance einer neuen Öffentlichkeit*, Hamburg, S. 119–120.

8 Vgl. Kersten, J. & Rixen, S., 2021: *Der Verfassungsstaat in der Corona-Krise*, München, S. 43–47.

9 Vgl. zu den folgenden Zahlen für Thüringen Reiser, M. et al., 2024: *Politische Kultur und Arbeitswelt in Zeiten von Polykrise und Fachkräftemangel. Ergebnisse des THÜRINGEN-MONITORs 2023*, Jena, S. 66, online unter: https://thueringen.de/fileadmin/user_upload/Landesregierung/2024_04_17_TM2023_NN.pdf (abgerufen am 20.05.2024).

10 Vgl. Institut für Demoskopie Allensbach, 2023: *Demokratische Integration. Zweite Vorstudie. Repräsentative Bevölkerungsbefragung 2022/2023 IfD-Umfrage 12066. Untersuchungsbericht*, S. 27, online unter: https://www.deutsche-stiftung-engagement-und-ehrenamt.de/wp-content/uploads/2023/06/Langbericht_Bevoelkerungsbefr_Dem_Integration_Mai_2023.pdf (abgerufen am 24.05.2024). Umfragen im Auftrag der Friedrich-Ebert-Stiftung haben dazu Ergebnisse, die sowohl vor als auch nach der Pandemie deutlich niedriger sind: 2022 betrug der Anteil der Zufriedenen ca. 49 %, 2019 war er noch zwei Prozentpunkte niedriger; vgl. Best, V., Decker, F., Fischer, S. & Küppers, A., 2023: *Demokratievertrauen in Krisenzeiten. Wie blicken die Menschen in Deutschland auf Politik, Institutionen und Gesellschaft?*, Bonn, S. 17, online unter: https://library.fes.de/pdf-files/pbud/20287-20230505.pdf (abgerufen am 30.05.2024).

11 Vgl. zu den folgenden Zahlen Köcher, R., 2021: *Vertrauenskrise. Eine Dokumentation des Beitrags in der Frankfurter Allgemeinen Zeitung Nr. 70 vom 24. März 2021*, hg. vom Institut für Demoskopie Allensbach, online unter: https://www.ifd-allensbach.de/fileadmin/kurzberichte_dokumentationen/FAZ_Maerz2021_Vertrauenskrise.pdf (abgerufen am 20.95.2024).

12 Dies gilt nur für die ersten Monate der Pandemiepolitik. Vgl. dazu auf der Basis von Daten, die im September 2020 erhoben wurden, Dietz, M., Roßteutscher, S., Scherer, P. & Stövsand, L.-Ch., 2023: Rally Effect in the Covid-19 Pandemic: The Role of Affectedness, Fear, and Partisanship, in: *German Politics* 32(4), S. 643–663. Dass zudem die Legislative in Form des Bundestags an der Bekämpfung der Covid-19-Pandemie einen gewichtigen Anteil hatte, zeigt Siefken,

S. T., 2023: The Bundestag in the Pandemic Year 2020/21 – Continuity and Challenges in the Covid-19 Crisis, in: *German Politics* 32(4), S. 664–685.

13 Voss, 2023: S. 435.

14 Ebd.

15 Bertelsmannstiftung, 2022: S. 5.

16 Zu diesen totalitären Versprechen vgl. bereits Arendt, H., 1955: *Elemente und Ursprünge totaler Herrschaft*, Frankfurt a.M. und Gauchet, M., 1990: Die totalitäre Erfahrung und das Denken des Politischen, in: Rödel, U. (Hg.), *Autonome Gesellschaft und libertäre Demokratie*, Frankfurt a.M., S. 207–238. Siehe auch Bauman, Z., 1992: *Dialektik der Ordnung. Die Moderne und der Holocaust*, Hamburg.

Editorial

Das vermeintliche »Ende der Geschichte« hat sich längst vielmehr als ein Ende der Gewissheiten entpuppt. Mehr denn je stellt sich nicht nur die Frage nach der jeweiligen »Generation X«. Jenseits solcher populären Figuren ist auch die Wissenschaft gefordert, ihren Beitrag zu einer anspruchsvollen Zeitdiagnose zu leisten.
Die Reihe X-TEXTE widmet sich dieser Aufgabe und bietet ein Forum für ein Denken ›für und wider die Zeit‹. Die hier versammelten Essays dechiffrieren unsere Gegenwart jenseits vereinfachender Formeln und Orakel. Sie verbinden sensible Beobachtungen mit scharfer Analyse und präsentieren beides in einer angenehm lesbaren Form.

André Brodocz (Prof. Dr. phil. habil.) ist Professor für Politische Theorie an der Staatswissenschaftlichen Fakultät der Universität Erfurt. Zu seinen Forschungsschwerpunkten zählen die Weiterentwicklung agonaler Demokratietheorien und der Systemtheorie, Repräsentationsansprüche in ökologischen Konflikten, Kämpfe um judikative Deutungsmacht und Krisen-Narrative in Demokratien.
Hagen Schölzel (Dr.) ist Vertretungsprofessor für Politische Philosophie und Theorie an der Hochschule für Politik der Technischen Universität München. Zu seinen Forschungsinteressen zählen Theorien des Politischen, Demokratie- und Öffentlichkeitstheorien, Beziehungen von Wissenschaft und Politik sowie strategische politische Kommunikation.